WOMEN IN

Feminist Studies in German Literature & Culture

GERMAN

Edited by Jeanette Clausen & Sara Friedrichsmeyer

YEARBOOK

7

University of Nebraska Press, Lincoln and London

ACKNOWLEDGMENTS

The following individuals reviewed manuscripts received during the preparation of volume 7. We gratefully acknowledge their assistance.

Leslie A. Adelson, Ohio State University
Angelika Bammer, Emory University
Jeannine Blackwell, University of Kentucky
Helen L. Cafferty, Bowdoin College
Margret Eifler, Rice University
Marilyn Sibley Fries, University of Michigan
Marjanne Goozé, University of Georgia
Patricia Herminghouse, University of Rochester
Anne C. Herrmann, University of Michigan
Ruth-Ellen Boetcher Joeres, University of Minnesota, Minneapolis
Barbara Kosta, University of Arizona, Tucson
Anna K. Kuhn, University of California, Davis
Sara Lennox, University of Massachusetts, Amherst
Dagmar C. G. Lorenz, Ohio State University
Biddy Martin, Cornell University
Elaine A. Martin, University of Alabama
Gerhild Brüggemann Rogers, University of Texas, Austin
Lynne Tatlock, Washington University, St. Louis
Susanne Zantop, Dartmouth College

Special thanks to Victoria M. Kingsbury for manuscript preparation. Thanks also to Georgette Blemker for help with proofreading.

TABLE OF CONTENTS

PREFACE

With this volume of the *Women in German Yearbook* we proudly announce our new publication agreement with the University of Nebraska Press. Working out the particulars of our contract has been an occasion for us to reflect on the fact that WIG has history. For readers new to the yearbook and to refresh the memories of others, the Coalition of Women in German was founded in the mid-1970s by feminist Germanists meeting informally at national and regional conferences, which were then devoted almost exclusively to traditional scholarship on canonical literature. The abundance of sessions on German women writers and feminist criticism at conferences such as the American Association of Teachers of German, German Studies Associaton, and the Modern Language Association today is just one measure of our success. From its modest beginnings as an informal network of perhaps fifty active members, WIG has become *the* voice for feminist *Germanistik* in the USA with a 1991 membership of over 550.

Our Yearbook, of course, is vital to that voice. Published since 1985, each issue has sought to expand the definition and boundaries of a feminist analysis of German literature and culture. Signing a new contract presented us with an opportunity to make both external and internal changes. Not only have we chosen a new cover design in a different color, but we have also altered the title slightly to reflect more accurately our commitment to feminist studies within *Germanistik*. With this issue we have also initiated what we expect to be a continuing policy of publishing review essays. Further, in an effort to respond to concerns about the language of publication voiced during the lively discussion at the 1990 WIG Conference, we have decided to continue accepting articles in either English or German, and to provide English summaries. In addition to the articles selected from those submitted for blind review—and these will remain the core of each yearbook—we have decided to devote a segment of certain volumes to a special focus. The choice of focus for the present volume emerged from recent German history and the 1990 WIG Conference program, which included presentations by writers and critics from the GDR.

Looking toward the future, we invite contributions from readers on several fronts. As always, of course, we are looking for feminist articles on any aspect of German literary, cultural, and language study. In addition, we would like to receive suggestions for review essays and the special focus section. Some possible topics we have considered are the connections between literature and history, the importance of a postmodern aesthetic, the literary/sociological/cultural understanding of motherhood, and issues of translation; we also expect that future WIG conferences may present us with ideas for these sections of the Yearbook. Finally, to open the discussion on issues of ongoing concern to feminist scholars to as many WIG members as possible, we plan to add one more feature to future volumes, a section for readers' comments on articles published in the yearbook or on topics of general interest. Comments should be limited to about 1,000 words, and authors whose work is addressed will be invited to reply. Do let us hear from you!

The articles in the first section of the present volume, examining women writers from the seventeenth century to the present, demonstrate not only the breadth, but also the originality of the scholarship being undertaken by feminists in our field. Myra Love's article on the affirmation of the paranormal in the writings of Christa Wolf is a contribution that we expect to be as controversial as it will be vital for future Wolf scholarship. Monika Shafi's analysis of the mother figures in selected works of Ingeborg Drewitz, building on the recent theories of Sara Ruddick and Margaret Homans, is the first to address the contradiction between Drewitz's reputation as a "conservative" writer and her "progressive" representations of mothering. Expanding her earlier work on women writers in the Baroque Age, Ute Brandes investigates women's influence on a developing bourgeois public sphere *before* the Age of Reason, a contribution sure to have an influence on future scholarship. Kay Goodman makes available in translation a letter by Bettina von Arnim, which we believe should become a "classic" of Romanticism; Goodman's introduction to the piece will be of interest to von Arnim scholars as well as to those unfamiliar with her work. In the first of the two review essays we have included in this volume, British scholar Ricarda Schmidt evaluates recent work by feminist critics in terms of the respective writers' theoretical orientation and their contributions to theory-building. We conclude this section with a contribution by Sara Lennox, a founding member of WIG whose socially engaged feminist scholarship is internationally recognized. We expect that her proposals for feminist literary critics will generate lively and productive debate.

Because of the recent events in Germany, we have chosen to devote a special section of this volume to the literature and society of the former German Democratic Republic after the *Wende*. We begin this section with original works from the three writers who attended the 1990 WIG Conference. Both Helga Königsdorf and Angela Krauß give artistic expression to the conflicting emotions generated by German unification; highly personal, their contributions confront some of the unpleasant new

realities in the former GDR.   In contrast, Waldtraut Lewin's story, with
its almost Kafkaesque treatment of time and space, presents a less
transparent but richly suggestive vision of a woman's struggle to reach a
goal.   Following these original pieces are critical articles by scholars Eva
Kaufmann and Irene Dölling, also guests at the 1990 conference.
Kaufmann examines the utopian dimension in the writing of GDR women
in the seventies and eighties against a background of their increasing
skepticism about the political and social realities in their country.   Dölling
explores the contradictions between the numbers of women publicly
demanding change in 1989 and their subsequent conservative voting
patterns, attributing their response to the patriarchal forms of authority
transmitted through the GDR "father" state.   The next two contributions
offer personal responses to recent German history.   In an interview with
Dinah Dodds, Helga Schütz, a writer in the former GDR and a guest at
the 1984 WIG Conference, expresses her ambivalence about events in her
country.   And Gisela Bahr, who since 1961 has spent considerable time
on both sides of the wall, shares in diary format her response to the
changes she encountered during her stay in Berlin in the winter of 1989-
90.   Rounding out the volume, Dorothy Rosenberg evaluates recent
publications that expand on many of the issues and events discussed by
the contributors to this special focus section.   Bringing us up to date on
the current (September 1991) situation in Germany, Rosenberg concludes
that the books that will explain women's participation in the *Wende* have
yet to be written.

We look forward to a productive association with Dr. Willis Regier,
the Director of the University of Nebraska Press, and with his staff.   Our
agreement includes a commitment to produce a volume each year in time
for the annual MLA Convention.   This commitment marks another stage
in our growth as a professional organization and at the same time challenges us to continue that growth without losing sight of our activist
origins.   We invite our readers to join us in meeting that challenge.

Jeanette Clausen
Sara Friedrichsmeyer
September 1991

"A Little Susceptible to the Supernatural?":
On Christa Wolf

Myra Love

This article examines the thematization of prophecy, clairvoyance, and extraordinary or psychic healing in the writings of Christa Wolf. It situates Wolf's thematization of supernaturalist elements and paranormal abilities in relation to her critique of the normative "scientific," i.e., purely naturalistic or materialist *Weltanschauung* shared by capitalist and socialist patriarchal societies alike and points out the feminist implications of her treatment of intuitive, parapsychological, spiritual, and supernaturalist motifs. (ML)

> I see what is beneath me, what is above me,
> what men say is-not . . .
> (H. D., "The Flowering of the Rod")

I. Introduction

In first setting out to write this essay, I intended simply to address a topic with little currency in academic discourse: the thematization of prophecy, clairvoyance, and extraordinary or psychic healing in the writings of Christa Wolf. The presence of references to such phenomena in her writing, the absence of a functional vocabulary suited to discussion of the topic, and the tendency of literary critics and scholars to avoid any serious confrontation with it made the topic seem both fascinating and intimidating.

The thematization of prophecy, clairvoyance, and psychic healing in Wolf's writings is difficult to place in context. My first impulse was to historicize the subject: to treat it as yet another indicator of Wolf's affinity or indebtedness to Romanticism,[1] or to analyze it as an extension of her critique of the mechanical materialism into which the Marxism of the GDR had degenerated. Then I considered writing about it as an aspect of Wolf's critique, most strongly stated in *Cassandra* and the *Cassandra*-lectures, *Conditions of a Narrative,* of the mind-body split, which is itself a part of her larger critique of the blind spots of western civilization, including the exclusion of women and of what has come to be termed "the feminine" from western civilization's definition of what is rational, valid, and real. The concept of the "feminine" has, at least since the beginning of modernity, been the repository for all that has to do with intuition and the soul, which are neither scientifically verifiable nor amenable to "rational" elucidation. Perhaps it is this equation of the feminine and the irrational that has mitigated against scholarly discussion of the psychic, intuitive, and even spiritual elements that recur in Christa Wolf's writing from *The Quest for Christa T.* through *Sommerstück.*[2]

Though some colleagues warned that a project with the focus I envisioned might give rise to a belief that I had succumbed to the occult, others encouraged me, fascinated as I was by the apparent paradoxes inherent in the topic. Christa Wolf is, after all, a Marxist, and despite doubts expressed by her East German critics about her commitment to a materialist world-view, her various negative comments on religion and mysticism appeared to leave little room for interpretations of her writing from a mystical or occult perspective.

Indeed, Wolf has evinced considerable discomfort with religious attitudes and practices, mentioning with some distaste in both *A Model Childhood* and *Cassandra* the unnerving childhood belief that one is under constant scrutiny by a deity and distancing herself explicitly from any kind of writing characterized by "mysticism" and the "abandonment of knowledge" ("Notwendiges Streitgespräch" 103).[3] She has likewise expressed in the *Cassandra*-lectures her aversion to the misogyny of the "Semitic-Christian" religious framework, describing her skeptical response when an acquaintance turned to Christianity as a source of transcendental values. In both *A Model Childhood* and *Accident,* she articulates a distrust of religiously based world views, along with her reservations toward the nature of the secular knowledge and behavior that have displaced religious frameworks. In *A Model Childhood,* in a passage describing a conversation between the narrator and her relatives during a drive into the center of the narrator's hometown, they pass one of the churches, which the narrator dismisses as "functional buildings that are useful as long as human beings feel obliged to believe" (338), and enter the reconstructed inner city:

> You drive through the rebuilt inner city . . . and you ask yourselves why the conviction that man should be guided by his knowledge, rather than by his faith, has thus far produced so little beauty. You find no answer, because the question is posed wrongly. It doesn't cover the type, the extent, the direction, and the goal of this knowledge (338).

And in *Accident,* we read:

> If, in fact, the need for rule and subordination is so pressing in
> us from early on that it must form the basis of the invention of
> our gods—that we (I added, reflecting upon my life), should
> we be capable of freeing ourselves from the compulsion to
> worship gods, are prey to the compulsion to submit to people,
> ideas, idols—well, where then, brother heart, is the escape
> route . . .? (49-50)

Wolf's commitment to knowledge rather than faith precludes religious or occult readings of her *oeuvre.* Yet clairvoyance in the literary texts up to and including *Cassandra* and of psychic healing in *Accident* and *Sommerstück* are unmistakable themes and can be documented: Christa T.'s encounter with the soothsayer, Günderrode's attraction to and understanding of clairvoyance, Cassandra's experiences of merging with those close to her as well as her prophetic trances, the psychic transmission of healing energy by the narrator to her anesthetized brother in *Accident,* and the description of an encounter with a folk-healer or witch, who in *Sommerstück* successfully makes use of ashes from her hearth to alleviate symptoms. These supernaturalist elements are hard to reconcile with a purely naturalistic or materialist *Weltanschauung,* and it is difficult therefore to integrate this topic into our accepted frameworks for interpreting Wolf's prose.[4] My aim here is not merely to demonstrate the existence of the paranormal in Wolf's writing but also to attempt to bridge the distance from where we as critics stand to where the topic makes sense.

Wolf's treatment of the paranormal is emblematic of an aspect of her writing to which western critics have paid little attention. Indeed, the discomfort long experienced and expressed by critics in the GDR is not completely based on a misreading or misunderstanding of her writing. Western critics have recently begun to share that discomfort with both her view of the nature and function of literature and her conception of reality. If I am correct, the radicality of Wolf's prose is a function of its deviation from the narrowly conceived naturalism and materialism of the "scientific" world-view that constitutes the consensus reality of socialists and capitalists alike. She has laid the groundwork for such deviation in her frequent criticism of consensus reality.[5]

I shall endeavor to articulate the extent and nature of that deviation in this discussion. Before trying to specify the radicality of her prose, it may be useful though to try to elucidate some of the grounds for the philosophical and political discomfort her writing engenders.

II. Self Beyond the "Citadel of Reason"

When critics reproach Christa Wolf for not doing what she claims to be doing, it is usually because she does not accept what they consider the objective limits to the dimension of subjectivity. Most often these critics have been GDR Marxists reprimanding her for her "moralism" in the face of historical necessity or decrying her inadequate adherence to a materialist world view. When Hans Kaufmann drafted his critique of Wolf's rejection of traditional realistic fiction, he defined her specific understanding of the task of contemporary prose:

> The task today is to develop a prose art that occupies heights analogous to Einsteinian and Heisenbergian thinking.
> The polemic thrust of these remarks . . . is aimed at the objectivity of movement. What disturbs her about the "mechanics" of the heavens and the earth is materialism, to be precise, and she tries to get past the objective reality, which she places in quotation marks, by referring to dialectics and relativity (85).

While repeating some of the objections of other GDR critics, Kaufmann's criticism does come closer to the real difficulty that Wolf's prose poses for the historical materialist (as well, I think, as for the western ahistorical materialist or naturalist of whatever philosophical inclination). He fails, however, to take Wolf's analogy to Einsteinian and especially Heisenbergian thinking as seriously as it deserves to be taken—as a serious attempt to assert the fluid complexity of the interpenetration of subjective and social processes that Wolf sees as the proper subject matter of the contemporary author. Kaufmann also directs his critique at what he considers the "cathartic" purpose of her writing, that is, her emphasis on emotional response as a key to facilitating understanding and the emergence of subjective agency, another manifestation of the same rejection of an expanded notion of what constitutes reality.

Frequently, however, when western critics have expressed their views, the target has not been Wolf's inadequate historical consciousness or materialism, but dialectics itself and specifically the assertion of a dialectic of subjectivity that resolves into self-identity, which they take to be Wolf's aim. Rainer Nägele is a case in point. He asserts, for instance, the existence of an inevitable "rupture" in the dialectic of subjectivity constituted by a radical otherness, both of the unconscious and "the letter," that is inaccessible except through a trace structure and therefore exceeds the reach of subjectivity and cannot be brought into any kind of dialectic ("The Writing").

Subjectivity seems to be at the heart of all the difficulties. It, as we all know thanks to Freud and Lacan, supposedly exists only under the sign of castration, and the objectivity of the historical laws governing the development of productive forces, so we learn from Marx and his interpreters, is determinant in the final instance.   In any case, our limitations shield us from responsibility for what is beyond our conscious control; and history, psychology, the economy, or perhaps even biology can be held accountable for our personal failures as well as the apparent destructiveness and self-destructiveness of our civilization.

So the currently accepted wisdom would seem to be the inevitability of lack, the impossibility of radical social or personal transformation, and the acceptance of both of these as the "human condition." This is and doubtless will remain the case so long as subjectivity is identified with the structure of the separative ego (e.g., Keller), one form that the fixation on what Wolf (following Büchner) has called the "citadel of reason" takes.   But the subjectivity to which Wolf refers repeatedly is itself neither a perfect self-identity nor a lack, but rather an excess that exceeds possessive individualism, including self-possession, escapes confinement, and constitutes itself as an unbounded relational structure, an underlying radical connectivity so extended as to call into question traditional models of identity as enclosure within the self:

> So far, everything that has befallen me has struck an answering chord. This is the secret that encircles and holds me together . . . : There is something of everyone in me, so I have belonged completely to no one, and I have even understood their hatred for me. Once "in the past" . . . I tried to talk about it to   Myrine . . .   Aeneas had pulled out with his people. Myrine despised him. And I tried to tell her—no, not just that I understood Aeneas; that I *knew* him. As if I were he. As if I were crouching inside him, feeding in thought on his traitorous resolves (*Cassandra* 4-5).

One may perhaps speak here of a transpersonal self and call into question the identification of subjectivity with the limits of interpersonal identification valid only when identity is equated with ego-identity. The conceptualization and experience of subjectivity as excess rather than lack has political implications and consequences as well, including the breakdown of the opposition between friend and enemy.   This is thematized in *Cassandra* as the protagonist's ability to empathize with the Greeks, an ability not to be reduced to or confused with the simple fear of conflict.[6]

By refusing to take seriously the idea, put forth again and again in Wolf's writings, that a correspondence exists between our innermost being and what befalls us, her critics misunderstand the task that she has taken upon herself: to investigate complicity rather than to engage in attack. Wolf has consistently, most often using her own experience as the focus, set out to expose the fears that lie at the root of cooperation in victimization and domination:

> It's a wild feeling, said Anton, when you really understand no one can do anything to you. You're your own master, if you just want to be. It's only your greed that chains you (*Sommerstück* 150).

This process, undertaken for the purpose of self-empowerment rather than to affix blame, has found resonance in many of Wolf's readers. It also sets Wolf's writing apart from that of writers who are often considered more political, though her choice to write in this fashion is eminently political, since it stems from her attention to the manner in which antagonistic systems of domination resemble each other and eventually replace each other without undermining the persistence of relations of domination. It is to this persistence that she refers when she laments history's tendency to repeat itself, the most common manifestation of which is war.

Part of our heritage is a sense of identity rooted in separation, attack, blame, opposition, and conflict. The invulnerability of the "citadel of reason" in its various manifestations depends upon separation and the inviolability of the boundary between itself and what it excludes. Wolf herself addressed this discomfort with the blurring of boundaries in an interview first published in 1982 in relation to the primarily male discomfort with her portrayal of Kleist in *No Place on Earth*:

> I think it's a . . . diffuse discomfort with everything androgynous, with the fluid transitions, with the fact that it isn't only one way or the other, friend-foe, male-female. A fear of learning how to live with, not against each other. Not in rigid antinomies, but in fluid transitions, in productive alternatives that wouldn't have to be fatal ("Culture" 89-100).

The non-patriarchal implications of Wolf's approach are probably too evident to require extensive comment, since there are feminist approaches that hypothesize a greater openness of women to non-violent and cooperative methods of conflict resolution and problem-solving, attributable at least in part to the relative underdevelopment of the separative ego in many if not most women in western civilization.[7] If one wished to look at some theoretical elaborations and implications of thinking that seek to undermine the solidity of boundaries within masculinist phallocentric thought, Luce Irigaray's writings on "The 'Mechanics' of Fluids" would be an excellent starting point (106-18). And if the assertion of the relationship between feminist theory and supernaturalism in writing still remains unconvincing, then a passage from Rosemary

Jackson's introduction to *What Did Miss Darrington See?: An Anthology of Feminist Supernatural Fiction* might provide some clarity:

> The dominant literary forms in Western culture from the eighteenth century onwards have been realistic and mimetic . . . There has been no room in such fiction, nor in such a world view, for anything not immediately knowable, for anything invisible, unseen, inexplicable. These areas have been prohibited from mainstream literature just as they have been tabooed by culture at large; a rationalistic, materialistic, scientific, and secular culture has restricted its definition of the "real" to what is familiar and under rational control. This culture is also a patriarchal one, and many of its values and definitions are male-determined. Indeed, some feminist critics have gone so far as to argue that the very history of reason, or rationality, and the materialistic, atheistic philosophy that accompanies it, are inseparable from masculinity and phallocentric power. Literature has supported and reinforced this dominant position (xvii).

III. Interpretive Frameworks

Though many possible starting points offer potentially productive approaches to the topic at hand, none is fully satisfying, for each tends to make the topic a metaphor for something else, recuperating the radicality of the disjunction with acceptable scholarly frameworks by some variety of narrowly rationalistic translation or transfiguration. That disjunction, however, provokes an intense critical discomfort similar in kind to that evoked by the persistence of Wolf's unwillingness to project contradiction outward and translate it into conflict. As I pondered that discomfort, I increasingly came to believe that Wolf's treatment of the paranormal and her avoidance of conflict (literature as peace research!) are inextricably intertwined and stem from the same source: a refusal to accept the limits to perception that our various intellectual frameworks establish as final.

Of course, intuitive, parapsychological, and even supernatural elements are by no means totally absent in texts by other East German writers. They do not, however, necessarily express an anti-conflictual attitude. Despite the long-established hegemony of socialist realism in the literature of the GDR, the use of the supernatural as a fantastic device has been quite common since the 1970s at least (e.g., Nägele, "Trauer"). The thematization of supernatural phenomena in most East German texts differs though from that in Wolf's writing precisely because for most other writers the "supernatural" really does function as a fantastic device or a satirical weapon, employed essentially as a technique to attack specific social problems and raise consciousness about particular issues.

Perhaps the outstanding example of such a use of the supernatural in relation to women's issues occurs in the novels of Irmtraud Morgner. Wolf, on the other hand, seems increasingly concerned with psychic and intuitive abilities as constituents of an expanded reality. These abilities, important because they have been excluded by western rationalism and materialism from what is considered real and therefore part of what Wolf has called the blind spot of our culture, are also, as *Cassandra* more than any other text makes clear, an effect, a "by-product" of that "'hellish journey of self-recognition,' without which . . . reason cannot exist, according to Kant" ("Büchner-Prize" 6).

The paradoxical nature of a concept of reason based in a journey of self-recognition that gives rise to capabilities that reason excludes and in opposition to which reason defines itself is obvious. And it is perhaps inevitable that Wolf's intensive focus on self-recognition, indeed her definition of her writing as essentially nothing other than a means of self-knowledge, should lead her to concern herself with "nonrational" capabilities. Indeed, the thematization of the paranormal is not the only evidence for a supernaturalist strain in Wolf's writing. Perhaps one key to understanding that supernaturalist strain lies in something to which I have already alluded: Wolf's increasing emphasis on the soul. This manifests itself first in a rather ironic reference in her short story "Neue Lebensansichten eines Katers" (1970), where modern disdain for the concept is exemplified by the utterances of her feline narrative persona. In a relatively recent speech "Krankheit und Liebesentzug: Fragen an die psychosomatische Medizin" (1984) she deals with the same issue more critically and more extensively, focusing in part on the linguistic sleight of mind that makes "psyche" a scientifically acceptable term, while relegating "soul" to the arts. And in *Cassandra,* the soul is apostrophized in a remarkable passage:

> Soul, beautiful bird. I felt its movements in my breast, sometimes light as a feather's touch, sometimes violent and painful. The war gripped the men's breasts and killed the bird. Only when it reached out for my soul too did I say no. A strange notion: The movements of the soul inside me resembled the movements of the children in my body, a gentle stirring, a motion like that in a dream. The first time I felt this frail dream-motion it shook me to the core, opened the barrier inside me which had held back my love for the children of a father who had been forced upon me; the love rushed out with a river of tears (78).

The sense of self as soul eludes naturalistic and materialistic reductions of reality. Within Wolf's frame of reference, to recognize oneself is to enter into an expansive state where relationships rather than the contracted boundaries of the ego define who and what one is. That state of expanded selfhood gives rise to those capacities that we, from our normally contracted ego-based standpoint, consider paranormal, psychical, or intuitive, and therefore outside the "citadel of reason." Wolf has formulated that expanded experience of self in terms of contact with realms that exceed the grasp of the five senses. In *Cassandra* and the lectures, she focuses on the body and the five senses, only to point to what transcends them:

> I had the feeling that I was screening with my body the place through which, unbeknown to everyone but me, other realities were seeping into our solid-bodied world, realities which our five agreed-upon senses do not grasp: for which reason we must deny them (106).

And in *Accident,* she reiterates the same idea, addressing her unconscious brother, whose surgery she is assisting by means of her imagination, primarily through visualization:

> How am I supposed to know with which sense, or senses, you may be taking in everything I am imagining ever so furtively. Seeing hearing smelling tasting touching—and that's all there is? Who believes that, anyway. We can't have been sent on our way with so little sensitivity back then (14-15).

It would appear that knowledge that transcends the grasp of the five senses involves relinquishing the sovereignty of the ego for states of consciousness that allow much more fluid interaction between self and not-self. There are numerous other textual passages in Wolf's writings that attest to this alternative model of selfhood and to the correspondence between everyone and everything one encounters and one's innermost being. Those passages, more than anything else, suggest to me that our tendency to read Christa Wolf within the parameters of "received" literary critical approaches, whether Marxist, poststructuralist, or academically feminist, may fail to do justice to the complexity and profundity of her endeavor. They all obfuscate the possibility of alternatives beyond the "citadel of reason": fluidity, excess, abundance.

Still I am hesitant to read Wolf's writing simply as a step beyond the "citadel of reason," though I notice many indications that Wolf takes this step, lest I be misunderstood as consigning her writing to the anti-Enlightenment and irrationalist tradition, to which it most definitely does not belong. To go beyond the "citadel of reason" is not necessarily to negate reason but merely to transcend the fortresslike and prisonlike limitations of the rational mind as ego-mind. It is a commonly held postmodern assumption that there is no rational alternative to the "citadel of reason" and that though we may deconstruct or demystify it, we can never really leave it. Yet Wolf's notion, taken over from Kant, of the hellish journey of self-recognition seems to suggest that something more basic underlies and connects the poles of the distinctions we make within the western philosophical tradition: perhaps a recognition of self as something more than that bounded identity of her/him who thinks in opposites.

Wolf is certainly not alone in conceiving of a self beyond ego. Hence her constant emphasis on the importance of the ability to love, by which she is clearly not referring primarily to romantic or sexual attraction. In her Büchner-Prize Speech, she directly attributes the male inability to love to fear, and fear is always an indicator of one's perception of the self as vulnerable or deficient. If "we may understand the activation of love," as Claudio Naranjo suggests, "as a movement away from the limitations of a deficiency-motivated ego" (141), then perhaps Wolf's reiteration of the importance of love and her expanded notion of subjectivity are elements of a transpersonal world-view, along with the non-conflictual attitude and the expanded sense of personal responsibility for what befalls one to which I referred earlier.

Earlier in this discussion I mentioned Wolf's brief allusion to Einsteinian and Heisenbergian thinking and claimed that Hans Kaufmann failed to take that allusion seriously enough. It is almost a cliché that what are called "the frontier sciences," including the "new physics," often call into question many of the same elements of the western philosophical tradition that poststructuralist thinking displaces, particularly dualistic and totalizing modes of ratiocination. The similarity of these contemporary scientific and philosophical enterprises may be due to the shared origin of classical philosophy, theology, and science in the dualistic mode of knowledge and perception that characterizes Greek philosophy. The difference, however, resides in the transcendence by the "new" physicists of the critique of representation undertaken in postmodernism. They suggest not only that the dualistic mode of knowledge characterizing the "citadel of reason" is intrinsically incomplete and lacking, but that productive alternatives to it exist:[8]

> . . . [W]hen the universe is severed into a subject vs. an object, into one state which sees vs. one which is seen, *something always gets left out*. In this condition, the universe "will always partially elude itself." No observing system can observe itself observing. . . . Every eye has a blind spot. And it is precisely for this reason that at the basis of all such dualistic attempts we find only: Uncertainty, Incompleteness.
>
> Besides relinquishing the illusory division between subject and object, wave and particle, mind and body, mental and material, the new physics . . . abandoned the dualism of space and time, energy and matter, and even space and objects. . . . Now this is of the utmost importance, for these scientists could realize the inadequacy of dualistic knowledge only by

recognizing (however dimly) the possibility of *another mode of knowing* Reality, a mode of knowing that does not operate by separating the knower and the known, the subject and the object.

Eddington calls the second mode of knowing "intimate" because the subject and object are intimately united in its operation. As soon as the dualism of subject-object arises, however, this "intimacy is lost" and is "replaced by symbolism" (Wilber, "Two Modes" 235-36).

In Wolf's writings, speeches, and interviews, the relationship between the blind spots of western culture and the exclusion of intimate knowledge from what is real is apparent. Indeed that aspect of her writing that many critics find disturbing, her implicit equation of knowledge of and identification with another, attests to the centrality of that other mode of knowing in her literary endeavor. Similarly, the transcendence of dualism as the transcendence of "Greek" thought is summarized in *Cassandra*:

> For the Greeks there is no alternative but either truth or lies, right or wrong, victory or defeat, friend or enemy, life or death . . . . What cannot be seen, smelled, heard, touched, does not exist. It is the other alternative that they crush between their clear-cut distinctions, the third alternative, which in their view does not exist, the smiling vital force that is able to generate from itself over and over: the undivided, spirit in life, life in spirit (106-07).

IV. Intimate Knowledge and New Values

The idea of justice is a good place to start the final portion of this discussion, which will focus on textual indications of a non-dualistic transpersonal world-view throughout Wolf's writing. For justice is a key term in understanding at least one of Wolf's texts, *The Quest for Christa T*. The concept of justice plays a central role in a peculiar passage about which little has been written in Wolf criticism, the account of Christa T.'s encounter with a fortune-teller, the General, the "damned spook man" (74). It also is the first mention of psychic experience in Wolf's writing.

At the end of the eighth chapter of the text, the narrator mentions Christa T.'s wish to visit the "damned spook man," who has settled in her vicinity; the narrator characterizes that wish as evidence of a regressive susceptibility to the supernatural. The actual encounter appears in the next chapter, where the narrator introduces and interrupts her account of it with passages reminiscent of those that preface the book itself.

The preface defines Christa T. as a literary, that is, presumably a fictional figure, yet it refers to authentic citations from diaries, sketches, and letters and contrasts Christa T. with minor characters who are invented. In the passages from the ninth chapter, the narrator likewise equivocates about whether or not the General actually existed, insisting both that Christa T. would otherwise have had to invent him and that she hadn't the courage to invent, and then concluding that "he did exist, and he enters the scene as a real person; but at once she hides him, as a precaution" (78).

The most obvious parallelism between the preface to *The Quest for Christa T.* and the discussion of Christa T.'s relationship to the General is in their treatment of the relationship between "reality" and representation. The narrator creates the literary figure Christa T. out of her memories and mementos of the "real" person, just as Christa T. creates the General out of her encounter with him in the flesh. So, on one level, the presentation of the General merely serves to offer some much-needed clarification of the author's narrative technique.

However, it is the narrator's designation of Christa T.'s "invention" of the General as precise, objective, and just that requires elucidation:

> Of course, of course she invented the General . . . she must
> have invented him, the day after that séance . . . she invented
> him with the best of intentions—to be accurate, to be objective,
> writing down what he said, without once interrupting him,
> even when he embarrassed her: could one be more just? So she
> does him justice, in the way anyone would—she extracts the
> real substance from the stuff and hardly mentions the rest, the
> abstruse side of it, the errors, my God, yes, the stupid and
> silly side of it (80).

Basically Christa T. does justice to him by emphasizing what was of value in his pronouncements and discounting all the rest, a practice that the narrator carries over to her treatment of Christa T. Hence the similarity between the preface to the book and the narrative interpolations in this passage. Indeed, some of the outrage on the part of East German critics at the time of the first publication of *The Quest for Christa T.* may very well have had to do with the author's practicing justice toward her protagonist in exactly this manner. At issue are the supposed problems posed by Wolf's narrative perspective based on identification with the figures who are her literary creations. Christa T.'s practice of justice in relation to the fortune-teller, like Christa Wolf's in relation to Christa T., redefines the act of literary creation by redefining what it means to judge.

This redefinition is taken up again in the science fiction story "Self-Experiment" when the etymology of the German word *meinen* is addressed by the narrating protagonist, who pays tribute to the spirit out of which language arose, the "amazing mentality that could express 'to judge' and 'to love' in one single word: *meinen*, 'to think, have an opinion'" (122). The identity of judgment and love in the original usage of the word *meinen* violates all accepted standards of objectivity. It undermines a basic concept of justice: impartiality, the need for which presupposes that one person's exoneration depends upon another's condemnation. Judgment, as we usually understand it, is based in the separative and adversarial relation of evaluation that the identification implicit in the idea of "love" negates.

In *The Quest for Christa T.*, the protagonist's "invention" of the General and the narrator's invention of the protagonist are characterized by a surrender of the attitude underlying the usual adversarial notions of justice and judgment. That surrender is essentially the refusal to judge or evaluate from the standpoint of the ego, which is the standpoint of separation between the subject and the object of judgment. It suggests that a way of knowing based on "psychic affinity" (*Quest* 80) that is part of the intersubjectivity of love mentioned in "Self-Experiment" is not only possible but necessary as a counterweight to the culturally normative separative process of critical evaluation. By linking the process of writing to the practice of judgment or justice based in psychic affinity or love in *The Quest for Christa T.*, Wolf also implies that the supposedly radical otherness of "the letter" and the unconsciousness in relation to the subject depends on a particular historically contingent understanding of who or what constitutes the subject. This historical contingency is further emphasized by the etymological play in "Self-Experiment" with its side-glance at the original "brotherly union" of certain words "forced apart by our disputes" (122).

Of course, judgment undertaken with a loving attitude corresponds so little to what we ordinarily recognize as judgment as to seem paradoxical. Similarly, the equation of knowing another with being another suggested by passages in *Cassandra* where the protagonist psychically shares another's experience is so alien to ordinary consciousness as to seem either a poetic device or a form of psychological pathology.

The identification of justice and partiality, judgment and love, knowing another and being another stand in contrast to all common sense and undermine the clarity of terminological distinctions by blurring categories of thought and feeling that we normally take to be separate. That blurring is, of course, in no way foreign to the character of Christa T., who, in the very chapter that first mentions the "spook man," describes the blending of categories in her own thinking: "*My thinking is more darkly mixed with sensations, curious. Does that mean it's wrong?*" (*Quest* 73).

The juxtaposition in *The Quest for Christa T.* of an encounter with clairvoyance and knowing and judging based on loving identification is hardly accidental, for the emotionally and sensorily colored form of cognition noted by Christa T. parallels closely the assertion by Leonardo da Vinci cited approvingly by Wolf in the *Cassandra*-Lectures: "'Knowledge which has not passed through the senses can produce none but destructive truth'" (268). In a similar vein, Cassandra speaks of her inability to ignore the information she obtains through her body: "Like everyone's, my body gave me signs; but unlike others, I was not able to ignore them" (58).

The text of *Cassandra* never names what differentiates those who do and those who do not have access to intuitive information, for it is, after all, a work of fiction and not a treatise. However, it is significant that Cassandra does distinguish between authentic and inauthentic emotions:

> My rebirth restored the present to me, what people call life, but not only that. It also opened up the past to me, a past that was new, undistorted by hurt feelings, likes and dislikes, and all the luxury emotions that belonged to Priam's daughter (51).

These "luxury emotions" are all functions of Cassandra's privileged status as a daughter of the king and of her link to "the upper echelons in the palace," with their propensity for falsely heightened emotion:

> The transition from the world of the palace to the world of the mountains and woods was also the transition from tragedy to burlesque, whose essence is that you do not treat yourself as tragic. Important, yes, and why not? But you do not treat yourself as tragic the way the upper echelons in the palace do. . . . How else could they persuade themselves that they have a right to their selfishness? (54)

However, as important as Cassandra's status as a daughter of the king is her identity as a "daughter of the father," that is, as Priam's favorite, which entailed her conformity to his image of her: "[T]he intimacy between us was based, as is so often the case between men and women, on the fact that I knew him and he did not know me. He knew his ideal of me; that was supposed to hold still" (50). As long as Cassandra continued to conform to Priam's image, she remained in his favor. While she continued to limit her behavior and her perceptions to those his conditional love demanded, he reinforced her own sense of specialness that facilitated the development of inauthentic emotions. Specialness presupposes an ideal or image that is both static and based on the competitive exclusion of other people. Hence it is incompatible with personal evolution and with self-knowledge. In the course of her development, Cassandra surrenders that perception of her own specialness and attains not only greater self-knowledge but also genuine closeness to other people. In this respect she continues the line of thought that Wolf first formulates clearly in Günderrode's decision to give up her desire to be a person of consequence, a matter to which I will return.

By the time Wolf writes *Cassandra,* the link between self-knowledge, intuitive or psychic abilities, and the capacity for empathy, identification, and love is well established in her writing. Since much of Wolf's anti-patriarchalism stems from her perception that men have, to a great extent, lost touch with the capacity for love, it is not surprising that *The Quest for Christa T.* is the last text in which clairvoyance is attributed primarily to a male figure or figures, for their concerns and their sense of reality and self tend to exclude those aspects of existence that might give rise to transpersonal or intuitive abilities. In *A Model Childhood,* it is Charlotte, the mother of the protagonist Nelly, who is designated "Cassandra behind the shop counter" (165). Characterized as almost the only person in Nelly's environment who had the ability to empathize with persons not immediately familiar to her, Charlotte's intuitive abilities are described (and decried by her husband) as pessimism (*Schwarzsehen*) (17). Here again, though intuitive capacities hardly play a role in the text, it is striking that they are attributed to the one person capable of empathy, of spontaneous identification with others in an environment mitigating against empathy.[9]

The capacity for empathy and the emotionally and sensorily colored cognition referred to above both call into question certain conventional categorical boundaries. These boundaries, when perceived as external, separate people from each other and when perceived as internal, fragment individuals into ensembles of disconnected personae. In *No Place on Earth,* Günderrode is the figure for whom clairvoyance is most important both conceptually and experientially: "She came to understand how many people acquire the gift of clairvoyance: an intense pain or an intense concentration illuminates her inner landscape" (106). Kleist, afflicted with that "diffuse discomfort with everything androgynous," experiences panic at the blurring of the very boundaries that keep him estranged from himself. He experiences "one of those moments of doleful lucidity when he perceives the thought behind every play of features, the meaning behind every word, the reason for every action" as repulsive, because "everything, most of all he himself, lies exposed in its nakedness and poverty, and loathing enters into him, and words are like toads jumping out of his mouth and the mouths of others" (64). Though he and Günderrode share a fascination with the workings of the inner machinery of the soul, his is fueled primarily by a hypersensitivity to other people's judgments of him (12), whereas hers is based much more, as Kleist points out, on extreme receptivity to the emotional states of others (51).

Her receptivity calls into question the boundary between internal and external realities. Indeed receptivity to inner vision is basic to Günderrode's being, and her material and social circumstances both engender and mirror her willingness to "offer up the visible to the invisible" (4). Though we are tempted to see her as a victim of the circumstances of her life and time, she herself emphasizes the centrality of subjective agency and choice, in even the most restricted context:

> Even a confined existence can be expanded until one reaches its outermost limits, which until then are invisible. The only thing lost to us is that which we lack faculties to grasp. Once the eye of the mind has opened, it perceives things invisible to others, which are akin to itself (103).

By asserting the power of inner vision, Günderrode negates in advance all readings of her life that would reduce her to a victim of the historical limitations placed upon her.

What she shares with Kleist is the recognition "that only that within us which wishes to be destroyed is destructible; that only that can be seduced which meets seduction halfway; that only that can be free which is capable of freedom" (88). In his case the clearest proof of the validity of that claim is the deep-seated and self-destructive ambivalence of his attraction and repulsion to Napoleon. However, Günderrode is aware to a much greater extent than Kleist of the apparently innocent victim's complicity in what befalls him. This is expressed in her response to his account of his accident in Butzbach, "when the horses pulling his coach, terrified by the braying of a donkey somewhere behind them, ran away and placed him and his sister in extreme peril" (89). What offends and troubles Kleist is expressed in "that skeptical thought which he had believed would be his last thought in life. So, a human life is dependent on the braying of an ass?" (89) His hope is that Günderrode can offer him "something substantial which we can use to combat the blind chance which governs our lives" (89).

Günderrode recognizes immediately that it is Kleist's self-importance, his "pride [that] rebels against the idea of such a death" (90), possibly because she had just begun to consider and to take comfort in Bettine's idea of "the genius of the inconsequential" (73):

> Günderrode is . . . immersed in her musings about that word—inconsequentiality. How it forces its way into her fantasies of her own importance, fantasies whose existence she scarcely confesses to herself. And how it helps her to rend asunder the web of deceit which hides her from herself. . . . [H]ow many things become easy and natural for her, and how much closer she comes to other people, when she ceases to wish to be a person of consequence (73-74).

She leads Kleist to recognize the extent of his own participation in establishing the circumstances that gave rise to his accident, which was then anything but purely accidental. The same insistence that no one is purely a victim of external circumstances underlies Günderrode's response to Kleist's description of himself as one caught up by a driving current over which he has no control and his request that she tell him "who visits such judgments upon us" (105):

> I believe that we are wrong to ask such questions when we confront fate, rather than to see that we are one with fate; that we secretly provoke everything which befalls us. . . . If this were not the case, exactly the same thing would happen to everyone who found himself in analogous circumstances (105-06).

Inherent in the idea that we secretly provoke what befalls us is the implication that no one visits judgment upon us other than we ourselves. The negativity of the judgment, so it would seem to follow, corresponds to the extent of the secrecy of our provocation, that is, the more we know ourselves, the less likely we are to fall victim to unintentional self-destructiveness. Once again, the absolute necessity of that "hellish journey of self-recognition" is central here, for what it reveals is that we are, despite all fragmentation, one, not only with the limited flesh-encapsulated ego each of us takes for her/himself, but with all that we encounter. It is the denial of that unity that underlies the psychological mechanisms for adaptation to what Wolf has, at the end of her essay on Günderrode, described as the reduced life with which we manage to come to terms. And it is that unity to which the narrative voice in *No Place on Earth* alludes in her evocation of "[t]he freedom to love other people and not to hate ourselves" (118).

To love other people without hating oneself is only utopian in the context of a world where one is constantly forced to choose between what one perceives as one's own interests and those of others. That this choice is not necessary, but merely contingent upon our perception of ourselves and our situation, is one of the primary themes of *Cassandra*. It becomes explicit early in the text, when Cassandra describes a hostile encounter with Panthous, the Greek priest of Apollo residing in Troy, and goes on to reflect:

> It took me a long time to notice, but he knew and detested himself, and sought relief by attributing one cause and one alone to every act or omission: self-love. He was absolutely convinced of a world order in which it was impossible to serve oneself and others at the same time. . . . At first perhaps he was right to think me like him, on one score—what Marpessa called my pride. I lived on to experience the happiness of becoming myself and being more useful to others because of it (11-12).

Cassandra's journey of self-recognition is a painful and gradual process of the recognition of unity with other people that comes with the surrender of a specious sense of specialness and of the fear that altruism is identical with self-destruction. For Cassandra, awareness of that unity occurred often under the pressure of painful circumstances. Her experience of the death of her brother Hector is a case in point:

> In the deepest depths, in the innermost core of me, where body and soul are not yet divided and where not a single word or a single thought can penetrate, I experienced the whole of Hector's fight, his wounding, his tenacious resistance, and his death. It is not too much to say that I *was* Hector: because it would not be nearly enough to say I was joined with him (112).

Indeed, much of Cassandra's experience that relates to the paranormal is painful, and her ability to make use of her prophetic abilities is severely limited by the political circumstances of her time and place.

Although the external circumstances in *Accident* are hardly more propitious than in *Cassandra,* the narrator does make use of an ability that is generally considered paranormal: psychic healing. That she undertakes it without being in the immediate proximity of her brother, whose survival and recovery it is intended to assist, merely emphasizes its divergence from our normally accepted categories of time, space, and causality. Of course, the narrator makes no claim for the efficacy of her undertaking, and it is tempting to view it either as a literary device or as a form of psychological compensation for feelings of powerlessness in the face of both her brother's illness and the Chernobyl disaster, to whose lethal radioactivity the narrator juxtaposes non-material rays of healing energy. However, and with this interesting "coincidence" I will terminate this portion of my discussion and the body of this essay, the narrator recounts a peculiar experience. After hearing from her sister-in-law that her brother's surgery had been successful, but that he had not yet awakened from the anesthesia, the narrator finally prepares a meal for herself, listening all the while to the radio with its reports of the catastrophe at the Chernobyl reactor:

> I heard on the radio that it was 1:45. And I saw myself standing there, the dish towel still in my hand, and heard myself singing at the top of my lungs. The Ode to Joy. . . . Now what is the meaning of this, I was forced to ask myself, somewhat flabbergasted. Joy! Joy . . .
> Since I never would have been able to fathom this signal from the very deep layers of my consciousness otherwise, I decided to ask you later, brother, just when you actually awoke from the anesthetic that day which will then have become the

past. 1:45? you will say. Wait a minute. Say, there's a good
possibility . . . Yes. You could be right (56).

V. In Lieu of a Conclusion

> A little light is falling into previously dark, unconscious rooms.
> Underneath them or previous to them (places and times flow
> together), further rooms can be sensed in the dim light. The
> time of which we are aware is only a paper-thin, bright strip
> on a vast bulk that is mostly shrouded in darkness. With the
> widening of my visual angle and the readjustment to my depth
> of focus, my viewing lens . . . has undergone a decisive
> change. . . . When I try to realize what is happening, what
> *has* happened, I find that (to bring it down to the lowest
> common denominator) there has been an expansion of what for
> me is "real" (*Cassandra* 278).

Words, so we are informed by the text of *Cassandra,* have a physical
effect; "no" causes contraction and "yes" relaxation (114). And relaxation
is nothing other than the release of tension through expansion on the
physical level. I believe that expansion is the key word for what Wolf,
perhaps unintentionally at first, has accomplished in the course of her
development as a writer and as a human being. Her writing has evolved
from the restricted materialism of Socialist Realism to the brink of an art
form that integrates social and spiritual concerns without degenerating
into occultism or irrationalism.

Wolf has repeatedly described her writing as the expansion of the
limits of what can be said and as a struggle to transcend the boundaries,
conscious or not, of what she allows herself to know. Perhaps even more
important, however, than her broadening of what can be known and said
is her deepening of our awareness of how knowing can transcend the
boundaries of the "citadel of reason" by undermining the separation of the
knower from the known. For many of us feminist academics, somewhat
uncomfortably entrenched within the "citadel of reason," the possibility of
such knowledge can be both profoundly threatening and profoundly
liberating. It challenges us to rethink our relationship to even the most
avant garde modes of academic theorizing. It gives rise to irritation and
to hope.

Notes

[1] For the best discussion of this see Bernhard Greiner.

[2] To the best of my knowledge, only Anna K. Kuhn has even mentioned that the narrator of *Accident* "directs concentrated psychic energy to help him [her brother] withstand the rigors of the six-hour operation and ensure his recovery" (218).

[3] All references to textual material will be to the authorized English translations when available. When no authorized translation exists, as in this case, I have offered my own.

[4] Although it has been a while since western critics felt compelled to read Wolf solely in terms of her relationship to the cultural politics of the GDR, even the most adventurous have remained within the parameters of literary and cultural criticism and theory, as these have normally been practiced within the academy. "New" approaches to Christa Wolf range from the feminist to the post-Freudian and post-structuralist psychoanalytic, and the scholarly contributions made by those using such approaches are considerable. No one, however, has, to the best of my knowledge, addressed or even attempted to address the issue raised in this essay.

[5] For two telling instances of such criticism see her Büchner-Prize acceptance speech and her contribution to the anthology *Mut zur Angst. Schriftsteller für den Frieden*, titled "Ein Brief."

[6] To attribute the absence of an oppositional or confrontational element in Wolf's writing merely to conventional good manners and a fear of conflict, as does, for instance, Günter Grass after her publication of *Was bleibt* (Grass 143), is to simplify unduly a complex psychological impulse. Although Wolf herself has criticized in *Was bleibt* her own unwillingness to offend and her desire to have everyone think well of her, she has also portrayed convincingly in her figure Cassandra the tension between an "inclination to conform with those in power" (82) and insight into victims' complicity in their own disempowerment, which the creation of the image of an enemy as the source of evil worthy of attack helps to obfuscate.

[7] See Carol Gilligan and Catherine Keller for just two of many such discussions.

[8] In other words, postmodern scientists do not, unlike their philosophical counterparts, reject holism, for they differentiate between a wholeness implicit in the unboundedness or "seamlessness" of the universe and the purely conceptual self-limiting totality of theoretical languages. Since their concern is primarily the "territory" of "reality" rather than the "maps" of representation, their explorations do not allow them to accept undecidability or incompleteness as the limit of their endeavors (Wilber, *Holographic Paradigm*).

[9] Although transpersonal states do not play a role in this text, there is a striking scene in the twelfth chapter in which an "altered state of consciousness" is produced by means of hypnosis. Not all altered states are transpersonal; when "normal" ego-centered consciousness is set aside through spontaneous or induced regression, the state of consciousness achieved is more properly labelled prepersonal. Sometimes regression into a prepersonal state can ultimately result in an ability to enter transpersonal states, as is the case, I believe, in Cassandra's episodes of "madness." Until the advent of full spectrum psychology, the distinction between transpersonal and prepersonal states was ignored or denied (see, e.g., Wilber, *Atman Project* 76).

Sources

Gilligan, Carol. *In a Different Voice: Psychological Theory and Women's Development.* Cambridge, MA: Harvard UP, 1982.

Grass, Günter. "Wer hat Angst vor Christa Wolf?" *Der Spiegel* (16 July 1990): 138-43.

Greiner, Bernhard. "'Sentimentaler Stoff und fantastische Form'. Zur Erneuerung frühromantischer Tradition im Roman der DDR (Christa Wolf, Fritz Rudolf Fries, Johannes Bobrowski)." *Amsterdamer Beiträge zur neueren Germanistik* 11/12 (1981): 249-328.

Irigaray, Luce. *This Sex Which Is Not One.* Trans. Catherine Porter with Carolyn Burke. Ithaca: Cornell UP, 1985.

Jackson, Rosemary. "Introduction." *What Did Miss Darrington See?: An Anthology of Feminist Supernatural Fiction.* Ed. Jessica Amanda Salmonson. New York: Feminist Press, 1989. xv-xxxv.

Kaufmann, Hans. "On Christa Wolf's Principle of Poetics." *Responses to Christa Wolf: Critical Essays.* Ed. Marilyn Sibley Fries. Detroit: Wayne State UP, 1989. 76-90.

Keller, Catherine. *From a Broken Web: Separation, Sexism, and Self.* Boston: Beacon, 1986.

Kuhn, Anna K. *Christa Wolf's Utopian Vision: From Marxism to Feminism.* Cambridge: Cambridge UP, 1988.

Nägele, Rainer. "Trauer, Tropen und Phantasmen. Verrückte Geschichten aus der DDR." *Literatur der DDR in den siebziger Jahren.* Eds. Peter Hohendahl & Patricia Herminghouse. Frankfurt: Suhrkamp, 1983. 193-223.

_____. "The Writing on the Wall, or Beyond the Dialectic of Subjectivity." *Responses to Christa Wolf: Critical Essays.* Ed. Marilyn Sibley Fries. Detroit: Wayne State UP, 1989. 248-56.

Naranjo, Claudio, M.D. *How to Be: Meditation in Spirit and Practice.* Los Angeles: Tarcher, 1990.

Wilber, Ken. *The Atman Project: A Transpersonal View of Human Development.* Wheaton, IL: Theosophical Publishing House, 1980.

_____, ed. *The Holographic Paradigm and Other Paradoxes: Exploring the Leading Edge of Science.* Boston: New Science Library, 1985.

_____. "Two Modes of Knowing." *Beyond Ego: Transpersonal Dimensions in Psychology.* Eds. Roger N. Walsh & Frances Vaughan. Los Angeles: Tarcher, 1980. 234-40.

Wolf, Christa. *Accident/A Day's News.* Trans. Heike Schwarzbauer & Rick Takvorian. New York: Farrar, 1989.

_____. "Ein Brief." *Mut zur Angst. Schriftsteller für den Frieden.* Ed. Ingrid Krüger. Darmstadt: Luchterhand, 1982. 152-59.

_____. *Cassandra: A Novel and Four Essays.* Trans. Jan van Heurck. New York: Farrar, 1984.

_____. "Culture Is What You Experience—An Interview with Christa Wolf." Trans. Jeanette Clausen. *New German Critique* 27 (Fall 1982): 89-100.

_____. "Krankheit und Liebesentzug. Fragen an die psychosomatische Medizin." *Die Dimension des Autors. Essays und Aufsätze, Reden und Gespräche 1959-1985.* Vol. 2. Frankfurt: Luchterhand, 1990. 727-48.

_____. *A Model Childhood.* Trans. Ursule Molinaro & Hedwig Rappolt. New York: Farrar, 1980.

_____. "Die neuen Lebensansichten eines Katers." *Gesammelte Erzählungen.* Darmstadt: Luchterhand, 1981.

_____. *No Place on Earth.* Trans. Jan van Heurck. New York: Farrar, 1982.

_____. "Notwendiges Streitgespräch. Bemerkungen zu einem internationalen Kolloquium." Ed. Wolfgang Joho. *Neue Deutsche Literatur* 3 (1965): 97-104.

_____. *The Quest for Christa T.* Trans. Christopher Middleton. New York: Farrar, 1970.

_____. "Self-Experiment: Appendix to a Report." Trans. Jeanette Clausen. *New German Critique* 13 (Winter 1978): 109-31.

_____. "Shall I Garnish a Metaphor with an Almond Blossom?   Büchner-Prize Acceptance Speech, October 1980." Trans. Henry J. Schmidt. *New German Critique* 23 (Spring/Summer 1981): 3-11.

_____. *Sommerstück.* Frankfurt: Luchterhand, 1989.

_____. *Was bleibt.* Frankfurt: Luchterhand, 1990.

Die überforderte Generation:
Mutterfiguren in Romanen von Ingeborg Drewitz

Monika Shafi

The article examines mother-figures in four of Ingeborg Drewitz's novels, which distinguish themselves through their strong autobiographical and subjective component and also through their narrative paradigm, the mother-daughter relationship. In contrast to many other women writers, Drewitz focuses not on the daughter, but on the mother whose perspective dominates the plot and narrative development. Using the studies of Sara Ruddick and Margaret Homans, I analyze the maternal experience both as praxis—what do these mothers actually do—as well as a discursive function, e.g., how are these maternal experiences expressed in textual features such as symbols, metaphors or images. (MS)

In einem 1981 erschienenen Essay über die deutschsprachige Gegenwartsliteratur von Frauen nennt Ingeborg Drewitz neben den Erfolgen, den neuen Erfahrungen auch jene Bereiche, über welche die Autorinnen nicht oder nur wenig schreiben. Als auffallend erscheint ihr u.a. die "erstaunlich seltene Auseinandersetzung mit der unmittelbaren Gegenwart im Roman" und vor allem "das erschreckende Fehlen des Kindes in der Literatur der Frauen" ("Frauen sind dazu berufen" 92, 94).

Die Berührungsängste gegenüber dem Bereich 'Kind' in der Literatur der Autorinnen der 70er und 80er Jahre waren jedoch nur zu gut verständlich. Die Auseinandersetzung mit dem Kind und damit impliziert die Beschäftigung mit der Mutter galten in der Tat als eine Art Tabuthema, da es die Frau in traditionelle, biologisch legitimierte Geschlechtsrollen einordnete. Die Frauenbewegung und feministische Literatur versuchten aber gerade den Aufbruch aus jenen gesellschaftlichen Strukturen und Normen, welche die Frau auf eine biologisch determinierte Wesenheit festlegte und ihren Wirkungskreis durch die Mutterrolle begrenzte.[1] Die schwierige Erprobung eigener Wünsche und Lebensentwürfe, die Fragen nach einer Identität jenseits traditioneller Zuschreibungen konnte nicht auch gleichzeitig die hergebrachten Rollenmuster berücksichtigen. Dieses Dilemma, normative Weiblichkeitsvorstellungen zu überwinden, von denen man dennoch zutiefst geprägt war, ein Dilemma, das sich auch im theoretischen Diskurs fortsetzte, zeigte sich vor allem in Mutter-Tochter Geschichten aus diesem Zeitraum.

Romane wie Gabriele Wohmanns *Ausflug mit der Mutter* (1976), Jutta Heinrichs *Das Geschlecht der Gedanken* (1977), Helga Novaks *Die Eisheiligen* (1979) sowie die in den achtziger Jahren erschienenen Texte *Die Klavierspielerin* (1983) von Elfriede Jelinek und W.A. Mitgutschs *Die Züchtigung* (1985) sind aus der Perspektive der Töchter geschrieben.[2] Diese klagen die mütterliche Erziehung innerhalb der etablierten Geschlechts- und Gesellschaftsordnung an. Die Mütter erscheinen als die "besten Förderer" (Moeller 15) eines sie und die Töchter unterdrückenden Systems, und die Töchter beschreiben Wut, Haß, Angst und Hilflosigkeit. Sie sehen die zum Teil grotesk ins Pathologische verzerrten Mutterfiguren zwar auch als Opfer, da ihre extremen Erziehungs- und Verhaltensweisen als durch die patriarchalische Ordnung vermittelt begriffen werden (Kecht 360). Trotz dieser wechselseitigen Doppelrolle der Mütter als Täter und Objekt werden jedoch die Töchter primär zum Sprachrohr gemacht oder stehen im Mittelpunkt des erzählten Geschehens.

Eine andere Sichtweise scheint mir dagegen in einigen Romanen von Ingeborg Drewitz vorzuliegen, da in ihnen die Perspektive der Mutter bzw. der Mütter dominiert. Ich beziehe mich hier auf die vier Werke *Oktoberlicht oder Ein Tag im Herbst* (1969), *Wer verteidigt Katrin Lambert?* (1974), *Gestern war Heute: Hundert Jahre Gegenwart* (1978), und *Das Eis auf der Elbe* (1982), in denen die Mütter und ihre Beziehungen zu ihren Kindern (hauptsächlich Töchtern) von zentraler Bedeutung sind. Die Zusammengehörigkeit dieser vier Werke ergibt sich dabei auch aus ihrem autobiographischen und subjektiven Charakter, der sie von früheren Arbeiten der Autorin unterscheidet (Brüggemann Rogers 8).

Drewitz ontologisiert dabei nicht Mütterlichkeit, da sie ihre Figuren in extrem genau gezeichneten sozial-historischen Zusammenhängen und Orten (die Stadt Berlin) verankert. Sie entgeht damit jener "Pathetisierung der Mütterlichkeit" ("Frauen sind dazu berufen" 94), die sie zu Recht Karin Strucks Roman *Die Mutter* vorwirft. Die Autorin löst in ihren Texten auch den eigenen Anspruch nach der Repräsentation des Kindes ein, da die Mütter die Entwicklung ihrer Töchter von der Geburt bis zum Erwachsenenalter häufig beschreibend nachvollziehen.

Doch von welchem feministischen Standpunkt kann ein solch 'gefährliches' Thema zum jetzigen Zeitpunkt analysiert werden? Gefährlich, weil in der Diskussion von Mutterfiguren die biologischen Funktionen der Frau nicht ignoriert werden können. Wie Hirsch argumentiert hat, knüpft vor allem die mütterliche Rolle an die körperliche, und damit nicht veränderbare Dimension des weiblichen Lebensweges an:

> The perspective of the maternal makes it difficult simply to reject the notion of biology and forces us to engage both the meaning of the body and the risks of what has been characterized as essentialist (12).

Der Vorwurf eines biologischen Essentialismus ist in der feministischen Theoriedebatte vor allem an Julia Kristeva, die sich intensiv mit dem Konzept des Mütterlichen auseinandergesetzt hat, gerichtet worden. In ihren auf Derrida und Lacan aufbauenden Theorien ist die präödipale—in ihrer Terminologie semiotische—Phase von zentraler Bedeutung. Kristeva versteht sie als vorsprachlichen Austausch zwischen Mutter und Kind, der als ungehemmter, lustvoller Zustand zu denken ist. Mit dem Eintritt in die symbolische (Sprach) Ordnung, in das 'Gesetz des Vaters' verliert das Kind jedoch diese Symbiose, die aber als psychosexueller Trieb im Unbewußten erhalten bleibt.

> The mother as split subject, as locus of the semiotic . . . present and absent, omnipotent and powerless, the body before language, unrepresentable, inexpressible, unsettling, has become the privileged metaphor for a subversive femininity (Hirsch 171).

Kristeva entzieht sich jedoch einer expliziten Definition von Frau oder weiblichem Schreiben, da sie die Frau bzw. Mutter aufgrund ihrer Position als 'das Andere' in der symbolischen Ordnung als schlechthin nicht definier- oder repräsentierbar begreift. Die konkreten Implikationen einer solchen Auffassung sind zum einen, daß die weibliche oder mütterliche Subjektivität per se in Frage gestellt wird (Showalter 365), und daß darüberhinaus diese prinzipiell unhistorische Weiblichkeits- und Sprachauffassung keinen Raum für die geschichtlich-kulturellen Unterschiede zwischen Frauen läßt. Durch die ausschließliche Analyse der Sprachbewegungen des Semiotischen—die bezeichnenderweise zumeist in den Texten von Autoren durchgeführt werden—bleibt die *Praxis* der konkreten Mutter ausgespart:

> For all its experimentation and multiple mediation, Kristevan maternal discourse remains firmly embedded in structures of representation which place the mother outside or on the margin. It thus makes it impossible to distinguish between the discourse *of* the mother and the discourse *about* her (Hirsch 173).

Die Gefahr, daß 'Mutter' nur noch als diskursive Funktion behandelt wird, ist in der amerikanischen feministischen Literaturkritik, die seit den siebziger Jahren entscheidend von der gynokritischen Richtung geprägt wurde, kaum gegeben. Dieser überaus produktive und einflußreiche Diskurs richtet seine Aufmerksamkeit auf die spezifischen Existenz- und Produktionsbedingungen von Autorinnen und ihrer komplexen Auseinandersetzung mit männlich geprägter Literatur- und Gesellschaftsordnung. Er sieht sich jedoch zunehmend dem Vorwurf einer undifferenzierten Gleichsetzung von Text und Realität ausgesetzt, die zudem mit einer als authentisch postulierten Weiblichkeitserfahrung einhergehe (Felski 29). Darüberhinaus würde der historischen Bedingtheit der Geschlechterdifferenz, d.h. den durch Schicht, Nationalität, Religion, Sexualität verursachten Unterschieden in weiblicher Erfahrung zu wenig Beachtung geschenkt (Lennox 162). Gynokritisch argumentierende Studien zur Mutterthematik müssen sich daher vor unzulässigen, unhistorischen Verallgemeinerungen hüten.

Bleibt eine Analyse von Mutterfiguren also hoffnungslos eingezwängt zwischen der Charybdis naiv-reflektionistischer Kunstmodelle, wie Felski die gynokritische Richtung sieht, und der Szylla essentialistischer Dekonstruktionstheorien Kristevascher Prägung? Oder wie könnte eine produktive Verbindung aussehen, welche die empirische Praxis von Müttern *und* die diskursive Funktion des Mütterlichen, d.h. die Umsetzung ihrer Erfahrung in Textmuster, Bilder, Symbole verfolgen will?

Ich möchte einen solchen doppelten Ansatz hier an Ingeborg Drewitz' Romanen darstellen. Sara Ruddicks Studie über mütterliche Denk- und Handlungsformen "Maternal Thinking" bildet dabei das konzeptuelle Gerüst, um die individuellen und strukturellen Merkmale von Drewitz' Mutterfiguren zu beschreiben.[3] Die Anwendung dieses erkenntnistheoretischen Modells auf fiktionale Mutterfiguren erlaubt es nämlich, die Erfolge wie die Konflikte dieser Gestalten in ihrer geschlechtsspezifischen und in ihrer historisch-partikularen Ausprägung zu beschreiben. In einem zweiten Schritt frage ich dann nach der möglichen Umsetzung der mütterlichen Praxisformen in Erzählstrategien. Dazu greife ich auf die poststrukturalistischen Theorien verpflichtete Untersuchung *Bearing the Word: Language and Female Experience in Nineteenth Century Women's Writing* (1986) von Margaret Homans zurück.

Der eigentlichen Textanalyse wird nun zunächst eine kurze Darstellung von Ingeborg Drewitz' Position in der deutschen Gegenwartsliteratur vorangestellt. Dies soll zum einen die beschränkte Rezeption des fiktionalen Oeuvres als auch die Bedeutung der Mutterproblematik für Drewitz erläutern. Diese einleitenden Ausführungen scheinen mir notwendig, um eine Autorin, die als konservativ gilt, differenzierter beurteilen zu können, und um die der mütterlichen Arbeit inhärente Ambivalenz im Zusammenhang mit Drewitz' Auffassung der Frauen-/Mutterrolle zu erkennen.

Ingeborg Drewitz ist keine unbekannte oder vergessene Autorin. Ihre engagierte Zeitgenossenschaft in zahlreichen politischen und literarischen Anliegen, ihre ausgedehnten Aktivitäten als Mitbegründerin des Verbands Deutscher Schriftsteller und Vizepräsidentin des deutschen PEN-Zentrums (1968/69) rückten sie häufig in den Mittelpunkt des institutionell literarischen Geschehens. Die Anerkennung für ihr umfangreiches Werk, das nicht nur Prosa sondern auch Hörspiele, Dramen,

Reisebeschreibungen und Essays umfaßt, zeigte sich u.a. in zahlreichen Preisen, ausgedehnten Vortragsreisen und Leseeinladungen.[4]

Gerade angesichts dieser prominenten Position überrascht die relative Zurückhaltung der Literaturkritik dieser Autorin gegenüber. Ihr erzählerisches und dramatisches Frühwerk ist so gut wie unbekannt, obwohl Drewitz das erste KZ-Drama der Nachkriegszeit "Alle Tore waren bewacht" schrieb, für das sie 1952 den Carl Zuckmayer Preis erhielt. Ihre Prosa der siebziger und achtziger Jahre wurde zwar positiv rezensiert, und vor allem der als ihr bedeutendstes Werk geltende Roman *Gestern war Heute. Hundert Jahre Gegenwart* fehlt in kaum einer Darstellung zur Gegenwartsliteratur. Außer der informativen Studie zu ihrem Romanwerk von Brüggemann Rogers fehlt es jedoch sowohl an detaillierten Einzelanalysen als auch an zusammenfassenden Versuchen zur literaturhistorischen Ortsbestimmung dieser Autorin. Der Titel von Jürgen Serkes 1981 veröffentlichtem Kurzporträt "Nur als Funktionärin anerkannt" (329) trifft auch heute noch zu.

Die feministische Literaturkritik hat sich erst Ende der siebziger Jahre mit den Arbeiten Ingeborg Drewitz' auf literaturhistorischem Gebiet beschäftigt. Ihre Bücher *Berliner Salons. Gesellschaft zwischen Aufklärung und Industriezeitalter* (1965) sowie *Bettine von Arnim. Romantik, Revolution, Utopie* (1969) zeigten ihre Hellhörigkeit für die Leistungen der Vorläuferin und die Bedeutung des dreifachen Engagements in Familie, Politik und Literatur für Schriftstellerinnen heute. Diese Texte können daher als wichtige Impulse für die einige Jahre später einsetzende Bettine von Arnim Renaissance gelten.

Eine umfassende Auseinandersetzung mit Drewitz' fiktionalem Werk von feministischer Perspektive liegt jedoch nicht vor. Die Ursachen für diese mangelnde Aufmerksamkeit sind zum einen mit Drewitz' Position als 'älterer Autorin' erklärbar, d.h. sie gehörte zu den Schriftstellerinnen, die schon vor jener Frauenliteratur, die sich mit dem feministischen Aufbruch der siebziger Jahre verbindet, publizierten. Wie Sigrid Weigel gezeigt hat, veröffentlichten diese Autorinnen in einem männlichen Literaturbetrieb, mit dessen traditionellen Maßstäben sie be/verurteilt wurden. Ihre eigene Verbundenheit mit konservativer Gesellschaftsideologie zeigt sich dabei u.a. in ihren fiktionalen Frauenfiguren sowie in theoretischen Aussagen zur Weiblichkeit, die häufig einer biologischen Wesensauffassung verhaftet blieben (Weigel 28-29). Ingeborg Drewitz erklärte beispielsweise in einem 1971 erstmals veröffentlichten Essay "Die halbvollendete Emanzipation der Frau" das Scheitern der Frau im Studium u.a. mit

> der gesteigerten sexuellen Erwartung der Frau gerade in diesen Lebensjahren . . . Die intellektuelle Aufmerksamkeit ist irritiert durch das emotional (hormonal) bestimmte Verlangen nach Schwangerschaft, nach dem Kind (224).

Vor allem im Kontext feministischer Frauenbewegung und Literatur konnten solche Äußerungen nur als hoffnungsloser Anachronismus erscheinen, von dem sich die Frauen gerade befreien wollten.[5] Drewitz' Essays und Romane zeigen aber andererseits ihre kritische Aufmerksamkeit für frauenspezifische Themen und Fragen. Zudem beschäftigte sie sich mit diesem Thema zu einem Zeitpunkt, als es noch nicht öffentlich diskutiert wurde. Sie geht jedoch von einem prinzipiellen Anderssein der Frau aus, welches sie aus dem Zusammenspiel von biologischen, sozial-gesellschaftlichen und erotischen Faktoren erklärt. "Denn die Frau ist anders, erlebt anders, formuliert anders" heißt beispielsweise ihre Schluß-folgerung in dem Essay "Gespaltenes oder doppeltes Leben? Gedanken über die Frau als Künstlerin" (239). Das von Drewitz hier propagierte biologisch determinierte Weiblichkeitsbild schließt jedoch eine sehr differenzierte Wahrnehmung von Macht- und Rollenstrukturen keineswegs aus.[6] Drewitz vertritt in ihrem Werk zwar durchaus konservative Positionen, doch entwirft sie in diesem Rahmen gleichzeitig unangepaßte, kritische und sehr sensible Frauenfiguren.

In den letzten Jahren haben einige Kritikerinnen (u.a. Weigel, Stephan/Venske/Weigel und Frederiksen) für eine differenziertere Bewertung der älteren Schriftstellerinnengeneration plädiert, da deren Werke im Zuge einer einseitig an feministisch-emanzipatorischer Literatur orientierten Kritik zu Unrecht unbeachtet bzw. mißverstanden blieben. Diese Aufarbeitung und Neurezeption steckt jedoch noch in den Anfängen, wie sich im Fall Drewitz deutlich erkennen läßt. Für entscheidend halte ich dabei jene feministische Dichotomisierung von hoher und niederer Literatur,[7] deren Wertsystem Drewitz' Texte einer als sekundär empfundenen erzählrealistischen Form zuteilt. Wie Felski argumentiert hat, prägen auch oppositionelle Diskurse Werthierarchien aus. Feministische Theorien priviligieren daher zumeist moderne oder Avantgardetexte, da sie erzählrealistischen Werken als a priori überlegen gelten (1-16). Wird der Realismus zudem noch mit scheinbar 'konservativen' Frauenbildern kombiniert, entsteht jenes kritische Vakuum, in das Ingeborg Drewitz geraten ist.

Übersehen wurde dabei von traditioneller und feministischer Literaturkritik, daß diese Autorin in ihren Romanen ein Panorama deutscher Zeitgeschichte geschaffen hat, daß sich nicht nur durch die Darstellung aus der Perspektive weiblicher Betroffenheit auszeichnet, sondern zudem jene "great unwritten story" (Rich 226), nämlich die Mutter-Tochter Beziehung, als ein Erzählparadigma in den Vordergrund rückt. Der autobiographische Charakter der hier diskutierten vier Romane scheint mir daher u.a. durch diese Verbindung von eigenen und fiktionalen Muttererfahrungen gegeben, da aus dieser Perspektive deutsche Alltags- und Zeitgeschichte des zwanzigsten Jahrhunderts dargestellt wird.

Auffallend an den vier Werken ist zunächst die Ähnlichkeit der Figuren- und Erzählkonstellation. Im Mittelpunkt des Geschehens steht eine berufstätige, ca. vierzig- bis fünfzigjährige Mutter, deren eigene Biographie durch umfassende Erinnerungs- und Reflexionspartien in die Gegenwartshandlung eingebaut ist. Politisch und sozial sehr engagiert, beruflich erfolgreich und häufig überbeansprucht, versucht sie gleichzeitig ihren Kindern—es handelt sich mit Ausnahme von Katrin Lambert, die Sohn und Tochter hat, nur um Töchter—eine vorbildliche Mutter zu sein. Diese Frauen sind "Idealtypen in Anspruch, moralischer Integrität und innerer Stärke" (Jäschke 72). Ihr politisch-sozialer Einsatz, ob sie sich nun um Fürsorgezöglinge (*Katrin Lambert*) oder türkische Immigranten (*Eis*) kümmert, reflektiert dabei ein an humanistischer Philosophie orientiertes gesellschaftliches Verantwortungsbewußtsein, das diese Frauen auch während der faschistischen Diktatur unter Beweis stellten. Alle zeigten schon als Schülerin aktiven Widerstand, den sie aber nicht als heroische, sondern als selbstverständliche Haltung empfanden. Katrin Lambert grüßt beispielsweise die jüdische Nachbarin auf der Straße und weigert sich in der Schule, faschistische Filme anzusehen. Die Ich-Erzählerinnen in den anderen Texten verteilen Flugblätter und besuchen untergetauchte jüdische Familien. Für diesen Einsatz bezahlen sie jedoch mit familiärer Entfremdung, Angst und Außenseiterexistenz. Trotz dieser Versuche ein "anständiger Mensch bleiben [zu] wollen" (*Gestern* 164), können sie das Grauen der Kriegs- und Nachkriegszeiten, die KZ Bilder, ihre eigenen Erfahrungen im zerstörten, besetzten Berlin nicht vergessen. Dies bleibt Teil ihrer Alltagserfahrung.

Überanstrengung erfahren sie auch in der täglichen Dreifach-belastung—soziales Engagement, Familie, Beruf. Diese Lebensschwierig-keiten werden oft reflektiert und auch mit den gesellschaftlichen Macht-strukturen in Verbindung gebracht und kritisiert.

Entscheidender Lebensantrieb für diese Frauen ist nun ihre Hoffnung und Sehnsucht, in den zahlreichen Rollen und Aufgaben, ihre Identität erkennen und finden zu können. Bereits in ihren Mädchenjahren erprobten sie intensiv die Konturen ihres Ichs, um dann als Erwachsene sich auf eine äußerst selbstkritische Auseinandersetzung mit diesem Ich zu begeben. In *Katrin Lambert* wird dies aus der Perspektive einer Reporterin und ehemaligen Schulfreundin dargestellt, die dem Selbstmord naheliegenden Unfalltod Katrin Lamberts nachforscht. In ihren zahlreichen Gesprächen mit Menschen aus Katrins Umgebung erfährt sie von den Existenznöten dieses "Genie[s] der Nächstenliebe" (63), und sie kann in ihren Aufzeichnungen nur das Scheitern von Katrin Lamberts hohem Lebensanspruch feststellen:

> Und noch einmal der Versuch, ein normales Frauenleben anzu-
> fangen. Und nach dem Scheitern nicht aufgeben. Bis zuletzt
> nicht.
> Was ist da vorausgegangen?
> Wer—wer war Katrin Lambert? (70)

Die Ich-Erzählerin in *Oktoberlicht*, eine erfolgreiche Rundfunkjour-
nalistin, gerade aus dem Krankenhaus entlassen, versucht anhand der
Stationen eines Tages, d.h. in Besuchen bei den beiden Töchtern, der
alten Mutter, Kollegen am Arbeitsplatz sowie als Höhepunkt in der
Begegnung mit dem geschiedenen Mann, sich über ihr Leben Rechenschaft abzulegen und dabei ihre Identität zu bestimmen. Auch ihre
Lebensbilanz ist geprägt von individuellen und gesellschaftlichen Ent-
täuschungen. Ihre belastete Kindheit, die gescheiterte Ehe und vor allem
die schuldbeladene deutsche Geschichte zeigen sich ihr in Gesprächen und
Reflexionen in ihrer wechselseitigen Bedingtheit.

Am differenziertesten wird diese Identitäts- und Sinnproblematik in
den beiden Romanen *Eis auf der Elbe* und *Gestern war Heute* behandelt.
Die leitmotivisch wiederkehrende Liedzeile "I'm going to live the life I
sing about in my song" (*Eis* 15) repräsentiert den Anspruch der Ich-
Erzählerin, einer fünfundfünfzigjährigen verwitweten Rechtsanwältin, sich
eine eigene Lebenskonzeption zu gestalten. Unter dem Druck geschicht-
licher Not, wirtschaftlicher Zwänge sowie traditioneller Rollen- und
Sozialstrukturen, in einer zunehmend nur noch fragmentiert erfahrbaren
Wirklichkeit erscheint dieser Anspruch jedoch kaum einlösbar:

> Und keiner fragt: Und du! Und Sie?
> Ist es wichtig?
> . . .
> Wer bist du? Wer bin ich?
> Wer bin ich?
> Anzumerken, daß das für Fontane nie wichtig gewesen ist
> Anzumerken, daß Pirandello die Frage ad absurdum geführt
> hat. Wer bist du? Wer bin ich? Sind wir nicht auf den Tod
> Zutreibende, wach für Minuten, vielleicht auch für achtzig
> Jahre? (*Eis* 162)

Diese Skepsis, ob die Frage nach dem 'Ich' überhaupt eine legitime
Lebenssuche sein darf, beherrscht auch Gabriele, die zentrale Figur in
Gestern. Sie stellt das Identitätskonzept am stärksten in Frage, gleich-
zeitig kann sie jedoch nicht ohne diese Herausforderung leben:

> Aber das Wort taugt nicht: Ich. Der Satz taugt nicht: Sich
> selbst verwirklichen. Denn er setzte voraus, daß uns das
> Leben eigen wäre, Substanz, an der wir, jeder nach seinem
> Entwurf, modeln können. . . . Wie wenige haben je ihr Leben
> zu eigen gehabt? Und auf wessen Kosten? (*Gestern* 376)

Der Antrieb zu diesen Fragen scheint mir nun zum einen mit der spezifischen Schichtzugehörigkeit dieser Frauen zusammenzuhängen, auf die dann ihre weibliche Rollenbestimmung trifft. Es handelt sich bei diesen Gestalten um Angehörige des Kleinbürgertums, deren Vorfahren zwar Momente von Selbstwahrnehmung, Bildung und auch sozialem Aufstieg erlebt hatten, die jedoch nicht auf Dauer verwirklicht werden konnten. Diese Frauen dagegen schließen erstmals ein Studium ab, arbeiten in intellektuellen Berufen und sind trotz materieller Behinderungen in der Lage, einen bildungsbürgerlichen Lebensstil zu entwickeln. In ihren jeweiligen Familien sind sie die erste Generation, die Ich-Bewußtsein nicht nur ausbilden, sondern auch leben können, da ihnen die ökonomisch-historischen Umstände günstig sind.

Ihre Weiblichkeitsauffassung entfaltet sich auch in diesem klassenspezifischen, traditionellen Rahmen, wie ihre Lebensläufe nur zu deutlich zeigen. Sie heiraten unmittelbar nach dem Studium, bekommen in den ersten Ehejahren Kinder und geben unter dem Druck der Kinder- und Hausarbeit, die mit sehr begrenzten finanziellen Mitteln bewältigt werden muß, ihre eigenen beruflichen Ambitionen für entscheidende Jahre auf. Sie fügen sich jenen hergebrachten familiären Strukturen, die sie bis an die Grenze ihrer Belastbarkeit herausfordern, und die sie die Enge der weiblichen Ehefrau- und Mutterrolle lehren:

> Und mit einemmal spürt sie, daß sie die Rolle nicht durchhalten wird, nicht durchhalten kann: Sorgen statt ICH sagen, Ordnung halten, den Müll wegbringen, von der Erschöpfung geduckt, emsig (*Gestern* 212).

Die Schwierigkeiten mit dieser Rolle ergeben sich dabei vor allem aus ihren intellektuellen Bedürfnissen, die sie weder aufgeben noch verwirklichen können. Andere Lebenskonzepte, die ihnen bei Freundinnen oder Töchtern begegnen, werden zwar toleriert und z.T. auch selbst erprobt (Gabriele in *Gestern* verläßt z.b. ihren Mann für einige Jahre), aber letztlich nicht als alternative Formen vorgestellt. Diese Frauen machen daher die erschreckende Erfahrung bis zu welchem Grade sie—so wie ihre Mütter und Töchter—ihren Ichvollzug nur in engen Rollenmustern praktizieren können:

> Sie muß sich wegwenden, weil Claudia und der junge Vater sich so unbefangen umarmen, als gäbe es nur das: Anfangen, sich lieben, ein Kind haben, keine Fragen, keine Zweifel, keine Erinnerung an das alte, immer neue Elend der Vielen (*Gestern* 381).

Gleichzeitig sehnen sie sich aber nach der harmonischen Partner bzw. Familienexistenz. Brüggemann Rogers stellt zu Recht fest: "Die

Romanwelt von Ingeborg Drewitz besteht aus Paaren, und dort wo ihr Verhältnis gestört ist, oder wo der Partner fehlt, bleiben tiefe Wunden" (107). Die Romane beschreiben daher die fast paradoxe Situation, daß trotz des Bemühens um eine harmonische Familienexistenz, die zwischenmenschlichen Bindungen, einschließlich der Mutter-Tochter Beziehungen, gerade nicht eine 'intakte' Gemeinschaft widerspiegeln.

Väter sind z.b. häufig abwesend (*Gestern*), krank (*Eis*), tot (*Katrin Lambert*), Alkoholiker (*Oktoberlicht*) oder schlicht unfähig, sich auf eine andere als die traditionelle Rollenkonzeption mittelständigen Zuschnitts umzustellen. Die Frauen sind dennoch fast krampfhaft bemüht, die Kommunikation mit dem Partner aufrechtzuerhalten. In *Eis* wird z.b. eine intensive sexuelle Aktivität zum Dialog, die dennoch nicht das fehlende Verständnis ausgleichen kann (15-16). Den 'abwesenden' Vätern entspricht zudem die 'Abwesenheit' der erwachsenen Töchter, d.h. in der Gegenwartshandlung versuchen die Mütter mit der Anklage, Kritik oder auch dem Aufbruch der Töchter in alternative Lebensformen zurechtzukommen.

Die bisher vorgenommene Betonung der gemeinsamen Merkmale der vier Romane soll keineswegs den Blick auf entscheidende formale Unterschiede (z.b. in Genrewahl, Erzählerfigur, Personenkonstellationen, Zeit- und Raumebenen) sowie auf andere thematische Schwerpunkte verwischen. Im Hinblick auf Frauentypen und Mutter-Tochter Bindungen scheint es mir jedoch gerechtfertigt, von einer relativ einheitlichen Problemkonstellation auszugehen. Drewitz zeichnet in diesen Texten keine konträren Muttergestalten, sondern entwirft Varianten einer weiblichdeutschen Lebensgeschichte. Es läßt sich daher weniger von einer Entwicklung als von einer Erweiterung sprechen, da das Thema ausführlicher und differenzierter behandelt und so in den Mittelpunkt gerückt wird. *Eis* und *Gestern* erweitern z.b. im Vergleich zu *Katrin Lambert* das Mutter-Tochter Verhältnis durch die Einbeziehung der Großmuttergeneration; die Autorin schafft zusätzlich Kontraste durch verschiedene Töchterfiguren und gibt auch den Vätern mehr Raum. Dies gilt auch für *Oktoberlicht*, doch wird die Mutter-Tochter Konstellation hier vor allem durch die gescheiterte Ehe geprägt.

Die strukturellen Merkmale der Mutter-Tochter Beziehungen möchte ich nun anhand des von Sara Ruddick entwickelten Modells genauer darstellen. In der Textinterpretation beziehe ich mich dabei hauptsächlich auf *Gestern war Heute*, da dieser Roman die umfassendste Analyse der Mutter-Tochter Bindungen enthält, und sie zudem in eine mehrere Generationen umspannende weibliche Genealogie einbaut. Die Konzentration auf ein Werk schließt jedoch nicht die Bezugnahme auf die übrige Prosa aus.

In dem Essay "Maternal Thinking" untersucht Ruddick die spezifischen emotionalen und intellektuellen Fähigkeiten von Müttern. Sie definiert Mutterschaft als soziale, nicht als biologische Kategorie. Im Mittelpunkt ihrer Aufmerksamkeit steht die Beschreibung und Analyse mütterlicher Praxis, zu der sie auf die von Habermas und anderen erkenntnistheoretischen Philosophen entwickelten Modelle zurückgreift. Ruddick zufolge umfaßt mütterliche Praxis die drei Bereiche "preservation," "growth" und "acceptability," womit sie die Aufgabe bezeichnet, das den jeweiligen schichtspezifischen Normen entsprechende Sozialverhalten auszubilden (78). Diese Anforderungen fördern nun bestimmte mütterliche Fähigkeiten. Ruddick nennt u.a. die "priority of holding over acquiring" und "humility" (80), und sie argumentiert: "Innovation takes precedence over permanence, disclosure and responsiveness over clarity and certainty" (82). Angesichts dieser Aufgaben und Einstellungen schlußfolgert Ruddick:

> My point is that out of maternal practices distinctive ways of conceptualizing, ordering and valuing rise. We *think* differently about what it *means* and what it takes to be "wonderful," to be a person, to be real (87).

Diese Praxis bewältigen die meisten Mütter unbewußt. Ihr Alltag ist zudem von zahlreichen Fehlern, Unterlassungen und Widersprüchen gekennzeichnet. Das entscheidende Hindernis entsteht ihnen aber aus den ihrer Arbeit inhärenten Konflikten, d.h. dem Widerstreit, der sich aus dem Anliegen des Kindes und dem Interesse der Gesellschaft ergibt, die beispielsweise nicht das Wachstum aller Kinder fördert oder sie unterdrückt. Mütterliche Praxis wird durch diese gesellschaftliche Eingebundenheit per se inauthentisch: "Maternal thought embodies inauthenticity by taking on the values of the dominant culture" (84).

Drewitz' Frauengestalten erscheinen nun geradezu als Modellfiguren des von Ruddick beschriebenen mütterlichen Verhaltens. Sie vollziehen ihre Aufgaben nicht nur mit großer Gewissenhaftigkeit und Anteilnahme, sondern sie reflektieren ihre Praxis auch sehr bewußt. Dies wird vor allem durch die überaus zahlreichen und sehr detaillierten Darstellungen der Fürsorge für die Kinder deutlich. Beschreibungen von Basteleien, Konzertbesuchen, Schulaktivitäten, Säuglingspflege, Kindergeburtstagen, Unterhaltungen und Ausflügen nehmen in den Romanen einen sehr großen Raum ein. Sie attestieren die liebevolle Mühe der Mütter um 'preservation' und 'growth' ihrer Kinder. Als ein Beispiel sei folgende Szene zitiert:

> Wie sie auf dem Boden knien, ein Bilderbuch vor sich: Das ist ein Baum. Das ist ein Haus. Das ist ein Wauwau. Und das eine Miau. Und das ist ein Ball. Und das ist ein Baby. Und das ist eine Lampe. Und das Kind spricht nach. Wauwau.

> Miau. Balla. Sieht von einem zum anderen. Erwartet Zu-
> stimmung. Wauwau. Miau. Balla (*Gestern* 213).

Die Sorge um die Eingliederung der Töchter in soziales Milieu und gesellschaftliche Strukturen ('acceptability') zeigt sich nicht nur in der bildungsbürgerlichen Erziehung, die den Kindern vermittelt wird, sondern auch in dem Bemühen, sie gesellschaftliche Verantwortung zu lehren. Diese Haltung prägte nämlich die Biographie der Eltern, besonders den Werdegang der Mutter. Die Töchter sollen sich daher kritisch mit den sie umgebenden Machtstrukturen auseinandersetzen, und sich nicht nur auf ihre private Existenz konzentrieren, weil, wie Gabriele es ausdrückt,

> . . . ich nicht will, daß wir so weiterleben, in Dienst genom-
> men und ohne zu fragen, was unsere Arbeit anrichtet . . . Da-
> gegen wehre ich mich. Dagegen sollen sich auch die Kinder
> wehren lernen, sich in der Verweigerung einüben, nicht in der
> Anpassung (*Gestern* 244).

Trotz der großen Anstrengung der Mütter, ihren Erfolgen in den Bereichen 'preservation' und 'growth', gelingt es ihnen aber nicht, die Kinder zu systemkritischen Menschen zu erziehen, die sich dennoch in den bestehenden Gesellschaftsstrukturen (weiter) entwickeln können. D.h. insofern die Mütter Verantwortlichkeit für die Unangepaßtheit ihrer Töchter übernehmen, 'scheitern' sie an der Aufgabe 'acceptability.'

Katrin Lamberts Tochter sowie ihr Sohn konterkarieren jeder auf seine Weise die Erziehungsziele und Lebenswerte der Mutter. Die Tochter Monika empfand das gesellschaftliche Engagement der Mutter als Gleichgültigkeit oder Zeitmangel gegenüber ihren Bedürfnissen. Monika hat sich für eine äußerst konservative Ehe entschieden, in der weder für die gesellschaftskritische noch für die teilweise rollenemanzipatorische Haltung der Mutter Raum ist. Monika verweigert der Mutter den Besuch, da diese Konfrontation ihre eigene Existenz zu sehr in Frage stellen würde. Monikas Bruder, ein rauschgiftsüchtiger, heruntergekommener Student, war unfähig die Privilegien seiner Erziehung zu nutzen. Von den historischen Erfahrungen seiner Mutter, ihrem sozialen Einsatz ist ihm "nur eine entsetzliche Langeweile" (111) geblieben. Auch der begabte Fürsorgezögling Robby, den die Lambert wie eine Mutter fördert und ermutigt, erfüllt nicht die in ihn gesetzten Erwartungen. In ihrer letzten Begegnung vergewaltigt Robby die von ihm bewunderte Frau.

Die Ich-Erzählerin in *Eis auf der Elbe* wird ebenfalls von ihren Kindern enttäuscht. Die älteste Tochter ist mit ihrem Musikerfreund in den radikalen Flügel der Studentenbewegung abgedriftet und erlebt nach der Anfangseuphorie des politischen Aufbruchs die Alltagstristesse einer fast kaputten Ehe. Ihr Mann, arbeitslos, alkoholkrank und gewalttätig, wird mit den zerstörten Illusionen nicht fertig. Ihre Schwester, die begabte und schöne Leonie, bricht kurz vor dem Abitur die Schule ab, um einen erheblich älteren Sparkassenangestellten zu heiraten. Mit zwei kleinen Kindern und abgebrochener Berufsausbildung erfährt auch sie keine befriedigende Lebenssituation. Allmuth, die jüngste Tochter, versucht das Kommuneleben in einem der besetzten Häuser Berlins, eine Entscheidung, die weniger ihrem eigenen politischen Standort als den Interessen ihres Freundes entspricht.

Eine sehr ähnliche Personenkonstellation findet sich auch in *Gestern war Heute*. Die älteste Tochter Renate hat jegliche Bindung an das Elternhaus gelöst. Die Mutter trifft sie durch Zufall im Untersuchungsgefängnis, wo Renate ihren Freund Joe besucht, der vom Studentenprotest in kriminelle Aktionen abgeglitten ist. Renate arbeitet trotz Staatsexamen in einer Schokoladenfabrik. Die Einladung zur Hochzeit der jüngeren Schwester Claudia lehnt sie ab: "Nein, Mama, Joe würde mich verachten" (379). Claudia dagegen hat eine ähnliche Wahl wie Leonie getroffen—trotz Warnung und Protest der Eltern.

Wie ist nun dieses vielfache Scheitern oder zumindest Nicht-Zurecht-Kommen der Töchter zu erklären?

Die Schwierigkeiten der Töchter, d.h. die Tatsache, daß sie keine Möglichkeit finden, Beziehungen zum Partner sowie das Verhältnis von privater und öffentlicher Welt als produktiven Austausch zu gestalten, der nicht ihr Lebensglück gefährdet oder gar zerstört, läßt sich u.a. mit jener Inauthentizität erklären, die Ruddick als zentralen Widerspruch mütterlicher Praxis beschrieb. Die rollenspezifische Komponente, d.h. die Konfliktgebundenheit *jeglichen* Weiblichkeitsentwurfs als nur begrenzt autonomiefähig, wird dabei in den unterschiedlichen Existenzformen der Töchter durchgespielt. Insofern die Erziehungsziele der Mütter aber auch darauf ausgerichtet sind, geschlechtliches, privates und politisches Bewußtsein als identitätskonstituierende Bereiche zu verbinden, erproben sie ein neues, umfassenderes Identitätskonzept, eine Art "communal identity,"[8] die in dieser Gesellschaft jedoch noch keiner Frauen- oder Männergeneration lebbar gewesen ist. Frauen wie Gabriele, Katrin Lambert, die Rechtsanwältin und die Journalistin bemühen sich eine neue, eine politischere Ich-Form zu finden, die durchlässig ist für die Anliegen anderer Menschen und anderer Gruppen. Sie unterwerfen dabei sich und ihre Töchter einem Anspruch, für den die konkreten gesellschaftlichen Bedingungen fehlen, die sie daher mühsam selbst zu schaffen versuchen. Ich halte es dabei weder für zufällig, daß es Frauen, Mütter sind, welche diese kommunale Identitätsform ausbilden, noch daß sie von einer Autorin beschrieben wurde, die ihre Werke historisch genau verankert.

Drewitz' Gestalten erleben in ihrer Kindheit und Jugend Weimarer Republik, Inflation, NS-Faschismus sowie als Erwachsene Kriegs- und Nachkriegszeit. Angesichts dieser Erfahrungen erkennen sie die Hilflosigkeit einer rein privaten Individualitätstheologie.[9] Ihre Figuren bemühen sich daher um jenes neue Identitätsverständnis, das Marianne Hirsch in ihrer großangelegten Untersuchung zu Mutterproblematik als zukünftiges Modell nichtentfremdeten Bewußtseins postuliert:

> . . . we need to develop a more complicated model of identity and self-consciousness . . . . That sense of selfhood would have to balance the personal with the political, the subjective experience with the cognitive process of identification with various group-identities. It would have to include a conscious-ness of oppression and political struggle. It would have to be *both* familial and extra-familial (194).

Genau diese Bewegung, die Erweiterung und Veränderung eines 'individuellen' Ich-Konzepts zu einer private und soziale Verantwortung integrierenden Form zeichnet Ingeborg Drewitz in diesen Romanen nach.[10] Bezeichnenderweise benutzt die Autorin in *Gestern war Heute* die Erinnerung an die russischen Volksaufstände von 1905 nicht nur als ein den historischen Auftrag repräsentierendes Leitmotiv, sondern fügt es in die Beschreibung einer Geburt ein. Die Verwobenheit von privater und politischer Geschichte wird in den Reflexionen Susannes wenige Minuten nach der Geburt ihrer Tochter Gabriele deutlich:

> Und jetzt weiß sie, daß sies ihm erzählen müßte, wie vertraut ihr das Bild vom Menschenreigen in der Schwangerschaft geworden ist. Und weiß, was das ist: tot. Daß man einem das wichtigste nicht mehr sagen kann: Ein Kind! Und das lebt! Das setzt den Menschenreigen fort (26).

Keine der Mütter oder Töchter ist jedoch in der Lage, diesen Anspruch auf eine neue Identitätsform erfolgreich zu bewältigen. "Als sähe sie in einen Spiegel" (369) heißt die letzte Kapitelüberschrift in *Gestern*. Die Mutter spiegelt sich aber in *beiden* Töchtern, doch gelingt es weder der privaten Claudia noch der politisch aktiven Renate den Lebensanspruch der Mutter für sich zu verwirklichen. Beide wollen sich mit einem zentralen Bereich von Gabrieles Selbstverständnis bewußt nicht identifizieren. Es handelt sich bei den so entstehenden Konflikten eben auch um die Unzulänglichkeiten, Brüche des herrschenden Ich-Konzepts. Dies wird in einem Dialog zwischen Gabriele und ihrer ältesten Tochter besonders deutlich. Auf die Anklage Renates, sie habe darauf verzichtet eine "Starjournalistin" zu werden, ja sich selbst wichtig zu nehmen, kann Gabriele ihre Antwort nicht aussprechen, nur denken:

> Sie kann ihr nicht sagen, daß das ihre eigenen Fragen sind . . . daß ihr das ICH als Ziel abhanden gekommen ist, weil sich das ICH nicht behaupten kann ohne Hochmut. Daß sich das ICH nicht nur am Erfolg messen läßt, am Platz in der

Gesellschaft, sondern auch im Zuhören, im Bereitsein für
andere erfahren werden kann (*Gestern* 315).

Diese Haltung wiederum hängt eng mit Gabrieles Selbstverständnis
als Frau bzw. Mutter zusammen, in dem sich die von Ruddick beschriebenen Denk- und Gefühlsstrukturen deutlich widerspiegeln. Die Einladung eines begüterten Kollegen zu ausgedehnten Reisen lehnt Gabriele
z.b. mit der Begründung ab: "Vielleicht kann sich ein Mann nicht
vorstellen, daß die Frau immer mit sorgend ausgebreiteten Armen lebt"
(*Gestern* 297). Auch die Ich-Erzählerin in *Eis* bricht nach drei Monaten
die Beziehung zu einem prominenten Pianisten ab und kehrt in die
Familie zurück.

Drewitz' Romane reflektieren in diesem Zusammenhang auch Nancy
Chodorows Theorien von der, auf präödipale Bindungen zurückgehenden,
engeren Beziehung zwischen Müttern und Töchtern. Chodorow zufolge
identifizieren sich Mütter stärker mit weiblichen Kindern, sehen sie als
eine Erweiterung des eigenen Ichs. Ich-Grenzen zwischen Müttern und
Töchtern sind daher weitaus offener und fließender, da sie stärker von
Kontinuität als von Autonomie geprägt sind (3-10). Die Ich-Erzählerin in
Eis reflektiert z.b. über die unterschiedliche Lebensform ihrer erwachsenen Töchter, bezieht aber durch die Vermischung der Personalprono-
men sich gleichzeitig auch selbst ein:

> Du willst Du sein. Wirst du Ich sein? Wirst du Du sein? Die
> Angst, daß du niemand sein wirst, daß sie niemand sein wird!
> Die Angst vor ihrem Scheitern (203).

Diese Verbundenheit wird jedoch nicht nur als eine psychische,
sondern immer auch als eine historische manifest, in der sich der Wunsch
nach der neuen kommunalen Identität ausdrückt. In einer anderen Szene,
der Beschreibung eines Kinderphotos von ihr, überschneiden und verschmelzen sich ebenfalls Ich- und Tochter-Perspektiven. Die Mutter
versucht so, die Tochter an ihrer geschichtlichen Erfahrung teilhaben zu
lassen (*Eis* 85). Kontinuität wird zudem in den zahlreichen Geburts-
szenen dargestellt. Auch das Konzept der kommunalen Identität kann in
seiner Betonung von Unabgeschlossenheit und Durchlässigkeit als ein
politischer Ausdruck dieser anderen weiblich-mütterlichen Erfahrungen
verstanden werden.

Drewitz' Romane zeichnen die ambivalente Doppelbewegung von
Kontinuität und Brüchen in der weiblichen Genealogie, von Verbindung
und Trennung, Gemeinsamkeit und Ablehnung nun auch in jenen Mo-
menten nach, die Homans in ihrer Studie *Bearing the Word* als Ausdruck
spezifisch weiblich-mütterlicher Schreibpraxis erarbeitet hat. Für Homans
lassen sich die Texte von Autorinnen erst durch eine genaue Bestimmung

der weiblichen Schreibbedingungen erfassen. In ihrer Auseinandersetzung mit Lacan weist sie seine männliche Weltsicht, die sich gleichwohl als universale Perspektive versteht, in seiner Konzeption der symbolischen Ordnung nach:

> The symbolic order is founded, not merely on the regrettable loss of the mother, but rather on her active and overt murder. Thus a feminist critique begins by indicating the situation in which women are placed by a myth of language that assumes the speaker to be masculine (*Bearing* 11).

Die vorsprachlich-präödipale—in Homans Terminologie 'literale', d.h. ursprünglich, eigentliche—Dimension gilt daher als spezifisch weiblicher Bereich.[11] Soweit sich Autorinnen um die Artikulation dieser literalen Sphäre bemühen, muß und kann es natürlich nur in der Sprache der symbolischen Ordnung geschehen, deren Ausschluß des Literalen jedoch sichtbar gemacht werden soll.

Homans zufolge prägte die Mutterrolle, als gesellschaftliches und präödipales Moment verstanden, auch die literarischen Äußerungen von Frauen, insofern sich nämlich in der symbolischen Sprache und Literatur bestimmte Momente entdecken lassen, die an die andere, die literale Sprachsituation der Frau erinnern. In solchen Augenblicken verknüpft sich die weibliche Erfahrung mit der spezifischen Haltung zur Sprache. Obwohl Homans Analysen sich auf die Autorin des 19. Jahrhunderts beziehen, da sie stärker als die Schriftstellerin der Moderne auf die traditionelle, die 'andere' Rolle in Literatur und Gesellschaft festgelegt war, halte ich eine differenzierte Anwendung der von ihr entwickelten mütterlich-textuellen Paradigmen auf Drewitz' Werke für legitim und sinnvoll. Drewitz' Stoffwahl, die zentrale Rolle von Mutterfiguren sowie ihre Auffassung von Weiblichkeit und Mutterschaft als einer prinzipiell anderen Welt- und Ich-Sicht legen es nahe, nach formalen Spuren, Verarbeitungen dieser Haltung im Werk zu suchen.

Homans nennt nun die Sprachtätigkeiten von Figuren als ein Moment, in dem sich mütterliche Praxis im Text widerspiegelt:

> women characters who perform translations . . . or who carry messages or letters for other people, or who act as amanuenses or as readers for others, usually men: that is the thematic presentation of women carrying or bearing language itself (31).

Drewitz' Romane zeichnen diese Struktur insofern nach, als die Frauen durch ihre beruflichen und politischen Aktivitäten zu Sprachvermittlerinnen werden. Sie arbeiten als Journalistinnen, Übersetzerin, Rechtsanwältin und 'tragen' dabei ständig Sprache. Die Anwältin in *Eis* ist z.B. mit großer Ausdauer bemüht, die Biographien ihrer Klienten zu

entziffern. Auch in ihrer anti-faschistischen Tätigkeit mußten diese
Frauen Botschaften und Nachrichten übermitteln oder Flugblattaktionen
vorbereiten. Spuren ihrer Sprachtätigkeit lassen sich ebenfalls in ihrem
privaten Leben finden. Die Anwältin will in ihrer Ehe zwischen dem
wortkargen, spracharmen Ehemann und den Töchtern vermitteln. Katrin
Lambert stellt es sich als entscheidende Aufgabe, den Fürsorgezögling
Robby buchstäblich zum Sprechen zu bringen.
    Als wichtigstes Moment weiblichen Sprachumgangs nennt Homans
die Literalisierung des Symbolischen, d.h. die konkrete Verdeutlichung
figurativer Vorgänge:

> In a literary text, the literalization of a figure occurs when
> some piece of overtly figurative language, a simile or an
> extended or conspicuous metaphor is translated into an actual
> event or circumstance (30).

    Die Verbindung von Geburtsvorgang und dem russischen Menschen-
reigen in *Gestern war Heute* scheint mir in mehrfacher Hinsicht eine
solche Übersetzung und Interdependenz von symbolischer Repräsentation
und konkreter Vorlage zu enthalten. Zum einen zeigt die Geburt der
Tochter Gabriele die Fortsetzung der politischen Aufgabe, d.h. die
konkreten Ereignisse, Aufstand und Geburt werden wechselseitig zur
symbolischen Repräsentation für einen Auftrag, die neue kommunale
Identität. Darüberhinaus wird dieses Motiv auch eingesetzt, um weiblich-
mütterliche Genealogie zu verdeutlichen.
    Ingeborg Drewitz' Romane bilden, wie diese Diskussion zeigen sollte,
mütterliche Praxis nicht nur als inhaltliche Figurenkonstellation, sondern
auch in jenen sprachlich-thematischen Strukturen ab, die an die vorsprachlichen, präödipalen Bindungen von Frauen bzw. Müttern erinnern.
Dabei zeigt die Autorin einerseits das vielfache Scheitern von Müttern
und Töchtern auf, dessen Ursachen in der prinzipiellen Widersprüchlichkeit von mütterlicher und gesellschaftlicher Praxis genau beschrieben
werden. Der Inauthentizität mütterlichen Verhaltens stellt Drewitz
andererseits im Konzept einer kommunalen Identität eine Alternative
gegenüber, die zu Reflexion und Hoffnung anregen soll.

Anmerkungen

[1] Eine Ausnahme stellt Karin Strucks Roman *Die Mutter* (1975) dar, dessen
biologisch-essentialistische Mutterauffassung jedoch sehr umstritten ist.
    [2] Eine Diskussion der Mutter-Tochter Beziehungen in diesen Romanen enthalten
die Arbeiten von Kraft/Kosta und Kecht.
    [3] Ich beziehe mich auf Ruddicks Essay, obwohl sie inzwischen eine umfangreiche
Studie *Maternal Thinking: Toward a Politics of Peace* (1989) vorgelegt hat, die jedoch
für den vorliegenden Zusammenhang keine grundlegend neuen Ergebnisse enthält.

⁴ Einen guten Überblick über Drewitz' Werk bietet Häussermann. Aufschlußreich ist auch der von Uwe Schweikert herausgegebene Sammelband *Die ganze Welt umwenden*, der z.T. bisher unveröffentlichte Texte enthält.

⁵ Auch die feministische Literaturkritik der späten siebziger und frühen achtziger Jahre beschäftigte sich hauptsächlich mit jenen Texten, die eine radikale Kritik und Überwindung etablierter Geschlechtsnormen enthielt. Vgl. dazu die Arbeiten von Beck/Martin, Brügmann, Möhrmann, Richter-Schröder und Schmidt.

⁶ Vgl. dazu beispielsweise Drewitz' Essays zu dem Thema "Gespaltenes oder doppeltes Leben?" Häussermann (129-53).

⁷ Diese Terminologie stammt von Christa Bürger et al., die sie jedoch nicht für feministische Diskurse verwenden.

⁸ Den Begriff "communal identity" verdanke ich Rita Felski (78), die ihn aber primär als weiblich-feministisches Textmerkmal begreift. Für Drewitz' Werke verstehe ich ihn nicht nur als geschlechtsspezifisches, sondern als sozial-politisches Konzept.

⁹ Vgl. dazu Weigels Auseinandersetzung mit Drewitz' Individualitätskonzept im Vergleich zu Christa Wolfs *Kindheitsmuster* (154-56).

¹⁰ Auch Ruddick fordert in ihrer Buchfassung (1989) nach einer neuen Bestimmung des Mütterlichen, welche die mütterliche Praxis aus der privaten in eine öffentlich-politische Wirksamkeit überführt (219-51).

¹¹ Ich behalte Homans Terminologie bei, da die deutschen Entsprechungen von 'literal,' also 'eigentlich,' 'buchstäblich,' 'wörtlich,' die Gegenüberstellung von literal und symbolisch bzw. symbolischer Ordnung weniger genau erkennen lassen.

Zitierte Literatur

Beck, Evelyn Torton and Biddy Martin. "Westdeutsche Frauenliteratur der siebziger Jahre." *Deutsche Literatur in der Bundesrepublik seit 1965.* Eds. Paul Michael Lützeler and Egon Schwarz. Königstein/Ts.: Athenäum, 1980. 135-49.

Bürger, Christa, Peter Bürger and Jochen Schulte-Sasse, eds. *Zur Dichotomisierung von hoher und niederer Literatur.* Frankfurt a. M: Suhrkamp, 1982.

Brügmann, Margret. *Amazonen der Literatur. Studien zur deutschsprachigen Frauenliteratur der 70er Jahre.* Amsterdam: Rodopi, 1986.

Brüggemann Rogers, Gerhild. *Das Romanwerk von Ingeborg Drewitz. Studies in Modern German Literature 26.* New York: Lang, 1989.

Chodorow, Nancy: *The Reproduction of Mothering: Psychoanalysis and the Sociology of Gender.* Berkeley: California UP, 1978.

Drewitz, Ingeborg. *Das Eis auf der Elbe.* München: Goldmann, 1987.

———. "Frauen sind dazu berufen, Utopien bewohnbar zu machen." *1984 - am Ende der Utopien. Literatur und Politik. Essays.* Stuttgart: Radius, 1981. 91-95.

———. "Gespaltenes oder doppeltes Leben? Gedanken über die Frau als Künstlerin." *Zeitverdichtung.* 233-239.

———. *Gestern war Heute. Hundert Jahre Gegenwart.* München: Goldmann, 1978.

———. "Die halbvollendete Emanzipation der Frau." *Zeitverdichtung. Essays, Kritiken, Porträts.* Wien: Europaverlag, 1980. 219-32.

———. *Oktoberlicht oder ein Tag im Herbst.* Frankfurt a. M.: Fischer, 1983.

———. *Wer verteidigt Katrin Lambert?* Frankfurt a. M.: Fischer, 1981.

Felski, Rita. *Beyond Feminist Aesthetics: Feminist Literature and Social Change.* Cambridge: Harvard UP, 1989.

Frederiksen, Elke. "Literarische (Gegen-)Entwürfe von Frauen nach 1945. Berührungen und Veränderungen." *Frauen-Fragen in der deutschsprachigen Literatur seit 1945.* Eds. Mona Knapp and Gerd Labroisse. *Amsterdamer Beiträge zur neueren Germanistik* 29. Amsterdam: Rodopi, 1989. 83-110.

Häussermann, Titus, ed. *Ingeborg Drewitz. Materialien zu Werk und Wirken.* Stuttgart: Radius, 1983.

Hirsch, Marianne. *The Mother/Daughter Plot: Narrative, Psychoanalysis, Feminism.* Bloomington: Indiana UP, 1989.

Homans, Margaret. *Bearing the Word: Language and Female Experience: Nineteenth-Century Women's Writing.* Chicago: UP of Chicago, 1986.

Jäschke, Bärbel. "Ingeborg Drewitz." *Neue Literatur der Frauen. Deutschsprachige Autorinnen der Gegenwart.* Ed. Heinz Puknus. München: Beck, 1980. 69-73.

Kecht, Maria-Regina. "'In the Name of Obedience, Reason, and Fear': Mother-Daughter Relations in W.A. Mitgutsch and E. Jelinek." *German Quarterly* 62 (1989): 357-72.

Kraft, Helga and Barbara Kosta. "Mother-Daughter Relationships: Problems of Self-Determination in Novak, Heinrich and Wohmann." *German Quarterly* 56 (1983): 74-88.

Lennox, Sara. "Feminist Scholarship and *Germanistik.*" *German Quarterly* 62 (1989): 158-70.

Moeller, Lukas Michael. "Einführung." *Ich schau in den Spiegel und seh meine Mutter. Gesprächsprotokolle mit Töchtern.* Ed. Barbara Franck. Hamburg: Hoffmann und Campe, 1980. 9-38.

Möhrmann, Renate. "Feministische Trends in der deutschen Gegenwartsliteratur." *Deutsche Gegenwartsliteratur. Ausgangspositionen und aktuelle Entwicklungen.* Ed. Manfred Durzak. Stuttgart: Reclam, 1981. 336-58.

Rich, Adrienne. *Of Woman Born: Motherhood as Experience and Institution.* Toronto: Bantam, 1976.

Richter-Schröder, Karin. *Frauenliteratur und weibliche Identität. Theoretische Ansätze zu einer weiblichen Ästhetik und zur Entwicklung der neuen deutschen Frauenliteratur.* Frankfurt a. M.: Hain, 1986.

Ruddick, Sara. *Maternal Thinking: Towards A Politics Of Peace.* Boston: Beacon, 1989.

———. "Maternal Thinking." *Rethinking The Family: Some Feminist Questions.* Eds. Barrie Thorne and Marilyn Yalom. New York: Longman, 1982. 76-94.

Schmidt, Ricarda. *Westdeutsche Frauenliteratur in den 70er Jahren.* Frankfurt a. M.: Fischer, 1982.

Schweikert, Uwe. *Ingeborg Drewitz. 'Die ganze Welt umwenden'. Ein engagiertes Leben.* München: Goldmann, 1989.

Serke, Jürgen. "Ingeborg Drewitz. Nur als Funktionärin anerkannt." *Frauen schreiben. Ein neues Kapitel deutschsprachiger Literatur.* Frankfurt a. M.: Fischer, 1982. 329-30.

Showalter, Elaine. "A Criticism of Our Own: Autonomy and Assimilation in Afro-American and Feminist Literary Theory." *The Future Of Literary Theory.* Ed. Ralph Cohen. New York: Routledge, 1989. 347-69.

Stephan, Inge, Regula Venske and Sigrid Weigel. "Die Literatur von Frauen vor der Frauenliteratur. Vorbemerkung." *Frauenliteratur ohne Tradition? Neun Autorinnenporträts.* Frankfurt a. M.: Fischer, 1987. 7-10.

Weigel, Sigrid. *Die Stimme der Medusa. Schreibweisen in der Gegenwartsliteratur von Frauen.* Dülmen: tende, 1987.

Baroque Women Writers and the Public Sphere

Ute Brandes

The rapid development of a special "women's sphere" of literary activity in the early bourgeois period in Germany has its sociohistorical roots in various mandates for female cultural participation during the preceding Baroque and early Enlightenment eras. This article traces the contributions of seventeenth-century literary women within three specific sociocultural contexts, the official public sphere of the Baroque court and the emerging "private" countercultures of literary society and religious sect. Although not officially recognized after the masculinist reconstruction of the public sphere, the impact of seventeenth-century women's contributions strongly influenced public articulations for societal affirmation or change. (UB)

Recent scholarship has recognized the rapid development of an eighteenth-century feminized literary counterculture in Germany (*Shadow of Olympus*). Critics explain its emergence most often with such facts as early Enlightenment demands for female education, the emancipatory role of literature as the mediator of moral values for the rising middle class, and the development of a larger literary market with its orientation towards new readers. That a special "women's sphere" within middle-class literary activity around 1800 depended on all these, but in addition was influenced by various previously established patterns for women's participation in cultural discourse, becomes apparent when looking at the preceding Baroque culture. Further attention to the shift in the political systems of cultural representation between the Absolutist and the Bourgeois eras can also help to explain the opportunities and limitations for women's influence and their specific behaviors within these systems.

As early as the 1930s, the older Frankfurt School (Marcuse, Benjamin) asserted the essentially political character of cultural production (Marcuse). Some thirty years later, Jürgen Habermas argued the historical transformation of public life from aristocratic to bourgeois to modern consumer-oriented societies as linked to radical shifts in the systems of cultural representation. Among many other points, Habermas also asserted "die Fiktion der *einen* Öffentlichkeit" around 1800 when public life and the shaping of an individual's political opinion was commonly understood to result from free discourse among responsible private citizens, concerned to emancipate themselves from aristocratic and clerical bonds. In the privileged contrast to this bourgeois self-understanding, Habermas draws attention to a variety of autonomous spheres of cultural and political association within the developing middle-class society.

As one of such contradictions in late eighteenth-century public culture, Habermas points to the participation of women in literary life. While factually and legally excluded from speaking up in public, women, servants, and apprentices often took more part in the production and consumption of literary culture than male property owners or heads of families—the legal representatives in the public sphere (67 f.). Women and social minorities thereby assumed important functions in shaping the political emancipation of the rising middle class. The objective character of the political public sphere, rapidly changing on the basis of a new self-definition of its middle-class male participants, was highly influenced by literary culture, produced by males and females, with the latter's influence largely concealed.

While Habermas only marginally discusses the relation of the public sphere to women, Joan Landes's recent book *Women and the Public Sphere in the Age of the French Revolution* reconsiders the forces shaping public opinion from the perspectives of women and feminism. Focusing on the period between 1750-1850 and primarily concentrating on the French tradition, Landes first traces the public influence of women within the ruling class of the *ancien régime* and then discusses the public silencing of women in the name of "nature," argued from the point of view of a highly gendered, bourgeois male discourse in post-revolutionary France. She shows that this silencing of women, still visible in contemporary cultural and political life, depends on an enduring public image of women's domesticity and the suspicion of public women—the result of a masculinist reconstruction of the public sphere in post-revolutionary Western culture (202 f).

When re-thinking the contributions of women in pre-1750 German literature from the point of view of their public influence, a sociohistorical approach is especially productive. Recent scholarship concerned with early German literature has illustrated the specific material and spiritual preconditions for female literary production in monasteries, at courts, and in the few commercial centers in pre-1750 Germany.[1] Closer attention to writers within the context of their open or veiled influence on public opinion shows a lively participation of women in political, cultural, and religious discourse. It explains why some of this public engagement was an acknowledged, officially sanctioned political activity while other forms of participation first had to be protected from cultural stereotypes and misogyny. By focusing on the particular shape of the public sphere in pre-bourgeois German culture and the preconditions of women's literary activity, we can further understand the particular character of their writing as well as explain their choices of genre, topic, and political stance.

In the following, I will focus on German women writers in the Baroque Age, extending Habermas's and Landes's attention to the development of bourgeois culture by tracing women's public influence within the preceding, pre-bourgeois culture of the seventeenth-century absolutist state, the historical period leading up to a separation from absolutist authority in the early Enlightenment countercultures of independent opinion-shaping forces.[2] I will outline the particular social and political conditions for women's "public" and "private" cultural activities by first reflecting on the shape of the public sphere, which was factually and symbolically embodied in the person of the patriarchal head of state. I will contrast this official "public" policy-making body with several "private" countercultures of emerging influence. I will not present a comprehensive overview of the cultural contributions by women at that time, but focus on three specific cultural locations in which women's actual impact on public life and the limits of their influence can be documented. In my attention to women's political and cultural accomplishments I also hope to contribute further to feminist assertions that public opinion making has not exclusively been the task of men, and private life that of women. This lingering assumption, based on the legal and political exclusion of women from the public sphere in the last two centuries, thus is not a "universal patriarchal impulse," but a cultural construct of bourgeois society (Landes 202).

According to Habermas, the public sphere is the policy-creating and -affirming body of the ruling class in a given state. In Greece public life was constituted by conversation and debate among free and equal individuals, their joint decision to wage wars, and their instigation of athletic games. In order to take part in public life, a man first had to be a property owner, the head of a family, and own slaves. Public life took place on the market square; private life was located at home. It was constituted by the free citizen's wife, his children, and the management of their slaves. Women in Greece were part of the private, not public sphere, and only through private negotiations could they have any influence on the public decision-making process. The privilege of taking part in the often-acclaimed democratic public sphere in antiquity was thus based on prerequisites of gender and social class.

Seventeenth-century German Baroque culture derived its concept of the state, and of the absolutist ruler as its public embodiment of power, from Humanist and Renaissance models of courtly life. After the deep crisis of the Thirty Years War with its confessional disputes, its political and social chaos, the repeated devastations of German territories, epidemics and widespread death of the population, the slow beginnings of a cultural rebirth took place not in towns, but at regional courts. Each sovereign ruler understood himself as representative of God on earth; his court was the center of the state. Absolutism was enacted differently in each state, determined by the personal interests and claims to power of the particular ruler. But the reform-minded and culturally competitive courts looked toward Louis XIV in France as a model for cultural rebirth and courtly refinement.[3]

In splendid Baroque festivities the court represented the magnitude of its power and its moral and divine legitimization. These *triomfo*-events took place inside of palaces, in parks, and in court theaters and were open only to the court, its representatives, and invited guests. However, with the growing influence of European, especially French, cultural norms on German courts, the beginnings of an assimilation of middle-class intellectuals into courtly life and the public sphere took place: a humanistically educated scholar, spirited and gifted with witty conversation, was now considered more desirable in court society than a Christian knight who had been the favored courtier before the war. Scholarly professionals became tutors, advisors, and court officials. The organization of elaborate court festivities and a thriving musical and literary life needed contributions and advice from artists, writers, and philosophers. The courtly salon culture adopted conversational techniques that had originated in the more open intellectual and culturally feminized climate of Italian and French high society. In short, the public sphere, as represented at Baroque courts, relied on the refinement and wit of educated men and women to set the tone.

With limited access to this closed society at court, private citizens in towns and at commercial centers had individual careers and local spheres of influence, but little public representation of their views as private persons. Only at the end of the seventeenth century did political, religious, and literary exchange become more readily available through printed pamphlets, books, and especially newspapers, which were accessible to the educated beyond a local area and slowly began to constitute the new, alternative public sphere of the developing middle-class culture. This new social class of public officials, pastors, educators, lawyers, doctors, and university professors, which was to grow rapidly in the eighteenth century, then again limited women's official participation in the public sphere. The divisions between a professional occupation, held only by men and represented with printed publications accessible to the educated, and the private sphere of the home, occupied by women, became the established cultural norm of the eighteenth century and beyond.

Thus, a genuine opportunity for seventeenth-century women to participate in public discourse primarily existed within the closed society at court or in their association with sponsors legitimized by the growing influence of middle-class scholars and professionals. A look at three specific sociocultural locations in Germany—Baroque court, literary society, and religious sect—will illustrate women's varying access to the public sphere. However, due to the closed nature of the Baroque court culture and its countercultures and the scarcity of printed documentation of much of their political, cultural, or religious activities, we are today still in the beginning phase in attempting to recover women's contributions.

The high nobility's privileged access to education, coupled with the official legitimization of female cultural activity, was a powerful incentive for courtly women to write. For example, the duchy of Braunschweig-Lüneburg yielded five women writers in two generations who, although not all living at the Wolfenbüttel court, were in close contact with each other. The literary output of each of these writers, however, was exclusively determined by her particular position at court and the cultural task at hand.

The line of Braunschweig-Lüneburg was Lutheran. Motivated by a rigorous courtly class-consciousness and lofty ethical standards, the representation of the power of the court dictated elaborate festivities, which were curiously balanced by a rather moderate daily life style, much less luxurious than was customary with catholic nobility. Women's primary task was of a biological-political nature: to bear a son, so the power of the state could be extended into the future. The reigning duchess was responsible for the political task of arranging to educate her first son to become the next duke, the others to stand in line for possible assumption of power. All daughters had to be prepared for their future political and cultural role as reigning nobility. The advantageous matches of princesses were an important political measure to enlarge the power of the court. While the duchess had certain leeway in choosing the nature of her own cultural contributions to courtly life, either in religion, music, theater, or literature, she was publicly acknowledged for her political office of representation (Schlumbohm 113-22); she consulted musical and theater experts, and employed scribes to copy her works. An unmarried princess, in contrast, could privately write or contribute to cultural events, but was seldom recognized for her authorship in the public sphere. This provided her with greater choice of topic and genre, yet it stifled her ambition and curtailed the radius of her public influence. In all cases, women writers in the Lutheran high nobility were motivated by their courtly ethics, the absolute authority of the ruler in power (husband or father), and their specific political or cultural position at court.

Sophie Elisabeth (1613-76), wife of the learned Duke August in Wolfenbüttel, for example, assumed her responsibilities as reigning duchess in 1635, when the gifted twenty-one year old married the fifty-six year old duke, famous for his extensive library. For his four children from a previous marriage she immediately hired prominent scholars as tutors, and actively included them in the musical and social events at court. For the moral education of her children she used her own private meditations and religious poems. Since she was pregnant only twice, she often had time to join the Duke in his travels to buy rare books, manuscripts, and scientific instruments for his library. When Philipp Georg Harsdörffer's literary society *Pegnitzschäfer* invited them to become honorary members, the ducal couple travelled to Nuremberg. Sophie Elisabeth had been interested for some time in the courtly salon culture at Versailles. In Nuremberg she observed the participation of women in intellectual conversations. She soon founded her own salon in Wolfenbüttel and modelled it after literary conversations she found in Harsdörffer's *Frauenzimmer-Gesprächs-Spiele*.

Apparently this was no easy task. When she found the stiff northern temperament of her group slow in adapting to the required wit and elegance of courtly conversation, she translated and shaped parts of D'Urfée's famous French pastoral novel *Astrée* into her own independent narrative and dedicated it to "allen so wohl fürstlichen als adlichen dames so der Francösischen sprache nicht mechtig" ("Histori der Dorinde"). Permeated with the high aristocratic ethos of the French court, Sophie's novel playfully follows the gallant love stories of princess Dorinde who is desired by lusty knights and rulers of the Machiavellian, demoralized, or Christian type—each one of whom engages her erotic and political interest. Then she leaves or is left by them, until she marries the just and virtuous prince of Burgundy. Through the range of situations presented, all important ethical, political, and personal choices of a young princess could be followed and discussed. Sophie Elisabeth's educational and political task to raise the standards of civility and polite discourse in court society thus engendered the themes and structure of her novel.

This rather engaging, but primarily pedagogically motivated work sharply contrasts with her political dramas, for example "EIN FREWDEN SPIELL. Von Dem itzigen betrieglichen Zustande der Welt" (1656), written for the official representation of the court (*Dichtungen*). Expertly familiar with the political theories of her time, Sophie Elizabeth contrasts a judicious prince with an artful and cunning despot in order to illustrate the extreme possibilities for power and its misuse in the existing political order. The moral implications of this play transgress the conventional political ethics of absolutism. The duchess not only defines the moral responsibility of the sovereign ruler towards God, but stresses as well his personal responsibility towards the general population. The judicious reign of the responsible statesman must also be based on his own good will and exemplary moral conduct so that he may generate trust and virtuous behavior in his subjects. By extending the legitimacy of the ruler into the daily realm of actual administrative practice, Sophie

Elisabeth also extends the traditional policy-affirming role of Baroque cultural representation and creates a political ethos that embraces the welfare of the common people.

Most of Sophie Elisabeth's many plays, compositions, ballets, masquerades, and scripts were similarly written for the musical and theatrical *triomfo*-events that she staged at elaborate, day-long court festivities, which included luxurious banquets, speeches, opera, plays, and ballets interspersed with sleigh-rides or ceremonious processions. Here the courtly family and high officials displayed themselves in theatrical poses in order to present the court's political ethos and power to invited guests of the European high nobility, who often travelled far to attend, publicly affirming the legitimacy of the court. In allegory, masquerades, mythical sagas, and Greek legends the ruler is celebrated in theatrical pomp as Hercules, Apollo, or Salomon; he is portrayed as heroic and wise, and his reputation and learnedness serve as an example far and wide. Such Baroque self-presentations of absolute power were practiced all over Europe at the time. But in Sophie Elisabeth's plays and scripts the ideological affirmation of the existing political system always serves to remind the sovereign of his duty to be judicious in the daily execution of his power. This characteristic theme attests to an unusually moral impetus in the work of this gifted writer and composer.

In their formal structure and elaborate design such courtly tributes are now an extinct dramatic genre and only a few of them remain in archives as fixed literary scripts that specify the content, text, and succession of events to be staged. Sophie Elisabeth's works, well-known to the ruling elite at the time, constitute a voice of public political discourse. To the late twentieth-century reader it seems a paradox that, until now, they have existed only as handwritten manuscripts, not available for general scrutiny. They are now being published in six volumes; the first appeared in 1980.[4]

Contrary to the substantial public influence of the reigning duchess, an unmarried princess could participate in organizing and staging court festivities, but was not officially recognized for her contributions. This lesser position is clearly visible in thematic and generic aspects of literary works written within court society; it also contributed to women writers' anonymity and the loss of their manuscripts.

Such a private literary voice was Sibylle Ursula of Braunschweig-Lüneburg (1629-71), stepdaughter of Sophie Elisabeth, a princess who attempted to avoid marriage and be a writer instead. She was inseparable from her younger brother Anton Ulrich von Braunschweig-Lüneburg, the much noted author of the famous high Baroque novels *Aramena* and *Octavia*. Very playful and amusing lessons and letters to each other in childhood attest to their emotional closeness. Sibylle Ursula first wrote dramatic scenes and then a courtly play about moral corruption within the ruling class in which a pure, idealistic young maiden chooses death rather than give in to immorality and lewd luxury. Her choice of dramatic figures is not dictated by the political responsibility of her stepmother's office; she does not portray powerful rulers but rich nobility without any public duty—a choice most likely dictated by her lesser social standing at court. This, at the same time, takes away from the political significance of her focus on the moral corruption in high circles.

In her meditative works this feature of privacy, of lack of public legitimacy, is even more recognizable. In "Geistliches Kleeblatt," an epistolary work of extremely subjective soul-searching, the author recapitulates the biblical creation and then attempts a comprehensive judgment on the effects of God's works on her own person. Is she worthy in her own daily behavior, in her deeds? Has she given in to vanity? Has she enjoyed herself too much in the company of others? Has she used her education and writing in ways that may harm others? Her conversation partner is "du," her pure self, and her admonishments are also for herself: "vergiss das nicht, meine Seele." This private coming-to-terms with her own person extends into "Seuffzer," a diary-like, two-volume meditation.[16]

When her brother Anton Ulrich and his tutors embarked on his grand European tour and Sibylle Ursula stayed behind, the process of self-searching continued, but was now also broadened into a new interest to follow him, at least in her studies. Voraciously she read all French authors he was likely to come in contact with. Then she seriously began to work, translating several voluminous courtly-historical novels by La Calprenède. Anton Ulrich put her in touch with Madeleine de Scudéry and for several years she corresponded with this famous writer and participant in the salon culture of the *Précieuses*, the outspokenly feminist, intellectual ladies of the French court.

The effects of this subversion on her private soul-searching were enormous. Now certain of her writing skills she embarked upon a far-reaching project which, in finished form, was to become the most famous courtly novel of German Baroque literature. The novel *Aramena*, later published under the name of Anton Ulrich, exists in an undated, hand-written manuscript by Sibylle Ursula in the archive at Wolfenbüttel, which breaks off in the middle of a sentence in the second part of the second volume. All letters or other sources pertaining to her authorship are lost. The finished work is a novel in five volumes, continued by Anton Ulrich and Sigmund von Birken.[5]

The scope of the *Aramena* project attests to Sibylle Ursula's new-found ambition and her aesthetic emancipation from the narrow prescriptions of court hierarchy. The novel is a multifaceted structure of intertwining plots that trace the loves and lives of fifty-four main characters of the high nobility, their travels, their mix-ups with namesakes, their political intrigues, and their gallant pursuits. The structure of the novel reflects the philosophical view of *theodicy* prevalent in the seventeenth century: despite the often incomprehensible entanglement of human actions and the ways of the world, there is a divine plan that people cannot understand, but that they experience daily in their own lives. The virtuous Aramena, princess in the times of the Old Testament, is purified by her many entanglements and finally unites with the Celtic Prince Marsius in order to found with him a new nation in the German town of Trier. Since Celtic and German cultures were often taken as one in the seventeenth century, Sibylle Ursula intended with her novel to establish the patriotic-legendary genesis of German absolutist power in the times of the Old Testament—a most ambitious project!

Why, then, did she leave the novel to her brother? She probably consulted with him from the beginning, after her translations of the French historical novels and his return from his journey. In 1661 she notes her intention to translate Calprenède's *Faramond*, a French courtly novel that similarly extends the legitimacy of high nobility to pre-history. But she aborted this plan, and for the next two years no records of any literary production but the *Aramena* manuscript exist. And then, in 1663, at the age of thirty-four, Sibylle Ursula married Duke Christian of Schleswig-Holstein-Sonderburg-Glücksburg, and a year later the Nuremberg literary critic Sigmund von Birken first mentions the *Aramena* project in his diary. He was asked by Anton Ulrich to edit and help complete the work. Sibylle Ursula probably gave her manuscript to her brother when she decided to leave the Wolfenbüttel court. As a future duke, Anton Ulrich's literary reputation would serve to increase his heroic humanist stature, directly contributing to a powerful position in the public sphere. Through her marriage, on the other hand, Sibylle Ursula now hoped to establish her own public sphere as a reigning duchess—an ambition that had been expected of her from childhood. Her new position as the most powerful woman at court would legitimize her literary talents. Of immediate use for court festivities would be drama, music, and ballet. The narrative genre with its private, meditative means of reception presumably ranked low on her new list of priorities.

Eight years later Sibylle Ursula died in childbirth, after her fourth pregnancy. Her marriage had not been happy. She missed the cultural life at Wolfenbüttel; she established her own musical and literary circles at court, without much public resonance in the remote provinces near the Baltic Sea; she then contracted syphilis from her husband, which disfigured her face and body. Writing was out of the question. Three years before her death her diary attests to a deep depression: "Ich bin mit allem zufrieden, ich wüsste keine irdische freude, die mich erquicken könnte" ("Seuffzer" I: 268). In her memory, the Wolfenbüttel court published her Latin letters and some of her meditations in small editions for family and friends. Today, only one remote wooden doorframe, embellished with the Baroque heraldic sign of her family line, reminds the visitor at the castle of Glücksburg-Schleswig Holstein of this important writer. The considerable influence of her and Anton Ulrich's novel on German culture and literature lives forth, but concealed under the name of her brother.

Sibylle Ursula's youngest sister, Maria Elisabeth, was more fortunate. She was not as outstandingly gifted, but was a great asset at court festivities to which she contributed dramatic scenes and her talent as an actress. Together with her middle sister, Clara Augusta, she was instructed in languages and courtly skills, and both wrote religious meditations, dramas, and diaries in handwritten manuscripts still waiting to be read. The works of Maria Elisabeth and her accomplishments as a duchess at the court of Sachsen-Coburg have not yet been researched. But the theater of Coburg attributes its lively tradition to its initial beginnings as a court theater, founded by this duchess.

A much better known writer, a cousin of the ducal children, was the Duchess Elisabeth Charlotte of Orléans, known as Liselotte von der Pfalz (1652-1722). Brought up as a child in Hannover at the court of Ernst August of Braunschweig-Lüneburg, she experienced the same Lutheran piety and modesty in daily life, a lesser charged intellectual climate, and a highly developed courtly self-esteem. When she was twenty, her father was able to make for her a fortunate political match with Philipp I. of Orléans, brother of Louis XIV, the admired sun king. Liselotte converted to Catholicism and settled in as "Madame," the second highest ranking woman in France. She then realized that she was the wife of a homosexual.

As a foreigner Liselotte did not have any political or cultural voice of official representation at Versailles. Compared to the ladies at court, she appeared provincial and of brusque manners. Plagued by a growing depression brought about by her aversion to French courtly life, the loss of her religion and her home culture, and pained by the tragedy of her marriage, she began her remarkable career as a letter writer, corresponding with many public personalities and all members of her extended noble family at German courts.

Liselotte's 60,000 private letters address many literary, social, and political events at Versailles, but in opposition to the courtly culture around her, she always takes a down-to-earth, pro-German stance, often in rude language that even today is hilariously funny. About religion: "Ich glaube, dass die Religion in der Welt mehr Schlechtes als Gutes anrichtet, zumal die dümmsten Nationen am meisten anhängen." About the Marquise de Maintenon, the king's mistress: "Wollte Gott, die Kunkunkel, diese alte Zott wäre schon verreckt"; or her friendly defense of her husband's erotic life, addressed to a German noble woman: "Wo seydt Ihr denn, Ihr die weldt so wenig kenndt? Wer alle haßen wollte, so die jungen kerls lieben, würd hier kein 6 menschen finden. Monsieurs Leben findt ich so übell nicht, nur ist ihm nichts zu thewer für die bursch" (Pleschinski).

In their heartfelt sincerity, Liselotte's letters contradict all polite manners, all feminine modesty, all ideological poses, and all ceremonious rigidity for aristocratic women at the time. Addressed to a wide audience of European reigning nobility, prominent scholars, and public figures, their influence was far-reaching; they constitute a private countervoice of political influence that served to undermine the officially heroic legitimization of the court at Versailles.

It is interesting that among literary historians these letters have created a controversy as well. Personal correspondence has not been recognized as a genre within the aesthetic canon; Liselotte's letters, however, seemed indispensable, even to traditional critics, due to their liveliness, local color, and transmission of an aura of immorality at the French court. Scholars since Leopold von Ranke (1870) have therefore argued that these documents constitute a "biography," but also that the private records of Liselotte's life were not remarkable enough that she be accorded the elevated status of other Baroque writers. However, it is reassuring that since the eighteenth century various collections of her letters have been reprinted regularly. Biographies of her abound; the last one appeared in 1990 (Van der Cruysse).

Future literary histories, concerned with including more contributions by women, will have to rethink the anti-feminist, anti-intellectual outspokenness of this courtly heretic. In political terms, her conscious cultural dissent, although a "private" voice, achieved a far greater impact on "public" opinion within the European elite than many a theatrical celebration of the pompous and autocratic absolutist king. And on a literary level: the often lamented absence of female writers from the picaresque, lower mode of Baroque literature, an important cultural theme that can be observed when looking at Grimmelshausen's *Courasche* figure, finds its surprising refutation here, in the daily, grumpy lamentations of a lonely noble woman at the highest European court.

Whether officially empowered with cultural and political representation, or privately writing for their own satisfaction, courtly women authors exerted a decisive influence on the degree of public legitimization of the ruler in power. Primarily motivated by their absolutist ethics, which dictated their support for increasing the power of the head of state in the public sphere, their works also bring in their own, individual female voices, addressing political and social issues (Sophie Elisabeth's moral admonitions on political ethics, Liselotte's personal and social dissent), and their views received attention far beyond the local and domestic sphere.

This public influence of the courtly nobility began to erode only when a variety of gradually evolving middle-class countercultures began to shape the opinions of a general readership. However, in contrast to the feminized official public sphere at the courts, the open literary market was under the sponsorship or tutelage of men. The beginnings of this new platform for political and cultural discourse among private citizens, which in the eighteenth century was to develop into an alternative bourgeois public sphere, were located in towns and at centers of trade. Most printed editions were small, arranged with local printers, and only an established or well-recommended writer could hope to be published.

For a middle-class woman writer the step out into wider attention was an audacious act. To be female meant to have internalized the duty and destiny to bear children and to be the helper to one's husband. Occasional individual attempts by female authors to appear in print reflect their courage to overstep their woman's lot; they are in most cases accompanied by intense soul-searching and private meditations, as documented in letters, poems, and diaries. Such ambivalence, brought about by culturally determined gender distinctions, made it advantageous for most literary women of the educated middle class to associate with a sponsor who would protect and further them. The role of literary societies (*Sprachgesellschaften*) in encouraging and protecting such emerging writers in the Baroque Age cannot be overstressed. Only two of the prominent groups accepted women, yet they also recommended the formation of smaller, regional reading and writing circles.

Among the figures associated with a literary society who had not only access to the courtly cultural life at the time, but also far-reaching connections to authors and publishers not dependent on courts, Sigmund von Birken (1626-1681) was the most prominent. He was also possibly the most active promoter of women writers. Following Harsdörffer as head of the Nuremberg *Pegnitzschäfer*, he corresponded with virtually all significant literary figures of his time, and he encouraged or discouraged, guided, and determined those who would be permitted to publish their works as members of his group. Birken continued Harsdörffer's welcoming attitudes towards female participation in literary conversations, considered by both to be the prerequisite to a spirited, refined cultural tone. Under Birken's leadership up to twenty percent of the *Pegnitzschäfer* were women, all of them active writers. Many were corresponding from afar, organized in regional subgroups; others lived in Nuremberg and met regularly.

Membership in this group was advantageous for any writer. Before a work could be sponsored for publication, Birken read and edited it. The book then appeared under the designated poetic penname of the author, a stipulation especially advantageous for women since this protected their female respectability in daily life. Membership was a special privilege that greatly increased a writer's literary reputation and chances for publication. The encouragement and social community of the group furthered discussions about poetic and narrative techniques, suitable genres, topics, and practical problems in writing. All poetic forms could be learned, they believed, since according to Opitz all literature followed specific rules and examples.

Women's literary activity was lively and thriving under this tutelage. We know the names of nineteen female writers in the Nuremberg group (Otto; cf. *Sprachgesellschaften*); the most famous today, closely associated with the *Pegnitzschäfer*, but not a registered member, is Catharina Regina von Greiffenberg (1633-1694), who was rediscovered in the 1950s and 60s. Greiffenberg was initially a member of the *Isther-Nymphen*, an all-female local group in Austria, then later, due to her nobility, one of only two women in the large *Deutschgesinnte Genossenschaft*; the latter was, however, more of a ceremonial than a productive association, as her correspondence with Birken reveals. On two other female members of the *Pegnitzschäfer* research has just begun: "Dorilis"—Maria Katharina Stockfleth, and "Sylvia"—Catharina Margaretha Dobenecker. Many letters, papers, and some manuscripts still remain in the Nuremberg archive.

The predominant poetic mandate of the *Pegnitzschäfer* was pastoral literature, a cultural program stipulated by its charter. In religious and secular poetry and prose, this bucolic theme contrasted an idyllic locale where innocence, virtue, and integrity can thrive with an alternate sphere of ambitions, intrigues, and lust for power—most often associated with the courtly sphere. All members of the *Pegnitzorden* adopted their own variations of this cultural concept. For example, Greiffenberg embellished her religious sonnets with allegorical visions of an arcadian location where the biblical shepherd-kings reign in joy and peace. Dobenecker sees herself as a shepherdess in the more ideal world of her literary pursuits—implied is the contrast to her daily life as wife of a court official. Her sheep are her poems, their wool her verses, her dogs the time for herself when her thoughts can roam freely about the poetic realm.

Similarly, for Heinrich Arnold Stockfleth, a twenty-six year old literary novice and Maria Katharina Heden, already a crowned poetess at age thirty-six, this pastoral, idyllic mode became the dominant cultural and personal ethical stance. Having met at the literary gatherings in Nuremberg, they married and together embarked upon the two-volume novel *Die Kunst= und Tugend= gezierte Macarie* (1669; 1673), the first part authored by "Dorus," the second by "Dorilis." Based on Birken's diaries, Volker Meid recently affirmed that Katharina in fact wrote most of the first volume as well. Both parts of the novel reflect the Stockfleths' courtship, but not as a personal love story. In a lively and eventful succession of adventure and reflection, the hero first meets Macarie, the cultured and beautiful woman of his dreams. But he lacks maturity, leaves her, and encounters on his travels a series of miracles, betrayals, and erotic adventures; he is misled into lofty ambition at court, then deceived and disappointed until he reunites with his beloved woman in the peaceful and productive cultural realm of poetic shepherds. Under Macarie's influence he settles down, wins poetic laurels, and is integrated into a small community of free men and women who live and work together. Equality of the sexes and the elimination of social differences guarantee the most fortuitous development of each individual—a comprehensive utopian vision that is entirely formulated as a moral, not social or political program. The novel's demands for women's equality and greater opportunity for self-improvement are based on humanist and female visions of each individual's natural human rights, topics frequently discussed in the Nuremberg literary circle ("Studierstube" 230 f).

This extraordinary novel was rediscovered in 1934. Although acknowledging Maria Katharina Stockfleth as the "einzige deutsche Romanschriftstellerin im 17. Jahrhundert [!]," the second volume's increasingly feminist tendencies were simply subsumed under the general rubric of an early development towards an enlightenment consciousness among male middle-class writers and scholars in the seventeenth century: "Die Macarie des Stockfleth ist . . . demnach der erste Roman, in dem eine Mittelstandsmoral die Standesunterschiede nivelliert" (Hirsch 174).

When seen today from the perspective of a woman author's demands for female self-determination, a deep ambiguity within Maria Katharina Stockfleth's convictions becomes apparent. On a practical, day-to-day level, her Lutheran convictions serve to reinforce woman's supposedly God-given, voluntary subordination under her husband's rule; but in contrast to the legal and social prescriptions for a middle-class woman, Stockfleth also demands female education, autonomy, and equality. These contradictory impulses, however, she expertly resolved by situating her emancipatory demands in the utopian realm of literary shepherds—a sphere that is not concerned with social and productive functions of men and women in practical society. The harmonious community of male and female poets, strongly reminiscent of the literary culture of the *Pegnitz-schäfer*, carries a timeless utopian impulse for equality of the sexes and social classes, for equal education, freedom of choice, and communal support of the individual.

Maria Katharina Stockfleth must have been quite aware of her "private" status, but she derived her legitimization to write and publish a novel from her position as a crowned poetess within the literary society. Brusquely rejecting the established courtly authority with the *Pegnitz-schäfers*' assertion that individual rights are derived from natural law and not subject to state authority, her novel addresses an audience of private citizens and transmits to them the new ideals of humanity and individual rights. When seen in the context of Habermas's categories for the political emancipation of private citizens, Stockfleth's novel is an extraordinarily early example of cultural discourse, which contributed to the new values of virtue and female self-improvement within the early stages of the developing middle-class culture.

A look at the "two lives" of Anna Maria van Schurman (1607-1678) will illustrate a third cultural location that welcomed women's self-expression. In the seventeenth century, many dissenting religious sects arose, each preaching a radical distrust of the established churches. Many of these groups were initially organized nonhierarchically, with both male and female elders, but under the leadership of one figurehead. Women, especially independent widows, were actively recruited for these sects. They were encouraged to speak up and give public testimony of their conversions in the "house church," and a substantial body of religious literature attests to their positions of influence and spiritual leadership (Blackwell, Blackwell and Zantop 16 ff.).

In the mid to late 1600s, the German-born Anna Maria van Schurman was famous all over Europe for the astonishing education she had managed to acquire: she had mastered twelve languages, philosophy, theology, mathematics, and natural sciences, aside from also actively engaging in painting, music, and the fine arts. First tutored by her father, a private scholar, and then by the rector of the University of Utrecht, she was strongly encouraged to publish poems and learned disputes in many languages, among them also a defense of female higher education (Gössmann 194 ff.), but she primarily engaged in philological deliberations with other theologians about the translation and interpretation of certain difficult passages in the original biblical sources. She also corresponded with many of the most prominent Baroque and early Enlightenment philosophers, among them Descartes, Leibniz, and fellow women intellectuals such as Queen Christina of Sweden. As her works were published and her fame increased (she was known as "the tenth muse," and "the wonder of the female world," even the "monster of her sex"), she became more and more uncomfortable with her reputation in this age when learned women were social stereotypes, to be laughed about in comedies.

In her autobiography Schurman asserts that her early, independent step out into public attention had merely brought her annoyance, nosy visitors, and loss of valuable time and concentration for her work. Her deepest desire had been to bring about reforms in Holland by making the church more responsive to the true concerns of individuals. The result of her public engagement, she feared, was a total discrediting of her attempts. Her publications had not been scrutinized for their literary, theological, and philological points, but had merely drawn sensational attention to her gender. The middle phase of her life Schurman spent in seclusion, caring for two elderly aunts and focusing on practical philanthropy while continuing to take a deep interest in contemporary theological developments.

And then, at age sixty-two, Schurman decided to join the radical, itinerant Labadist sect of early Pietists. She left behind her material comforts, all security, and her comfortable middle-class habits. Her conversion created a storm of insults and incomprehension and even gave rise to widespread rumors about lewd behavior and polygamy among the members of her sect, due to their communal and egalitarian living arrangements.

Schurman remained stoic about all this. For the next nine years, until her death, she lived in harmony among her friends, moving about from place to place, busy and productive as the co-organizer and public promoter of her religious group. In her correspondence with the theologian Johann Jacob Schütz (1640-1690), she recommended the formation of *collegia pietatis* within the Lutheran church in Germany, the promotion of Christian missions, and educational work with young people. Her writings to Schütz about curricular reforms in the education of theology students and social reforms in the renewal of a "practical Christian life"—the central goal of the Pietist movement (Wallmann 300)—also influenced Philipp Jakob Spener (1635-1705) who took care not to be directly associated with the radical Labadists since he attempted to reform the Lutheran church from within. With her writings of anonymous official pamphlets, translations, and hymns, Schurman served as the chief public promoter of Labadie's thought, motivating prominent and wealthy women to join the sect, among them the famous natural historian Sibylla Merian. With her ties to influential personalities, she also arranged for her group to find refuge with the Abbess of Herford, Elisabeth von der Pfalz, after its eviction from Amsterdam.

Schurman's most influential public contribution to her sect, and at first glance possibly the most perplexing document among her works, was her two-volume autobiography *Eucleria*, an account of her life that mixes narrative strains of self-defense, confession, revivalist sentiments, and description of the Labadist sect with an impassioned embellishment of her current happiness, brought about by her life among likeminded believers. She portrays herself as deeply disenchanted with her early thirst for knowledge and lovingly describes her current life of prayer and needlework, sure that the constant perfection of her group destines them to be the founders of a future world community of God's chosen on earth. In this autobiography, she barely hints at her true occupation as writer, theologian, and co-organizer of the sect. Why did she publicly propagate such a stereotypically "feminine" and veiled account?

Schurman's concealment of her own achievements must be viewed as her deliberate attempt to protect herself while promoting the theological respectability of the Labadist sect. *Eucleria* appeared at a time when wild rumors circulated about the "verzückten Weiber" of the radical sects and seriously interested theologians, such as Spener, had begun to react to them with suspicion and embarrassment. For the purpose of the widest possible circulation among educated readers throughout Europe, Schurman's book is written in a polished Latin, not in the Dutch of most of her later works. Occasional exaggerations and lacunae and the utopian idealization of daily harmonious life of her group are easily incorporated within the pre-modern literary form of autobiography.

And yet, despite this intentional concealment, it is obvious that the older Schurman had found a practical synthesis between her erudition and her piety. Instead of learning yet another ancient language she now focused her energies on the daily Christian service to her sect. For the promotion of her group she overcame the public silence of her middle years and used her fame to draw attention to an alternative religious harmony, sharply condemning the established churches with their love of splendor and authoritarian remoteness from simple people. In accord with her promotional efforts, she propagates a female image that more readily conforms to traditional expectations for women. Under this protection she was able, for the first time in her life, to live out her religious, emotional, and intellectual energies.

Among the other sectarian women, Schurman's notoriety ranks sharply higher than that of such figures as Anna Ovena Hoyers, Johanna Eleonore Peterson, or Susanne von Klettenberg, who wrote argumentative, controversial confessions and spiritual lyrics for the benefit of their religious groups. Yet among them, in part due to her unconventional erudition and far-reaching influence, Schurman's actual impact on the formative stages of the German Pietist movement has been much greater. Her influence can be traced up to August Hermann Francke (1663-1727), a student of Spener's, and his *Franckesche Stiftungen*, charitable institutions that were to play a decisive role in the development of German education into the nineteenth century. In spite of these actual accomplishments, Schurman's public image, handed down through the centuries, has remained one of exaggeration: first the elusive scholar, transgressing the natural boundaries of her gender, then the enraptured mystic, despising all social and religious propriety (Bovenschen 84-92).

In accord with the gender ideologies of successive eras, Schurman's earlier or later life was repeatedly appropriated. Her sectarian phase was most fervently condemned in early Enlightenment pamphlets against female religious "fanaticism." Then her fame subsided until her autobiography was rediscovered by Wieland as the confessions of a beautiful soul who finally had realized the scholarly exaggerations of her youth—much as Goethe reshaped the personality of Klettenberg into the wise woman of Sentimentality in his *Wilhelm Meister* novel. Until her rediscovery by feminist critics, Schurman's life and accomplishments have largely remained in obscurity, aside from an occasional reference in specialized theological handbooks.

Today, Anna Maria van Schurman's life signifies an important juncture in the history of Western culture. Living at the threshold of the Age of Reason, she participated in the quest for knowledge until she perceived the dangerous moral void of a scientific age to come. In a sharp dispute with Descartes, Schurman's autobiography warns against the mounting scepticism of scholars and their onesided faith in scientific knowledge. Her arguments are strangely reminiscent of recent feminist assertions of a male-dominated, instrumental rationality in late twentieth-century culture, which defines human progress in terms of scientific and technologically oriented advances and which drives towards global catastrophe by intentionally excluding the "female" tradition of multiple systems of perception, intuition, and practical humanist engagement. Schurman rejected the Cartesian dualistic separation of the realm of mind from the realm of matter. In *Eucleria* she pleads for a return of science to an active commitment towards the practical goals of human nurturing and the education of the heart and mind in order to achieve in society a God-given harmony reminiscent of early Christian communities. Her warnings came as a provocation and were quickly dismissed. Today they strike at the center of our own concerns.

When Anna Maria van Schurman's life and works are seen in the context of the conditions for female public influence in the seventeenth century, her development assumes a paradigmatic significance for middle-class literary women. As a superbly gifted scholar, she first stepped out into public attention only to retreat into private life, until she finally, in her older age, could thrive under the protection and official sponsorship of her sect. Her many anonymous contributions to Labadie's pamphlets, her own theological correspondences, and the promotion of her group in her autobiography tend to downplay her own achievements, but this personal modesty also permitted her publicly to assert her own strong convictions against the "Cartesian Revolution." The general attention of the public to her radical sect ensured a wide reception for her social and theological views—not as her own accomplishment, but as part of the emerging Pietist counterculture that influenced public and religious life for centuries to come.

When the literary activities of women in the Baroque age are seen from the perspective of actual or delayed public impact and political significance—women's contributions, for example, to forces that either legitimized the existing social and political order or sought to bring about change—several considerations can help to explain subsequent female patterns of public influence in the eighteenth century and beyond. It can also help us to focus future research.

In seventeenth-century culture, women's "private" status, their public silence, and domesticity is assumed for all social classes, except for the high aristocracy. This social and cultural prescription, internalized by both women and men and strongly reinforced in bourgeois culture since the eighteenth century, has tended to block from our view the important cultural achievements of those women who were empowered to speak out, then silenced by the emerging bourgeois culture. It also blurs our own insight into the actual preconditions for women's literary activity. A more thorough familiarity with various local, literary, and political cultures in the past and their specific prescriptions, as for example access to education and the mandate to write or to remain silent, can focus our search as to where to attempt to relocate and rediscover women authors. Such a process of rediscovery, oriented toward women's actual opportunities in public life, will also bring into focus those female voices totally left to private utterances: meditative religious diaries, advice to children, private letters—forms of writing that, so far, have been excluded from the aesthetic canon. We are still in the beginning phase of reconstructing women's cultural contributions. A much larger number of writers must be included in our search if that process is to encompass a broad spectrum of women's experience and history.

Contrary to the much more open female culture of the *Précieuses* in France, seventeenth-century German women writers developed their own voices primarily under the protection of cultural or religious sponsors. This tutelage made their writing possible, yet it also forces us to take a closer look at various forms of anonymity, pseudonyms, possible self-censorship or self-concealment of their achievements, and the internalized prescriptions for their specific cultural and political contributions. However, the actual impact of these women writers, often not publicly recognized during their own lifetimes, still contributed to the larger public articulation for societal affirmation or change. That the historical process of an objective reception, unclouded by changing gender ideologies, has taken longer in the case of women authors must not discourage us from working for a more comprehensive and just evaluation of their actual contributions.

Notes

[1] See especially Barbara Becker-Cantarino. For a bibliography on recent feminist criticism see Susanne Zantop and Jeannine Blackwell.

[2] For more specific information on literary, biographical, and theological points, please refer to my "Studierstube, Dichterklub, Hofgesellschaft: Kreativität und

kultureller Rahmen weiblicher Erzählkunst im Barock." While that article presents the cultural and literary contributions of most of the same writers, the following discussion seeks to place seventeenth-century female cultural activity into the larger context of the political and social requirements for women who attempted to write and publish in pre-bourgeois Baroque culture.

[3] For a discussion of women's influence at the court of Louis XIV, see Renate Baader.

[4] According to Hans-Gert Roloff (Sophie Elisabeth, *Dichtungen*), the time of publication for further volumes is currently uncertain.

[5] Sibylle Ursula's manuscript was discovered by Blake Lee Spahr in conjunction with his research on Anton Ulrich von Braunschweig. Spahr issued a detailed study on the presumable origin, authorship, and edition history of *Aramena*. See his *Anton Ulrich and Aramena: The Genesis and Development of a Baroque Novel*. The recent reprint of the work, issued by Spahr, again appeared under Anton Ulrich's name alone.

Works Cited

Anton Ulrich von Braunschweig-Lüneburg. *Die durchlauchtige Syrerinn Aramena*. Theil 1-5. Faksimiledruck der Ausgaben 1669-1673. Ed. Blake Lee Spahr. Frankfurt: Lang, 1975-83.

Baader, Renate. *Dames de lettres*. Stuttgart: Metzler, 1986.

Becker-Cantarino, Barbara. *Der lange Weg zur Mündigkeit*. Stuttgart: Metzler, 1987.

Blackwell, Jeannine. "Herzensgespräche mit Gott. Bekenntnisse deutscher Pietistinnen im 17. und 18. Jahrhundert." *Deutsche Literatur von Frauen*. 1: 265-89.

_____ and Susanne Zantop. *Bitter Healing*. Lincoln: U of Nebraska P, 1990.

Bovenschen, Silvia. *Die imaginierte Weiblichkeit. Exemplarische Untersuchungen zu kulturgeschichtlichen und literarischen Präsentationsformen des Weiblichen*. Frankfurt: Suhrkamp, 1979.

Brandes, Ute. "Studierstube, Dichterklub, Hofgesellschaft: Kreativität und kultureller Rahmen weiblicher Erzählkunst im Barock." *Deutsche Literatur von Frauen*. 1: 222-47.

Deutsche Literatur von Frauen. Ed. Gisela Brinker-Gabler. 2 vols. Munich: Beck, 1988.

Gössmann, Elisabeth. "Für und wider die Frauengelehrsamkeit. Eine europäische Diskussion im 17. Jahrhundert." *Deutsche Literatur von Frauen*. 1: 185-97.

Habermas, Jürgen. *Strukturwandel der Öffentlichkeit*. Neuwied: Luchterhand, 1962.

Hirsch, Arnold. *Bürgertum und Barock im deutschen Roman*. Frankfurt: Baer, 1934.

Landes, Joan. *Women and the Public Sphere in the Age of the French Revolution*. Ithaca: Cornell UP, 1988.

Marcuse, Herbert. "Über den affirmativen Charakter der Kultur" (1937). "The Affirmative Character of Culture." *Negations: Essays in Critical Theory*. Boston: Beacon, 1969.

Meid, Volker. "Ungleichheit gleich Ordnung. Zur *Macarie* (1669-1673) von Heinrich Arnold und Maria Katharina Stockfleth." *Schäferdichtung*. Ed. Wilhelm Voß-kamp. Hamburg: Hauswedell, 1977. 59-66.

Otto, Karl F. "Die Frauen der Sprachgesellschaften." *Europäische Hofkultur im 16. und 17. Jahrhundert*. Hamburg: Hauswedell, 1981. 497-503.

Pleschinski, Hans. "Am Hof des Sonnenkönigs." *Die Zeit*, North-American Edition. 28 Dec. 1990.

Schlumbohm, Christa. "Die Glorifizierung der Barockfürstin als 'Femme Forte.'" *Europäische Hofkultur im 16. und 17. Jahrhundert.* Vol. 2. *Wolfenbütteler Arbeiten zur Barockforschung 9.* Hamburg: Hauswedell, 1981. 113-22.

Schurman, Anna Maria van. *Eucleria; seu melioris partis electio.* Vol. 1, Altona 1673; vol. 2, Amsterdam 1685. Reprint in Dutch: *Eucleria, of uitkiezing van het beste deel.* Leeuwarden: De Tille, 1978.

In the Shadow of Olympus: German Women Writers from 1790-1810. Eds. Katherine R. Goodman and Edith Waldstein. Albany: State U of New York P, 1991.

Sibylle Ursula von Braunschweig und Lüneburg. "Geistliches Kleeblatt" 1655. Handwritten Manuscript, Herzog August Bibliothek Wolfenbüttel.

_____. "Seuffzer Umb Göttliche heilige Einfälle." 2 vols. Handwritten manuscripts, Herzog August Bibliothek Wolfenbüttel.

Sophie Elisabeth, Herzogin von Braunschweig und Lüneburg. *Dichtungen.* Vol. 1. Ed. Hans-Gert Roloff. Frankfurt: Lang, 1980.

_____. "Histori der Dorinde" 1641. Handwritten manuscript, Herzog August Bibliothek Wolfenbüttel.

Spahr, Blake Lee. Anton Ulrich and Aramena: *The Genesis and Development of a Baroque Novel.* Berkeley: U of Berkeley P, 1966.

Sprachgesellschaften/Galantepoetinnen (Literary Societies/Literary Women). Eds. Erika A. Metzger and Richard Schade. Sonderband 17,3 *Daphnis* 1988. Amsterdam: Rodopi, 1989.

Stockfleth, Heinrich Arnold und Maria Katharina. *Die Kunst= und Tugend= gezierte Macarie.* 2 vols. 1669, 1673. Faksimiledrucke. Bern: Lang, 1978.

Van der Cruysse, Dirk. *'Madame seyn ist ein ellendes Handwerk.' Liselotte von der Pfalz—eine Deutsche am Hof des Sonnenkönigs.* Munich: Piper, 1990.

Wallmann, Johannes. *Philipp Jakob Spener und die Anfänge des Pietismus.* Tübingen: Mohr, 1970.

Zantop, Susanne and Jeannine Blackwell. "Select Bibliography on German Social History and Women Writers." *Women in German Yearbook 5.* Eds. Jeanette Clausen and Helen Cafferty. Lanham: U P of America, 1989. 109-29.

"The Butterfly and the Kiss":
A Letter from Bettina von Arnim

Katherine R. Goodman

"The Butterfly and the Kiss" has been excerpted from Bettina von Arnim's *Die Günderode* (1840). It is a particularly important passage from one of "Bettine's" letters to "Caroline," because it describes her relationship to writing, to language, and to nature. Arnim distances herself from the aesthetic expectations of her brother, romantic poet Clemens Brentano, and from certain aspects of romantic philosophy in general. She narrates her discovery of a new, more concrete source of writing outside of her own thoughts, in nature. (KG)

Introduction to "The Butterfly and the Kiss"

The latest "rediscovery" of Bettina von Arnim (1785-1859) by German intellectuals and scholars of German literature has been embedded in at least two larger discourses: the re-evaluation of romanticism and the most recent wave of feminism. While "The Butterfly and the Kiss" clearly legitimates these contexts, it also raises some questions about Bettina von Arnim and the discourses into which she has been recouped.

Now most commonly associated with the generation of the romantics, Bettina von Arnim was intellectually as well as personally "related" to them. She was the sister of Clemens Brentano (1778-1842), the sister-in-law of Sophie Mereau (1770-1806), the wife of Achim von Arnim (1781-1831), and a friend of Caroline Günderrode (1780-1806) and Rahel Varnhagen (1771-1833). Yet she began publishing only in 1834, after many of these authors had died.* Since she was slightly younger than most of them, and also lived to the healthy age of seventy-four, from the mid-1830s until her death she was *the* living tie with early romantic philosophy.

To emphasize only Bettina von Arnim's ties to early, Berlin romanticism, however, is to ignore both her criticism of romantic philosophy and her ties to a younger generation of more radical writers, the Young Hegelians and the *Vormärzler* of the 1830s and 1840s. Elsewhere Arnim portrays the unhealthy effects of romantic philosophers like Johann Gottlieb Fichte (1762-1814) and F.W.J. Schelling (1775-1854) when their level of abstraction induces a worrisome fever in her. In *Die Günderode*

(1840), Arnim's fictionalized exchange of letters between a younger Bettina and her friend Günderrode, there are suggestions that the latter's inability to live outside this world of dreams and abstractions supported her suicidal state of mind. In the passage of this work excerpted here, Arnim distances herself from her brother, the romantic poet Clemens Brentano. He knows the names for all the flowers (and has a goal to reach), but she wants to stop and look at them. He thinks there is a marketplace of ideas in her fantasies, which she only needs to record, but she requires a different source for her writing. Arnim implies that her brother is familiar with names (abstractions) and that he believes writing originates only in the mind. She wants to know nature more fully and finds the source of writing there, outside of herself.

Arnim argues for the immediacy of existence and of language. In so doing, she criticizes romanticism by means of one of its own tenets: its purported belief in the connectedness of matter and spirit. Supporting her in her literary experimentation is the romantic philosophy of Frans Hemsterhuis (1721-1790); the dialogic form of Arnim's works, their poetic style, and much of their content surely betray an extensive knowledge of this Dutch philosopher. The familiarity may have derived from her friendship with Friedrich Heinrich Jacobi (1743-1819) in Munich in 1808, but more likely it was Caroline Günderrode who introduced Arnim to Hemsterhuis's writings sometime before 1806. His works were among Günderode's favorite reading.

While this intellectual relationship remains to be investigated, a superficial assessment suggests that it may well have been Bettina von Arnim's radical reading of Hemsterhuis that enabled her to form philosophical and political bonds to younger writers in Berlin in the 1840s. To be sure, Hemsterhuis's studies of the relationship between the world of matter and the world of the mind had been widely known among the German romantics. They had yielded concepts of immediacy, simultaneity, reciprocity, and mutual growth (discussed in dialogic forms) that are found again in all of Arnim's works, including this excerpt. But this philosopher also emphasized the concrete, critiqued the political status quo, and urged respect for difference; and no other romantic poet pressed these perspectives as much as Bettina von Arnim. It is precisely this critical, political stance that distances Arnim's work from most romantic writing (including her brother's), and it is this stance that forged the links to the Young Hegelians in the late 1830s and early 1840s.** In this excerpt Arnim's political aspirations are alluded to only at the end, but the connections she makes there are not spurious.

Recent feminist concerns have also inspired renewed interest in both the politics and the eccentric talent of Bettina von Arnim. Her resistance to literary closure and to exclusively rational modes of thought and custom; her open dialogic forms, stressing reciprocity and mutual growth in human relationships; her attention to the artificiality of language and its ability to imprison; her experiments in new linguistic forms; her desire to accept "otherness"; her subtle undermining of gender relationships; all these recommend her to modern feminists. And in this context, so too does her passionate engagement for the poor, for Jews, and for nature.

"The Butterfly and the Kiss" (titled here only for convenience) is excerpted from *Die Günderode*. This much larger epistolary reconstruction of her friendship with the romantic poet Caroline Günderrode is well loved among German feminists. One of its main themes is writing, and the excerpt translated here focuses particularly on this topic. No place else does Bettina von Arnim explain so succinctly why she writes the way she does; and since her style has been an issue of such great interest, especially among feminists, it is worth highlighting this one passage. Unfortunately, the surrounding discussions on aesthetics, including the responses of "Caroline" are necessarily missing. As a result, Arnim's dialogic form is here unavoidably reduced to a monologue.

Even so, this excerpt illustrates a provocative concept for feminists—and others—namely that of immediacy. Here, as in Hemsterhuis, intuition (carefully defined) becomes a source of knowledge. Arnim asserts the general validity of intuition, despite her awareness of the derivation of all reason and logic. The epistemological immediacy that she experiences and in which she grounds her writing is therefore not merely individual; it makes universal claims. However, these claims are not hegemonic. Meaning does not lie in the appropriation or conquest of an "other," here nature. Nor is nature, like Sais, to be unveiled, to become merely the object of a foreign gaze. Nature is not dissected and analyzed, it retains its integrity. It is active. Meaning—and mutual growth—reside in the relationship between subject and object.

The sexual imagery for Arnim's utopian thought does not involve a marriage of active and passive partners, rational and natural, light and dark, etc., only the union of which will produce a whole—as is so common in romantic literature. It is not an androgynous model. On the contrary, no merging of differences is sought. Rather, Arnim desires to sense her commonality with an "other" without losing her self. The awareness of commonalities does not exclude difference, and each entity requires support to move toward its own unique fulfillment. This is a form of interdependent coexistence. Only if reciprocal relationships of this sort flourish can one give birth to one's self. Put differently, her auto-gestation depends on her ability to perceive and conceive an "other."

These concepts are at the heart not only of Arnim's concerns with writing, but of all she wrote and did. Neither the excerpt from this text nor these comments can do justice to the complexity and richness of her works in their entirety. They are meant only to highlight the epistemological core that has made her works so exciting, both for the Young

Hegelians in the mid-nineteenth century and for readers in the late twentieth. Bettina von Arnim will remain a controversial author, but surely her amplifications on these epistemological concerns place her works at the center of contemporary feminist debates.

* Compare also: A.W. Schlegel (1767-1845), Schleiermacher (1768-1834), Hölderlin (1770-1843), Fr. Schlegel (1772-1829), Novalis (1772-1801), Wackenroder (1773-1798), and L. Tieck (1773-1853).

** See Heinz Härtl's commentary in his edition of *Die Günderode* and in *Clemens Brentanos Frühlingskranz* (Berlin: Aufbau, 1989), especially 798-812 and 920-28. Also Heinz Härtl "Junghegelianische Beziehungen Bettinas" (unpublished manuscript).

The Butterfly and the Kiss*

Bettina von Arnim

[To Günderode]

I had to promise him [Clemens] to write something before he came back. Never, he said, would I learn more about how the world was boarded up[1] than if I tried to write a book. And then he talks about a free future and how, without having written a book, I would never enjoy my future! — A book is thick and has many blank pages, which I can't fill by just grabbing things out of thin air—and that seems like a real chain on my freedom. — When I sit down at my pine desk and nothing special comes to me, and I carve one stupid face after the other into the table with my quill-knife, and they all make fun of me because I can't think of anything, then I throw away my book, which contains only the beginnings of verses with no rhyme to them. — It's really impossible. I'd like to do everything Clemens wants, to please him, but I just don't have any ideas — other people have always been there before me and I get there last, so that whatever I might have to offer, others have already experienced. Once this spring I went for a walk with Clemens. All kinds of new herbs were blooming that I didn't know and that I wanted to pick; he said, "If you stop at every hawkweed or forget-me-not, we won't get far." Now I always think of that when I experience something new within me, that others probably know all of it already, and that it may be nothing new for them anymore, like those violets and daisies I wanted to collect along the way. So I don't write it down—and also because my thoughts hang on me like butterflies on flowers. Who can catch one? They see you right away and fly off, and if I do catch one, I've soon rubbed off its beautiful color with my writing finger or its wings grow stiff. And a thought like that is so happy flying in the air, but on paper it can't sway[2] like it can on a flower; and it can't flutter from one rose to the other; it just sits there like it was skewered. I can see it in the few I've caught and written down. — I was just at the end of the garden, I ran inside because I wanted to write it in my book, quickly before I forgot it. And now, whenever I open the book the thought laughs at me and says, "You're really stupid." I'll tear that page out for you, just read the thoughts I collected, shot like hares on a miserable hunt, and with every single one I ran home, out of my thought-forest, in order to write it down, and always up the three steps. Do you know what? — Those three steps aren't too high for me, but I was ashamed of myself when I faced those three steps, truly, I shut my eyes because I thought they'd noticed how inept my nature was, trying to capture those poor naked *Pfeilmuter*-thoughts by writing them down. That's what they call butterflies in Tyrolea, I learned it at the market last year from the Tyrolean who sells gloves in Braunfels—the one with the beautiful black beard; you know, you said he had a countenance and not a face, and I asked you, "What's that, a countenance?" You told me it came from the form of God, created after his image, but faces—they were just made up where nature wanted no part of them, and only philistines produced them; and then I asked, "Do I have a countenance?" And you laughed and said, "It's still stuck too far down in the bud; I can't see it." That very evening I stood in front of the mirror and prayed that God would let me out of the bud with a countenance and not a face—for if I have a face, how can I please a countenance. And that very evening I also asked Frau Hoch,[3] because ladies' maids know something about beauty aids, and she said if I didn't sin, I wouldn't grow ugly. And if that was important to me, I would surely guard against all sins. But as soon as Frau Hoch left to cook the baby's soup, I climbed out the window onto the flower box and crouched down to make myself very small; and when she came back, everything was very quiet, it was dark and no candles had been lit. So Frau Hoch thought she was alone and was about to say her evening prayers because the baby was still asleep. — "Now I enter eternal life, he said with a joyful heart, bowed his head, and departed." That's what I heard of Frau Hoch's prayer from the flower box. I wondered if it was wrong to eavesdrop [*belauschen*] and then I thought of my countenance-bud and whether it could be contaminated by the blight of sin, for I was smart enough to know that this was no Capital Sin; but since I absolutely wanted to be wonderfully beautiful and without the slightest defect, I covered my ears with both hands so I wouldn't hear anything; and then I let go of the rod of the flower box and nearly fell into the courtyard. I couldn't stop up my ears if I didn't want to fall and then I heard her sing:

> Wenn der güldne Morgen blinkt,
> Der zu dieser Hochzeit winkt,
> Wo die reinen Saraphinen
> Bei der hohen Tafel dienen. —

> (When golden morning dawns,
> And to this wedding beckons,
> Seraphims of purity
> Serve the holy table.)

I began to sing the harmony, and Frau Hoch looks around in all the corners, fetches light, looks on top of the stove, over the drapes, everywhere and can't find me. I picked a carnation and stood at the window; then I opened it up and presented her with the carnation. There she stood with her little candle illuminating me and thought I was a ghost. But I threw my arms around her, for I am very fond of her. I asked if it had been a sin to listen to her; she said, "It's not exactly a sin, but you might have fallen into the courtyard. We should really be singing a song of thanks that you didn't fall." — Here's the song, to which I have written the melody:

Der du das Land mit Dunkel pflegst zu decken
Ach reine mich von jedem leisen Flecken.
Reich mir der Schönheit Kleid,
Daß ich an jedem Morgen meiner Blüte
Erkennen mag, wie deine Gnad sie hüte.

Obschon die Sonne entzogen ihre Wangen,
Obschon ihr Gold der Erde ist entgangen,
Das kränket mich nicht sehr.
Erleucht in mir nur deines Geistes Licht,
Dadurch der Schönheit Geist wird aufgericht.

Kann ich des Nachts gleich nicht zum Schlafen kommen,
So mag dies meiner Schönheit dennoch frommen,
Das endet, wenn man stirbt.
Gib nur, o Gott, daß ich so Nacht wie Tag
Der Schönheit Ruhe mir erhalten mag.

Wenn du mich willst, O Schöpfer, einst genießen,
Muß über mich der Born der Schönheit fließen,
Wie wollt ich fröhlich sein! —
Sonst acht ich nichts, was Mut und Blut beliebt,
Noch was die Welt, noch was der Himmel gibt.

(You, who cover the earth in darkness,
Cleanse me of every least flaw.
Lend me beauty's dress,
So that every morning of my prime
I can see your mercy's care sublime.

Even though the sun departs her cheeks,
Even though the earth's gold disappears,
It matters not.
Illumine me with your spirit's light
So beauty's spirit stands upright.

If one night I cannot sleep,
Let that then enhance my beauty,
Which ends with death.
Grant only, o God, that night and day
Beauty's peace with me will stay.

If you wish, Creator, to take pleasure in me,
Then the fount of beauty must flow.
How joyous I shall be! —
I care not what "courage and blood" esteem,
Nor what the world, nor heavens bestow.)

Frau Hoch said, "You've made a pretty sacrilege of that song, no one would recognize it as a hymn." — "But I sang it with true devotion. If that's a sin, we'd better sing a song of repentance, so I don't grow a beard." Frau Hoch said, "Eh, away with you, it would suit you just fine to grow a beard."

The next morning Tonie [my sister] was going to see the Tyrolean, and I went, too, in order to impress his *countenance* upon myself. I thought if you inscribe something like that deeply into your soul, then eventually it will blossom forth in you. And while Tonie was picking out gloves, a butterfly that had flown over the Main river landed on the bouquet on his hat. Ah, look at the butterfly, the flowers on your hat have lured it over! — The Tyrolean asked, "What is that, a butterfly?" and sees it flying and cries, "Hey what, that's a *Pfeilmuter,* not a butterfly. You're a butterfly!" and grabs me round the neck and kisses me on the mouth. Tonie makes a grimace and refuses to buy gloves from him and leaves. "Hey," he cries after her, "don't be so offended, the girl's not offended"; and then Tonie had to laugh and buy the gloves. I have always wanted to write that story down because I like it, but it's not right for a book, because it's over right away, and what can happen after that? — Clemens thinks I should write down everything that goes through my head; he thinks there's a whole market there; he says I should write down everything about the convent, but just read the stupid thoughts in my book and tell me if anything sensible can be written from them. Plus, I've inscribed the cover on the inside, since I thought I would fill it right up—hah! for four weeks I've gotten no further than the cover. At the beginning I wondered:

Whether virtue might not also be genius, and whether the reason we climb so laboriously to the sublime is because we have no genius.

That was in the poplar I can climb so easily; I saw the birds come flying and I thought to myself, you have no genius; you have to climb everything laboriously; and then you can't keep yourself up there—you always have to come down. — And I really felt how everything in me vacillates, I can't do anything, and a fire rages in me, all art is so near I think it's already in me, my cheeks glow so hot they burn, and whenever I even think into the distance, golden mountains lie before me. I stand there as though I had the magic wand right in my hand, everything in my mind, but when it's supposed to come out I'm stuck at the cover and have to work hard to pile one grain of sand upon another. When I'd come down from the poplar and up the steps and had written down my first paper-thought, which was still laughing at me—I wanted to sway [*wiegen*] myself a little in the dusk, for thoughts come to me when I'm swaying. I had barely climbed halfway up the poplar, when something else occurred to me, so I climbed right down again and up the steps again and wrote:

> The whole person must be in harmony; namely heart and head and hand and mouth.

Then I stood quietly for a while in front of the thought, thinking that I might just as well have stayed in the poplar for that one, and I was sorry I'd soiled the book with it, but because Clemens said I should write down everything that goes through my head, I'd wanted to do it. But now there is something I like about the thought; I can make it into something grand if I place grand meaning in it; and if I force everything I write like this, without knowing why, to be true. — Yes, I feel it's connected with the first thought; the genius of virtue is when the entire person is in agreement, and that is certainly not what most people do. Ah, now morality is getting in the way; I'd rather just copy the thoughts, then I'll glue the cover of the book shut so I don't have to see them anymore. — Then maybe better things will come to me, things that aren't so stiff. So I climbed up my poplar again, for it's as though thoughts only come to me up there, but scarcely was I up, then I had to come down again, and this one seemed so exciting that I came bounding up the three steps with great joy.

> Nourishing the spirit, that is religion.

Yes, I could do that, I thought, sitting in my poplar again, not wanting to climb down anymore; for the whole sky had become so beautiful, the evening glow, and the air-crystals innumerable, shooting quickly into purple—what didn't I see of colors and swaying [*wogenden*] treetops, colors melting together and the light's splendor in the distance, and how good nature was to me, just as if I hadn't denied her with my lunacy on paper. It seems to me that all independent thinking [*Selbstdenken*] is a sin when I'm in nature; couldn't we just listen to her? — Others, you believe, think they listen to her. No, there's a difference. When I sense [*lauschen*] nature, I don't want to call it listen, for it's more than one can hear with the ear: sense, that's what the soul does. — See, that's when I feel everything that happens in her, in my blood I feel the sap climbing to the tops of the trees. I just stand there and sense—and then—then I feel—I think, but not quite or not really that I knew it, but I wait to see what will happen next. — Everything I look at — yes, suddenly I feel it fully—just as if I were nature herself or rather everything that she generates, blades of grass as they shoot out of the earth, this I feel right down to the root and all the flowers and buds, I feel everything different-ly. — If I look at the big rose bush on the Inselberg, it has lost almost all its blossoms, now there's a new shoot, I observe it all, and it all forces itself into my heart with something, should I call it language? — With what does one touch the soul, isn't language love that touches the soul, like a kiss touches a human being? — Maybe it is—then what I experi-ence in nature is surely language, for it kisses my spirit, — now, I know very well what kissing is, for it if weren't that, it wouldn't be anything, now pay attention:

> Kissing is taking the form and the spirit of the form into us;
> those we touch, that is the kiss, yes, the form is born in us.

And that's why language is also kissing, every word of a poem kisses us, but everything that isn't poetical [*gedichtet*] isn't spoken, it's only barked like dogs. Yes, what else do you want to do with language but touch the soul, and what else does a kiss want. It wants to suck the form into itself and touch the soul, all that's the same thing, I learned it from nature. She kisses me constantly. I can come and go as I will, she kisses me, and I'm already so used to it that I meet her right away with my eyes, for the eyes are the mouth that nature kisses. See, I also feel that a bud kisses me differently than a flower, for they are different in form, but this kissing is speaking, I might say, "Nature, your kiss speaks into my soul." — Yes, that's also a thought I wrote in my book, but this one I wanted to keep. I can latch other things onto it. Ah, when I look around me and see how all the branches stretch toward me and talk with me, that is, kiss my soul, and everything speaks, everything I see hangs by its lips on my soul's lips, and then the color, the form, the scent, everything wants to make itself heard in that language. Yes, the color is the tone, the form is the word, and the scent is the spirit, that's how I'd say it. All of nature speaks into me, that is, she kisses my soul; and the soul must surely grow because of that, it's her element; for everything that is alive has its element in nature. The soul's element therefore is gazing [*Schau-en*], that's its form of sensing [*lauschen*]. She sucks up all form, that's the language of nature. But nature itself has a soul, and this soul also wants to be kissed and nourished, just as my soul is nourished by her language when I am so suffused by her (for there are moments when the soul is like the fire of life, when she's totally and only what she has absorbed, namely the independent language [*Selbstsprache*] of nature, then she recognizes nature in turn as needing nourishment), so I stood before her and spoke myself into her spirit, I kissed her with my soul's lips. See, that was spirit, that wasn't thought, that was original life spirit without earthly form, thought is the earth-form of the spirit—but my spirit didn't assume this form when it spoke with her, it wasn't thought, it wasn't feeling or sensing; for that seems to me like something else again, it was will—yes, it was will that looked at nature so quickly and firmly, as though in turn, it wanted to make a present to her of everything she gave it, namely life. — That's it, everything is reciprocity, everything that lives gives life and must receive life. — And don't think that all humans live. Yes, they are alive, but they don't live, I feel it in me, I only live when my spirit is in this reciprocity with nature. — That's when I know too that tears don't have to be only the consequences of pain or of pleasure—they can also be a natural consequence, like sleep is the consequence of an excited spirit. — For I often burst into tears, without having been touched beforehand; that's certain to happen when nature grips me so, secretly stirs my soul, so that it must weep. And often I lie down on the ground, on the velvety black freshly plowed earth, which steams so warmly from deep down, and it warms me, for I'm freezing then—yes, the spirit in me freezes, so I lie down on the ground and immediately my whole spirit is warm again, I feel it as it courses through my head and through my breast, and then I must clasp my hands again in prayer. See, none of that is thought and still it's spirit—spirit that is in reciprocity with nature—I'm so happy I found that word today; I would have spoken with you about it sooner, but I couldn't find the words—but I could tell you altogether different things—no, I'm not afraid of you at all, you won't scold me, you'll probably agree with me that the spirit should lift itself in flight as far as it's able to. For why did God give it wings? Indeed, spirit is really flying. — I have to laugh at Lotte[4] when she speaks of consistency, that's not spirit—inconsistency is spirit—floating [*schweben*] back and forth, merging immediately with everything it touches, that's spirit, that transforms itself right away into whatever it touches, that's how true spirit transforms itself into nature, because she meets it everywhere, because her touching alone is spirit, it would not exist if nature were not passionately needful of it, that's what calls it to life every moment, spirit is continuous life-becoming in order to kiss nature, to press its form into her; nature sucks the forms of spirit into her, she lives from it, and spirit flows through all forms together with her, that's how nature conceives [*fassen*] herself in her forms, that's the absolutely divine attraction in her, attraction is magic, and what other source for magic can there be but in conceiving one's self [*Sichselbster-fassen*]? — Yes, that's something new again, we'll speak of that tomorrow. Tonight my neck hurts from writing—I only wanted to say: my spirit or through me the spirit speaks with nature, and I am quite inactive in the process, I'm not conscious of myself, I don't think anything, I have no observation, but afterwards I can talk about it, as you see, today for the first time, and so the flowing together of spirit with nature generates thoughts which one has afterwards. — What kind of thoughts are they? Some might say they are lies or stupidities, made-up tales and therefore not thoughts; for how can I prove it, or what good are they, or to what good do these thoughts lead. Yes, that's exactly it, spirit-thoughts touch nothing that is already there; they generate anew; and there you see again that I'm right, because spirit and nature touch each other; that's why they are continuously alive and generate continuously anew; for we have to enter into a new life after this life, but how shall we begin if the spirit doesn't generate itself into the other world? — It has to carry itself like a little child in its mother's womb; it has to be pregnant with itself (to be expecting) and must nourish itself until it becomes a ripe fruit in itself; then it will give birth to itself, where, how, when, — that doesn't matter, a ripe fruit just comes into the world; the world is there before the fruit; it can't simply fall out of the world into which its life strives; it can only be born into it. So the spirit that continuously kisses nature, that is, drinks her language, nourishes itself in her in order to give birth to itself. Nature does that, too, she ripens a future fruit of the spirit in her touching with it, and that's how the new-born fruit of the spirit will enter into a more ripened nature. For God never abandons nature, everywhere it is she who encounters the new-born soul again, gives it her forms to be kissed, that is her language that speaks into the soul, and on which the soul is nourished. That's surely how it is with all living creatures who are at the point where the spirit is already free and can think independently [selbst denken]. — Everyone undergoes the same touching by nature, they just don't know it. I'm just like them, but the difference is that I'm conscious, for I've had the heart to question urgently and with passionate love. Other people will probably read it as a poetic fable, that nature asks for redemption. Other people probably sense an eeriness when they stand there in soundless, quiet nature. It oppresses their hearts; they neither know how to awaken the spirit in themselves nor how to subdue it. So, emotionless, they avoid her; their inner selves probably tell them something is happening here—you should yield to it. Then fear overcomes them and they proceed with their accustomed life where one meal bids another farewell, until sleep comes on top of everything, and then day and night are gone. And for that they live? — No, in no way is that true! — the thought has long pursued me: "Why do you live?" — especially when I'd go for a walk at sunset as I so often did—in the forest on the Homburger Chaussee,[5] and I would stand quietly asking myself that question, and then I would hear this sad stillness in nature and there was a barrier between us. I felt clearly that I was not penetrating through to her, so I thought, if there were no living, closer relationship to her, then you wouldn't feel this so clearly. You feel deeply in your soul how sad she is, and so she approaches, living, into you and you feel that she has a spirit that belongs to her alone and that she wants to impart. So I took heart and wanted to speak, but I didn't know if I should speak out loud to her as with people; for kissing her form and to speak like that with her—that wasn't clear to me, even though I certainly did it unconsciously in the convent; I can tell you quite wonderful things about the convent. — I thought about a Sunday morning when we were returning from church on the road from Buergel.[6] This afternoon I wanted to find a really lonely spot and to speak out loud with her just like one speaks to people; and I felt quite eerie when I slipped out of a large garden where we had been with others, and walked down the Chaussee by the forest and then followed the stream that came rushing toward me. And I came to a place where stones lie and the stream divides and has to make a detour and foams and froths—and I stood there a while. The foaming was just like sighing to me. It sounded as though it came from a child and then I spoke with it as to a child. "You! — Dearest — What's the matter?" — and when I'd said it, I felt a shudder and was embarrassed, as though I had addressed someone far above me, and suddenly I lay myself down and hid my face in the grass, and at first I was so bewildered that I didn't know why I'd come there; but after a while I came to and now, since I lay on the earth with a covered face, I became quite tender. Ah! I tell you—a thousand sweet things poured out of my soul's mouth—a desire to love her, I don't remember what it was like afterwards, I got up reluctantly. But my head was so warm and, when I raised it, the sun was shining so powerfully; and nothing seemed dreary or sad anymore—everything alive; in my soul it was as though I had received a new life, and the ripples in the stream that the stones divided seemed to rustle more fully and loudly; and I was made to see everything so deeply and I learned there to conceive [fassen] her forms, I observed her far more forcefully, and I had lain under two evergreens whose branches hung down to the ground and looked at the fine needles in their even rows, carrying the sticky buds so protectively in their middle. So I concluded there is no thought so powerful and so true as this tree, and I have never heard it said of people that the thought already contained the bud of the future in it: and that's why everything is so flat and there's no life in it, for everything that's alive must carry the entire future in it; otherwise it's nothing, and all the activity of humanity must be like that or it's a sin. And so I thought, how is it possible that every action already carries the seed of the future in it? But then I knew immediately—namely, every action must have the highest purpose, and a high purpose is after all the bud of the future. Oh, I wanted to rule the world right away, and people would marvel that I learned how to do it from nature in that first moment; and believe me, I'd never make a mistake. In the beginning it would stir up a lot of dust when I ran against old walls, but, once the

dust clouds had settled, the heavens would be that much clearer. — As I
lay on the ground, even my tears mixed with the earth, but my neck hurts
so much I can't write anymore, and I wanted to tell you so much more!
It's already morning, the sun's coming, good night!

Translated by Katherine Goodman

Notes

    * This passage is translated from Bettina von Arnim. *Werke.* Ed. Heinz Härtl.
Berlin: Aufbau, 1983. II: 242-55.
    [1] German: wie die Welt mit Brettern zugenagelt ist," literally: "how the world is
nailed together with boards," colloquially: "how there is an end to it," or "how no
headway can be made."
    [2] German: "wiegen," to sway or to rock (as one rocks a baby)
    [3] Frau Hoch: ladies' maid to Goethe's mother in Frankfurt a. M.
    [4] Lotte: Charlotte Serviere, a merchant's daughter in Frankfurt
    [5] Homburger Chaussee: no doubt the road leading to Bad Homburg
    [6] Buergel: a village near Offenbach, where Arnim's grandmother, Sophie von la
Roche, lived

Theoretische Orientierungen in feministischer Literaturwissenschaft und Sozialphilosophie

Ricarda Schmidt

Review Essay

Knapp, Mona, und Gerd Labroisse, Hrsg. *Frauen-Fragen in der deutschsprachigen Literatur seit 1945. Amsterdamer Beiträge zur neueren Germanistik* 29. Amsterdam: Rodopi, 1989.

Shafi, Monika. *Utopische Entwürfe in der Literatur von Frauen.* Bern: Lang, 1990.

Weigel, Sigrid. *Topographien der Geschlechter. Kulturgeschichtliche Studien zur Literatur.* Reinbek bei Hamburg: Rowohlt, 1990.

Landweer, Hilge. *Das Märtyrerinnenmodell. Zur diskursiven Erzeugung weiblicher Identität.* Pfaffenweiler: Centaurus, 1990.

Großmaß, Ruth, und Christiane Schmerl, Hrsg. *Feministischer Kompaß, patriarchales Gepäck. Kritik konservativer Anteile in neueren feministischen Theorien.* Frankfurt: Campus Verlag, 1989.

Die Zeiten feministischer Theorielosigkeit liegen lange zurück. Heute geht es eher darum, die theoretischen Implikationen unterschiedlicher Theorien sowie deren praktische Anwendung zu untersuchen. Wie breit gestreut die Orientierung feministischer Arbeiten heutzutage ist, soll die folgende Diskussion zeigen.

Der von Mona Knapp und Gerd Labroisse herausgegebene 29. Band der *Amsterdamer Beiträge* mit dem Titel *Frauen-Fragen in der deutschsprachigen Literatur seit 1945* enthält zwei theoretische Aufsätze, sieben thematisch orientierte Überblicke und abschließend acht einzelnen Autorinnen gewidmete Studien. Er hat das Ziel, "dem breiten Spektrum der in der heutigen Frauenforschung vorrangigen Themen, Methoden, theoretischen Überlegungen wie praktischen Textannäherungen gerecht zu werden" (o.S.).

Es ist ratsam, beim Lesen mit dem zweiten Aufsatz zu beginnen, denn der erste ist so voller Widersprüche, falscher Verallgemeinerungen,

unwahrer Behauptungen und arrogant-aggressiver Rhetorik, daß eine
Auseinandersetzung damit wenig fruchtbar ist. Belege für die Verwen-
dung von Worten und Gedanken anderer lassen überdies zu wünschen
übrig. Schade, daß gerade ein argumentativ so schwacher und die
Literatur von Frauen pauschal abwertender Aufsatz an den Anfang dieser
Sammlung gestellt wurde.

Nach diesem schlechten Anfang war es eine Wohltat, Sigrid Schmid-
Bortenschlagers sachlichen und kenntnisreichen Aufsatz "Frauenliteratur—Singular oder Plural?" zu lesen—wenn ich auch im Detail oft anderer
Meinung bin als Schmid-Bortenschlager. Sie lehnt eine sogenannte
natürliche Definition von Frauenliteratur als Literatur von und/oder für
Frauen ab, da verwandte Begriffe historisch stets diskriminierend ver-
wendet wurden und Frauenliteratur heutzutage Divergierendes bezeichne.
Eine inhaltliche Fassung des Begriffs (der Emanzipation von Frauen
dienend) laufe dagegen Gefahr, einen historischen Begriff von Emanzipation zum überhistorischen Maßstab zu machen, wie die fehlende Rezeption Bachmanns in der Frauenbewegung der 70er Jahre gezeigt habe. Ich
halte Schmid-Bortenschlagers Einwände für historisch zutreffende Beo-
bachtungen, die aber letztlich der Verwendung des Begriffs Frauenliteratur nicht im Wege stehen, weil sie der Tatsache nicht Rechnung tragen,
daß Begriffe sich historisch ändern und häufig Eindeutigkeit nicht zulas-
sen. Mit ähnlichen Einwänden könnte man gegen die Verwendung des
Begriffs Sozialismus argumentieren, sind doch mit ihm u.a. sowohl der
Idealismus zahlreicher Intellektueller als auch der Stalinismus konnotiert
sowie Theorien von Marx bis Althusser. Poststrukturalistisch gesprochen: Bedeutung wird im Diskurs produziert, sie ist nicht dem
Signifikanten inhärent.

In ihrer Analyse theoretischer Bestimmungen weiblichen/feministi-
schen Schreibens unterscheidet Schmidt-Bortenschlager historisch/gesell-
schaftliche Ansätze von psychoanalytisch/anthropologischen. Obwohl sie
zunächst den historischen Erklärungsversuchen sehr wenig Bedeutung
beimißt, da sie den historischen Formen weiblichen Schreibens nur die
sehr engen Möglichkeiten 1) totaler Anpassung, 2) totalen Entzuges (der
ins Verstummen führe) sowie 3) einer Subversion, die sich in "Inversion,
Imitation und Ironisierung" (43) erschöpfe, zugesteht, räumt sie der
historischen Forschung immerhin das Verdienst ein, durch die Fülle des
entdeckten Materials "alle Vorurteile, es gäbe keine künstlerische Produktion von Frauen, als männliche Wunschvorstellung entlarvt" (44) zu
haben. Meiner Meinung nach hat jedoch die historische Forschung vor
allem auch Probleme literarischer Gattungen neu beleuchtet. Besonders
die Forschung über das 18. Jahrhundert hat Interessantes zu Tage gebracht, ich denke an Arbeiten von Janet Todd über englische Literatur
und von Magdalene Heuser, Barbara Becker-Cantarino u.v.a. über den
deutschen Roman.

Schmid-Bortenschlager mißt den psychoanalytischen Theorien die größte Bedeutung für die Bestimmung des Begriffs Frauenliteratur zu. Ihre Darstellung der Ansätze von Cixous, Irigaray und Kristeva sowie deren Abgrenzung voneinander ist bei aller Kürze von beeindruckender Klarheit. Schmid-Bortenschlager artikuliert darüber hinaus das m.E. zentrale Problem, daß in all diesen Theorien der Begriff weiblich auf der Diskursebene und nicht biologisch bestimmt werde (für Irigaray gilt dies allerdings m.E. so nicht), daß aber dennoch hinter der Polarität weiblich-phallogozentrisch die Geschlechterpolarität stehe. Sie folgert daraus die Notwendigkeit einer Neubestimmung der Begriffe Geschlecht und Lust auf der Diskursebene, die auf textueller Ebene zu einer Differenzierung zwischen verschiedenen Arten von Frauenliteratur führen könne. Ich denke, mit der Differenzierung zwischen verschiedenen Formen weiblicher Literatur ist bereits begonnen worden und zwar eher von der historisch als von der psychoanalytisch orientierten Literaturwissenschaft—wobei nicht übersehen werden sollte, daß diese beiden Positionen inzwischen ihre Ausschließlichkeit verloren und voneinander gelernt haben.

Die nachfolgenden Aufsätze des Bandes sind überwiegend einem historischen Ansatz verpflichtet, einige wenige einem poststrukturalistischen, häufiger jedoch ist eine Verschmelzung beider. Die thematisch orientierten Überblicke behandeln Mythologie der Weiblichkeit in der Nachkriegsliteratur primär von Männern (Walter Schmitz), Literatur von Frauen aus der unmittelbaren Nachkriegszeit im Vergleich mit Gegenwartsautorinnen (Elke Frederiksen), Nationalsozialismus in Romanen der 70er Jahre (Marie-Luise Gättens), DDR-Autorinnen (Dorothy Rosenberg), Schweizer Frauenliteratur (Ann Marie Rasmussen), psychopathologische Texte (Sybille Frickmann) und einen Mädchen-Comic (Mona Knapp). Die Einzelstudien sind den folgenden Autorinnen gewidmet: Hannah Arendt (Dagmar Barnouw), Anne Duden (Margret Brügman), Marlen Haushofer (Irmgard Roebling), Elfriede Jelinek (Birgit R. Erdle), Brigitte Kronauer (Magdalene Heuser), Helga Schütz (Marieluise de Waijer-Wilke), Christa Wolf (Karen H. Jankowsky), Christine Wolter (Gerd Labroisse).

Unter den Aufsätzen, die Literatur im historischen Kontext betrachten und einem Emanzipationsdiskurs verpflichtet sind, ragen besonders die Arbeiten von Rosenberg, Rasmussen und Barnouw als kenntnisreich, informativ und kritisch heraus. Eher textimmanent arbeitet dagegen Magdalene Heuser in ihrer Analyse der Prosa Brigitte Kronauers, die durch ungemein genaue Textarbeit an einer schwierigen und bisher von der Literaturwissenschaft vernachlässigten Autorin besticht. Obwohl ich persönlich Kronauers Schreibweise in ihrer Mischung aus minutiöser Beobachtung des Alltags, des Empfindens einerseits und weltschwerer Bedeutung andererseits gar nicht mag, habe ich doch aus diesem Aufsatz sehr viel gelernt. Dezidiert um die Literarizität eines Textes geht es auch Wiajer-Wilke. Sie arbeitet in sehr genauer Lektüre die Implikationen der in Helga Schütz' Roman *In Annas Namen* angelegten Intertextualität für die Bedeutungskonstitution des Textes heraus, um zu zeigen, daß dieser Roman nicht dem Genre weiblicher Erfahrungs- und Bekenntnisliteratur zuzuschlagen ist.

Von den Aufsätzen mit stärker poststrukturalistischem Einschlag verdient neben Erdles hervorragendem Aufsatz über Jelinek Brügmanns Studie über Anne Duden hervorgehoben zu werden. Erdle arbeitet heraus, daß Jelineks verkehrende, beschmutzende Textpraxis darauf abziele, "die Mechanik des Dualismus Entstellung/Echtes zu überspringen" (340). Brügmann zeigt Duden als postmoderne Autorin, die die "Vorstellung eines autonom handelnden, kohärenten Subjekts" (257) problematisiere und eine "eigene weibliche Repräsentation" (257) für unzureichend halte. Auffällig finde ich allerdings bei den poststrukturalistisch orientierten Studien, daß sie zwar eine hervorragende Beschreibung von oft schwer zugänglicher Textpraxis liefern, dabei aber paradoxerweise im Grunde bei der Explikation der Autorinnenabsichten stehenbleiben, nicht aber die Aporien oder Widersprüche solcher Textpraxis herausarbeiten. Einer als dekonstruktive herausgearbeiteten Textpraxis entspricht also keine dekonstruktive Interpretationspraxis—trotz poststrukturalistischen Vokabulars.

Historisches mit Psychoanalytischem verbindend stellt Roebling in ihrem Aufsatz über Marlen Haushofer Gespaltenheit überzeugend als eines von Haushofers durchgängigen Themen dar. Roeblings Leseweise von Haushofer als einer primär in der Auseinandersetzung mit dem Faschismus begriffenen Autorin jedoch steht m.E. auf schwachen Füßen, beruht sie doch fast ausschließlich auf mit Namen verbundenen außertextuellen Assoziationen.

Viele Aufsätze in diesem Band der *Amsterdamer Beiträge* sind anregend und kenntnisreich, manche gehen nicht über bereits Bekanntes hinaus, andere scheinen merkwürdig hinter der feministischen Diskussion herzuhinken. Im Guten wie im Schlechten spiegelt der Band also tatsächlich die intendierte Vielfalt literaturwissenschaftlicher Frauenforschung wider.

Mir scheint, daß gerade der auf Emanzipation abzielende Diskurs über das Utopische in der Literatur oft wenig überzeugend ist, da er sich zu stark für die Antizipation konkreter positiver Modelle interessiert und deren historische Bedingtheit und Gebundenheit vernachlässigt. Das gilt auch für Monika Shafis überarbeitete Fassung ihrer Dissertation *Utopische Entwürfe in der Literatur von Frauen*. Im ersten Drittel ihrer Arbeit steckt Shafi "Das weite Feld der Utopie" ab, indem sie einen historischen Überblick über den Utopiekanon mit einer theoretischen Erörterung der

Gattungsproblematik auf anschauliche Weise verbindet. Shafis Auseinandersetzung mit der feministischen Literaturkritik (die, was den Poststrukturalismus betrifft, leider nicht sehr tiefgehend ist) führt dazu, daß sie hinsichtlich weiblicher Utopien Weigels Behauptung vom Schreiben des weiblichen Mangels als Ermöglichung von Utopie zur Grundlage ihrer Arbeit macht. Ohne dieses Konzept weiter zu hinterfragen oder zu erläutern, wendet Shafi sich dann der Analyse von vier ideologisch und ästhetisch disparaten Texten zu, um in ihnen sowohl inhaltliche als auch ästhetische Aspekte utopischen weiblichen Schreibens zu bestimmen: einem historischen Text, nämlich Bettina von Arnims Briefroman *Die Günderode* (1840) sowie drei zeitgenössischen Texten, nämlich Christa Wolfs *Kassandra*, Luise Rinsers *Mirjam* und Irmtraud Morgners *Amanda*.

Bei der Analyse der Texte orientiert sich Shafi hauptsächlich an den Intentionen der Autorinnen. Diese zeichnet sie einfühlsam—bei Rinser auch kritisch—nach. Doch vermisse ich eine detaillierte Auseinandersetzung sowohl mit diesen Intentionen in ihrem jeweiligen historischen Kontext als auch mit dem spannungsreichen Verhältnis zwischen Intention und literarischer Praxis. Außerdem hätte ich mir eine Reflexion über die Geschichte der Anwendung des Begriffs Utopie auf Bettina von Arnim gewünscht. Von Ingeborg Drewitz über Gisela Dischner bis zu Christa Wolf hat der Nexus Bettina von Arnim—Utopie ja bereits verschiedene Stadien der Projektion durchlaufen. Shafis Utopiebegriff zeigt sich—trotz der anfänglichen Erwähnung poststrukturalistischer Theoreme—einem humanistischen Diskurs verpflichtet, wie sich an theoretisch nicht weiter reflektierten Zielbegriffen wie Entfaltung zum autonomen Individuum, harmonische Einheit von Geist und Natur, authentische weibliche Erfahrungen und Ausdrucksformen ablesen läßt.

Im theoretischen Horizont liegt dagegen gerade die Stärke von Weigels *Topographien der Geschlechter*. Es ist eine Sammlung von Aufsätzen, die in diversen Büchern zwischen 1986 und 1990 erschienen. Nur ein Aufsatz mit dem Titel "Weiblichkeit und Stadt. Zur Überkreuzung zweier Diskurse" ist nirgendwo sonst veröffentlicht. Die Aufsätze sind sprachlich und formell (Reduzierung des Fußnotenapparates, stärkere Gliederung des Schriftbildes) leicht überarbeitet. Darüber hinaus hat Weigel Verweise auf andere Aufsätze im vorliegenden Band eingefügt und zwischen manche Texte kurze Überleitungen gesetzt. Die Aufsätze sind in drei Gruppen gegliedert. Unter der Überschrift "Schrift und Körper" stehen Aufsätze über Walter Benjamin, Heiner Müller sowie Hans Bellmer und Unica Zürn. Dem Titel "Wildnis und Stadt" sind vier Aufsätze zugeordnet, die die Genealogie von Diskursen über Wildnis und Frauen und über Stadt und Weiblichkeit untersuchen. Textserien aus der französischen Aufklärung, der französischen und deutschen Moderne, der Gegenwartsliteratur, der neueren

Literaturwissenschaft sowie Mythen von Städtegründungen bilden den historischen Gegenstand dieser Analysen von Strukturanalogien. Die letzte Gruppe von Aufsätzen mit dem Titel "Die geschlechterverhältnisse in der Literaturwissenschaft" umfaßt zwei Studien über die männlichen Strukturen der Disziplin Literaturwissenschaft und die Arbeit von Frauen in ihr.

Diese neun Aufsätze sind durch ihr theoretisches Bezugssystem (Benjamin, Foucault, Kristeva) sowie die immer wieder thematisierte Beziehung zwischen Weiblichkeit, Körper, dem Imaginären und der Schrift lose miteinander verknüpft. Doch ein in logischer Konsequenz entfaltetes Ganzes ist daraus nicht entstanden. Variation, Wiederholung und Addition charakterisieren eher das dieser Textsammlung zugrundeliegende Prinzip—was ja keineswegs schlechter (nach poststrukturalistischem Wertekatalog sogar besser) ist als das Prinzip des kohärenten Ganzen. Ironie liegt aber in der Tatsache, daß Querverweise und zwischen die einzelnen Aufsätze eingeschobene Überleitungen darauf abzielen, der Textsammlung den Charakter eines logisch kohärenten Gesamtwerkes zu geben, ist diese Tendenz zur teleologischen Geschlossenheit doch nicht ohne Pikanterie bei einer Literaturwissenschaftlerin, die dem Poststrukturalismus in ihrer Analyse der Texte anderer verpflichtet ist.

Für feministische Wissenschaft konstatiert Weigel die Unmöglichkeit einer Bestimmung von Weiblichkeit vor oder außerhalb der männlichen Geschichte (vgl. 262) und folgert daraus die Notwendigkeit, den Blick weniger auf utopische Konzepte als vielmehr auf das Gewesene zu richten, um die dialektische Einbindung von Frauen in die herrschende Kultur zu entschlüsseln. Weigel zeigt, wie bestimmte Formen von Weiblichkeit im Diskurs produziert werden. Obwohl es ihr um Weiblichkeit als Metapher und Signifikant geht, nicht um eine wie auch immer bestimmte reale, essentielle oder utopische Weiblichkeit, erschöpft sich Weigels Arbeit nicht in der Behauptung einer rein metaphorischen Weiblichkeit, die dann in den Analysen von so vielen anderen poststrukturalistischen Theoretikerinnen am besten in der Schrift von Männern zu finden ist. Vielmehr ist es Weigels Anliegen zu zeigen, wie die im männlichen Diskurs konstituierte Weiblichkeit auf einer Spaltung von Weiblichkeitsimagines und einer Enthistorisierung, Entindividualisierung und Abtötung des weiblichen Körpers beruht.

Am anschaulichsten wird dieses Anliegen m.E. in dem 1987 zuerst veröffentlichten Aufsatz "Zum Verhältnis von 'Wilden' und 'Frauen' im Diskurs der Aufklärung." Darin zeigt Weigel Analogien in der Perspektive der französischen Aufklärer auf (südamerikanische) Wilde und auf Frauen, werden beide doch im Vergleich zum zivilisierten Mann als Naturwesen gesehen. Im Rekurs auf die Natur liege dann aber für Wilde und Frauen jeweils ein verschiedener Naturbegriff vor:

Die Wilden in der Ferne bilden den Ort des Fremden, zu dem
sich der europäische Mensch in eine historische Beziehung
setzt, er besetzt dabei die Position des Fortschritts. Die Frau
in der Nähe bildet den Ort des Anderen, zu dem sich der
Mensch gleich Mann in eine moralisch-geistige Beziehung
setzt, wobei er die Position des höhergestellten vernünftigen
Subjekts einnimmt. . . . Die von ihm überwundene Natur und
Wildheit ist dabei in der Frau nur gezügelt; sie droht jederzeit
auszubrechen. Dieser Furcht gilt die Hauptenergie im Diskurs
über den weiblichen Geschlechtscharakter. Vor den bedroh-
lichen Ausdruck der Natur im Weibe hat der Mann die
"Schamhaftigkeit" gestellt bzw. ihr als *weibliche Natur* zuge-
schrieben (128).

Der Entwurf weiblicher Natürlichkeit führe zur Vorstellung einer
künstlichen, von Widersprüchlichkeit befreiten Natur. Die Frau fungiere
als Projektionsort in der Dialektik der Aufklärung. Sie werde immer in
Relation zum Mann betrachtet und definiert. Daraus ergibt sich, daß die
Vorstellung von der Frau ein Effekt des Diskurses ist: "Sie konstituiert
sich als Funktion in der Reflexion des Mannes über *sich*" (137). In einer
Phase, in der die Entdeckung fremder Länder zu Ende ging und damit
Raumutopien unmöglich wurden, sei Weiblichkeit zum Substitut für die
Wilden im Prozeß der Auseinandersetzung zwischen Natur und Zivilisa-
tion aus der Perspektive des männlichen Subjekts geworden, das sich
selbst durch die Abspaltung und Beherrschung des Anderen konstituiert.

An diesem Aufsatz lassen sich auch die Stärken und Schwächen in
Weigels Arbeitsweise demonstrieren: Das Quellenmaterial, das sie für
ihre Analysen benutzt, ist größtenteils bereits in der neueren Sekundärliteratur behandelt worden. Die theoretischen Prämissen (Weiblichkeit als
Effekt, die Gleichsetzung von Frau und Natur durch das männliche
Subjekt) sind auch bereits entwickelt. Durch eine Verknüpfung verschiedener Theorien und verschiedener Quellentexte gelingt es Weigel
jedoch, Quellenmaterial und Theorien in neue Kontexte zu stellen,
auszuweiten und zu vertiefen und ihnen so interessante Aspekte abzuge-
winnen. Der Analyse männlicher Diskurse ist der Großteil der Texte
dieses Bandes gewidmet. Eher am Rande steht die Analyse der Auswirkungen dieser Diskurse auf die literarische Produktion von Frauen. Ich
würde mir wünschen, daß die interessanten Aufsätze dieses Bandes
Anregungen für Arbeiten geben würden, die diese Beziehung stärker in
den Mittelpunkt stellen.

Nicht auf literaturwissenschaftlichem, sondern auf sozialphilo-
sophischem Gebiet hat sich Hilge Landweer gerade dies zur Aufgabe
gemacht. Der Ausgangspunkt der überarbeiteten Fassung ihrer Dissertation ist die Beobachtung, daß trotz des vom Poststrukturalismus verkün-
deten "Todes des Subjektes" die Frage nach einer weiblichen Identität in

der Frauenbewegung eine große Rolle spielt. In *Das Märtyrerinnenmodell* versteht Landweer die feministische Insistenz auf "weiblicher Identität" jedoch nicht als einen um 200 Jahre verspäteten Versuch, das autonome bürgerliche Subjekt nun auch für Frauen zu reklamieren, sondern als ein Bemühen um "Selbstaffirmation als soziales Geschlecht" (5).

Dem poststrukturalistischen Ansatz folgend, daß es eine "wirkliche" Identität nicht gibt, behandelt Landweer das Problem weiblicher Identität diskursanalytisch. Diskurse faßt sie als realitätsstiftend auf, und in ihrer Analyse geht es ihr gerade um jene Realitäten, die diskurspolitisch nicht intendiert waren, sich aber als Ergebnis nicht genügend reflektierter Diskursmodelle durchsetzen. Im ersten Teil ihres Buches untersucht Landweer zeitgenössische Diskurse der Neuen Frauenbewegung, die verschiedene—z.t. antagonistische—Identitätsmodelle für Frauen entwickelt haben. Als gemeinsames Moment dieser Diskurse arbeitet Landweer eine nach dem Diskurs über Mütterlichkeit modellierte Opfer- und Leidensstruktur heraus—auch bei lesbischen oder kinderlosen Identitätsmodellen—, die als Legitimationsstrategie fungiert. Diese Rechtfertigung durch den "'Härtegrad' der erlittenen Unterdrückung" (7) nennt Landweer "Märtyrinnenmodell." Dieses sich in allen unterschiedlichen Diskursen immer wieder durchsetzende Modell sieht Landweer als das Ergebnis der historischen Formierung von Mütterlichkeit.

Im zweiten Teil ihres Buches analysiert Landweer diese historische Formierung. Dabei stützt sie sich zunächst stark auf Sekundärliteratur, vor allem auf Yvonne Schützes Habilitationsschrift *Die gute Mutter. Rationalisierungsprozeß und "Mutterliebe"* (1986). Erst in einem Exkurs geht sie quellenmäßig eigene Wege: Sie untersucht in ca. 50 Konversationslexika von 1734 bis zur Gegenwart Eintragungen unter den Stichworten "Mutter," "Mütterlichkeit," "Mutterliebe" sowie verwandten Komposita, um Wandlungen in den Diskursen über Mutterliebe herauszuarbeiten. Anschließend an diese historische Analyse wendet sich Landweer der Gegenwart zu und betrachtet Barbara Sichtermanns Bücher über Mütter und Kinder daraufhin, "ob eine Entkoppelung von 'Schuld' und 'Mutterliebe' in Sicht ist oder nicht" (127). Landweer macht auch hier statt Zukunftssymptomatik die Anwesenheit des Märtyrerinnenmodells aus.

"Eingerahmt" wird Landweers Arbeit durch Auseinandersetzungen mit männlichen Theoretikern, die zwar explizit die Geschlechterdifferenz nicht behandelt haben, deren Theorien Landweer jedoch für feministische Zwecke ausweitet. Eingangs hatte Landweer sich auf Goffmans Interaktionismus bezogen, um gegenwärtige feministische Identitätsmodelle zu beschreiben. Im letzten Teil ihrer Arbeit wendet sie sich Foucaults Genealogie von Individualität/Sexualität zu, um mit Hilfe Foucaultscher Begrifflichkeit die sogenannte "Einkörperung" von Mütterlichkeit als historisches Produkt disziplinierender Diskurse zu fassen sowie Unterschiede in der Formierung männlicher und weiblicher Individuen durch geschlechtsspezifische Disziplinierungsmächte herauszuarbeiten. Landweers Arbeit zeichnet sich durch Klarheit und Prägnanz aus, besonders bei der Analyse zeitgenössischer feministischer Identitätsmodelle. Was deren historische Formierung anbetrifft, bringt Landweer jedoch wenig neue Quellen und Einsichten hervor. She verläßt sich weitgehend auf bereits veröffentlichte Forschung sowie eine Ausweitung Foucaultscher Terminologie. Deren Relevanz auch für feministische Fragestellungen macht Landweer überzeugend und anregend deutlich. Bedauerlich fand ich jedoch, daß ein so grundlegender feministischer Ansatz wie der von Nancy Chodorow mit einem Verweis auf eine Auseinandersetzung in einem früheren Aufsatz der Autorin sowie in dem weiter unten besprochenen Text von Ruth Großmaß als gänzlich ungenügend abgetan wurde. Es wäre schön, wenn Frauen sich auch theoretisch so konstruktiv und kritisch aufeinander beziehen könnten, wie sie das mit den theoretischen "Vätern" tun.

Ein solch konstruktiv-kritischer Umgang ist auch in den sechs Aufsätzen des Bandes *Feministischer Kompaß, patriarchales Gepäck* oft nicht geglückt. Die Herausgeberinnen Großmaß und Schmerl wollen die konservativen Anteile der Theorien bekannter Feministinnen untersuchen, weil sie "[d]ie Abkehr einiger renommierter Theoretikerinnen von ihren eigenen Zielen der Aufbruchszeit" als "schlichte Umkehr zurück zum Ursprungsort" ausmachen, die besonders gefährlich ist, "weil sie synchron und richtungsgleich mit von außen kommenden Bestrebungen ist, den Aufbruch der Frauen . . . zurückzudrängen" (10). Hier wird also bereits deutlich, daß die Begriffe patriarchal und feministisch als moralische Wertbegriffe innerhalb einer binären Opposition eingesetzt werden.
Der Band beginnt mit einem Aufsatz von Christiane Schmerl über "Die Kinder der Männer—patriarchale Familien als Denk- und Lebensform." Nach Auffassung der Herausgeberinnen liefert er "die Voraussetzung und die Grundlage, auf der die kritische Auseinandersetzung mit feministischen Theorien überhaupt geschehen kann, ohne Beifall von der falschen Seite zu riskieren" (11). Der Aufsatz ist eine für Laiinnen gut lesbare soziologische Einführung in das Thema Feminismus. Um aber die intendierte Grundlage für die Auseinandersetzung mit feministischen Theorien zu bilden, ist er viel zu allgemein. Neben mangelnder historischer Spezifizierung macht ihn vor allem das Fehlen psychoanalytischer und philosophischer Aspekte ungeeignet, um einen Maßstab für die Kritik der Arbeiten Mary Dalys, Luce Irigarays und Nancy Chodorows abzugeben, die in diesem Band unter die Lupe genommen werden.
Der differenzierteste Aufsatz in diesem Band ist Ruth Großmaß' detaillierte Nachzeichnung von Mary Dalys theoretischer Entwicklung mit

einer überzeugenden Analyse von Leistungsfähigkeit und Grenzen der von Daly verwendeten metaphorischen Argumentationsstrukturen. Weniger gelungen sind die Aufsätze über die m.E. wesentlich wichtigeren Arbeiten von Nancy Chodorow und Luce Irigaray. Alexandra Buschs Analyse von Irigarays *Ethik der sexuellen Differenz* liest sich wie die Abgrenzung einer "Tochter" von ihrer feministischen "Über-Mutter." Da ist wiederholt die Rede von "Vorwürfen," die man Irigaray machen kann oder auch nicht. Buschs Vorwürfe reichen von Weltfremdheit über Homosexualitätsfeindlichkeit und repressiven Fruchtbarkeitskult bis zu exzessiver Metaphorik, die dazu diene, Bedeutungen zu verschleiern und "an sich simple Sachverhalte künstlich zu verdunkeln" (140). Nach Busch gelingt es Irigaray nur an wenigen Stellen, sich vom herrschenden Diskurs zu entfernen.

Busch neigt dazu, Irigarays deskriptives Verfahren als ein präskriptives zu lesen. Die philosophiegeschichtliche Dimension von Irigarays Arbeit entgeht ihr. So wendet sie Irigarays Theoreme konkret auf sexuelle Praktiken und psychoanalytische Implikationen homosexueller Beziehungen an, um zu argumentieren, daß Irigaray statistisch signifikante und politisch wichtige Beziehungsformen, die zur Veränderung der Gesellschaft beitragen können, in ihrer Analyse der Geschlechterdifferenz vernachlässigt habe. Busch kommt dabei zu durchaus originellen Einsichten, aber Irigarays Überlegungen werden durch Buschs konkretistische Interpretation um ihre philosophische Dimension gebracht. Nun finde ich zwar auch Irigarays Konzept einer weiblichen Gottheit, die feministischer Identitätsentwicklung ein Selbst-Ideal und eine Richtung zur Transzendenz geben soll, alles andere als zukunftsweisend. Um aber ein tieferes Verständnis für Irigaray zu gewinnen, sollte Buschs Leseweise unbedingt ergänzt werden durch die ausgezeichnete Darstellung der philosophischen Tradition, in der Irigaray arbeitet, von Elizabeth Grosz in ihrem Buch *Sexual Subversions: Three French Feminists* (Sydney: Allen and Unwin, 1989, 140-83), sowie durch die Kritik an Irigarays Idealismus sowohl Hegelscher als auch Feuerbachscher Provinienz von Astrid Deuber-Mankowsky mit dem Titel "Von neuen Welten und weiblichen Göttern. Zu Luce Irigarays 'Ethique de la différence sexuelle'" in *Weiblichkeit in der Moderne. Ansätze feministischer Vernunftkritik*, hrsg. von Judith Conrad und Ursula Konnertz (Tübingen: edition discord, 1986, 62-74).

Großmaß' Kritik an Chodorows *The Reproduction of Mothering* richtet sich auf drei Hauptpunkte: 1) Chodorows Modell sei auf die bürgerliche Familie begrenzt, weil sie sich auf die heterosexuelle Kleinfamilie beziehe und homosexuelle Familienmodelle nicht berücksichtige; 2) Ihre Argumentation sei zirkulär, denn sie lade psychogenetische Prozesse soziokulturell auf und führe dann soziokulturelle Phänomene kausal auf diese zurück; 3) Chodorow argumentiere reduktiv, sie vernachlässige nicht-geschlechtsspezifische und außerfamiläre Aspekte. Die

Vernachlässigung anderer gesellschaftlicher Parameter bei Chodorows Modell von Subjektkonstitution ist im angloamerikanischen Raum ja schon seit Anfang der 80er Jahre diskutiert worden. Leider hat Großmaß diese Diskussion nicht rezipiert. Chodorow selbst benannte bereits 1981 eine ganze Reihe solcher Parameter, die sie, wenn sie ihr Buch neu schreiben würde, mit einbeziehen würde. Elisabeth Abel urteilt m.e. ganz zu Recht: "there is no intrinsic incompatibility between the governing principles of object relations theory and socially inflected qualifications of that theory" ("Race, Class, and Psychoanalysis: Opening Questions" in *Conflicts in Feminism,* hrsg. von Marianne Hirsch und Evelyn Fox Keller [New York: Routledge, 1990], 186).

Der fünfte Aufsatz im *Patriarchalen Gepäck* ist eine erstmals in deutscher Übersetzung erscheinende Kritik Judith Staceys an den drei angloamerikanischen Publizistinnen Betty Friedan, Jean Bethke Elshtain und Germaine Greer. Etliche Anglizismen in der Übersetzung lassen es jedoch ratsam erscheinen, den Text im Original zu lesen. Übrigens hätte ich mir die gesamte Editionsarbeit bei diesem Band sorgfältiger gewünscht. Die bibliographische Angaben folgen keinem einheitlichen Prinzip, die Orthographie läßt zu wünschen übrig. Besonders störend empfand ich die durchgehende Verwendung des englischen Genitivs bei Namen.

In der abschließenden Diskussion der Herausgeberinnen über feministische Erkenntnisgewinnung wird die Schaffung einer Streitkultur gefordert, in der "*Argumente* ausgetauscht und gehört werden und diese nicht nur Waffen sind, um *Personen* zu verletzen" (267). Gelegentlich gelingt dies den Autorinnen, häufiger jedoch sind die Texte Beweis dafür, wie schwierig es ist, lobenswerte Absichten zu verwirklichen.

Neben der Weiterentwicklung einer Streitkultur bleibt m.E. für zukünftige Arbeit in feministischer Theorie und Literaturwissenschaft das Desideratum, die theoretische Auseinandersetzung zu vertiefen und dabei besonders die Gegensätze verschiedener theoretischer Ansätze noch mehr als bisher aus ihrer scheinbaren binären Opposition zu befreien. Germanistinnen könnten sich dabei, so scheint mir, von der bereits geleisteten Arbeit sowie der gegenwärtigen theoretischen Auseinandersetzung der angloamerikanischen Feministinnen (aus den Bereichen Psychologie, Soziologie, Film, Literaturtheorie sowie Amerikanistik, Anglistik und Romanistik) anregen lassen—ist doch das alte Klischee von angloamerikanischer Empirie einerseits und französischer Theorie andererseits durch diese Arbeiten längst ad absurdum geführt worden.

Some Proposals for Feminist Literary Criticism

Sara Lennox

The investigation of gender relations remains a central concern of feminist scholarship, though feminists have often vigorously debated how best to define them. Almost all American feminist scholars now agree that gender relations are social constructions. They define gender as a social category that must be distinguished from sex, the biological substratum on which gender rests and which allows various societies to define masculinity and femininity as opposite, if dialectically related, terms. In the 1970s and early eighties, particularly under the influence of poststructuralism, much academic feminism in the United States concentrated on defining the nature of women's difference from men. But in the course of the 1980s, as a consequence of developments within academic feminism as well as external political pressures, feminist scholarship in the United States moved from an emphasis on women's difference from men to an exploration of differences among women. Now, in the nineties, feminist scholars confront the problem of how to refine the concept of women's difference—both from men and from other women—and to move beyond it. Here I want first to outline four major areas of debate within feminist scholarship in the United States that are also of particular relevance to feminist literary criticism. Then I would like to suggest a number of areas in which feminist literary criticism might respond concretely to questions raised by feminist theory.[1]

1. Throughout the 1980s feminist scholars increasingly came to recognize that, if femininity was a social construction, it was no longer possible to speak simply of "women" without specifying *which* women one meant, since definitions of femininity were dynamic and constantly changing, varying historically, culturally, racially, ethnically, by class and religion and for many other reasons. Feminist scholars thus began to investigate the multiple and shifting relationships of any culture's categories of femininity to their categories of masculinity, other symbolic categories, and other modes of cultural, political and economic organization and experience. Some feminists argued that femininity was internally as well as externally unstable:[2] because gendered subjects within any particular culture inhabit a variety of subject positions simultaneously, the discourses (on gender and on other issues) that call them into being are

often not compatible with each other, and because of the enormous variety of forces to which any particular individual is subject, any individual woman is always traversed by multiple contradictions. Many American feminists were thus forced to concede that cross-culturally women may have little in common at all except biology—the meanings of which are always culturally mediated. It was thus not a priori clear what, if anything at all, makes similar or binds together the kind of people we call "women," and that, of course, raised significant problems for feminism, which has understood itself as a movement for the liberation of all women. These insights might have been impossible without poststructuralism, but the attempt to understand gender historically has also revealed poststructuralism's limitations, since it can view femininity as a site within discourse but has much more difficulty showing how the discourses of femininity change historically or how to theorize the relationship of discourse to non-discursive forces.

2. Related to American feminists' uncertainty about the category of gender has been their growing skepticism about categories and grand theory in general (also in part a consequence of the influence of poststructuralism), an issue around which major feminist debates have raged. On the one hand, feminists have feared that their search for models, paradigms, or metanarratives that could describe all women's experience (like, for instance, patriarchy or the universality of motherhood) represented the kind of imperialist arrogance white men have displayed as they imposed fictive categories derived from their own experience on the heterogeneity of human existence. On the other hand, many feminists have argued strongly that if feminists wish to talk about women's oppression at all, to describe who structurally holds power over whom and why, they cannot do without "large historical narrative and historically situated social theory."[3]   To avoid the dangers of essentialism and relativism, some feminist scholars have argued for a conception of feminist "positionality," an explicitly partisan standpoint determined by particular historical and political forces that feminist scholars should identify as the location from which their feminist research is undertaken (e.g., Adelson and Harraway). From that position any feminist scholar could speak in the name of historically and culturally specific groups of women and would thus be able to make assertions that apply to women beyond herself but are not necessarily intended as claims for a truth applicable to all women.

3. Especially as a consequence of the work of women of color, white feminist scholars have been forced to recognize that being women does not automatically make them only victims or absolve them of responsibility for or complicity in other forms of oppression. Some more recent feminist critiques have been able to show how earlier feminist analyses, though advanced in the name of all women, were in fact complex justifications for their authors' own interests and

situation—white, middle-class, First World (e.g., Lorde, Joseph, hooks, Spelman). In the 1980s white American feminists came increasingly to understand that they, like all women, are complexly situated vis-à-vis power in their society, disadvantaged in some areas while potentially holding power or allied with those who do in other arenas. More complex ideas of female subjecthood and women's relationship to power have occasioned heated debates about the degree of historical agency women possess and the degree of their responsibility for the actions of a culture from which they benefit but which is dominated by men, to what degree women's range of options is limited by the discursive possibilities available to them, and to what degree they are able to resist dominant discourses and take positions discourse does not authorize.

4. Finally, some feminists have recently proposed that even difference itself may not always be so important, that at least some women, in the West, in the modern period, probably experience even their culturally specific genderedness differently at different times in their lives; thus there may be some occasions on which being women is not very important to them at all, so that they sometimes think of themselves as people, beings like men, at other times as women, much different from men (Riley). Feminism itself, recent theorists have argued, cannot resolve the contradiction between difference and sameness but necessarily exists in the uneasy tension between them, making claims for the same human rights as men while simultaneously drawing that Enlightenment model into question, emphasizing sameness or difference as the situation demands, to meet particular strategic, analytic, or practical goals (Snitow).

If these are indeed debates central to feminist scholarship, how might feminist literary critics address such questions within their own work? Feminist literary scholarship in the United States is now passing through a period of transition, as feminist critics attempt to rethink their own methodologies in response to theoretical and practical challenges from within and outside of feminist theory. Some exciting new studies in Anglo-American feminist literary scholarship have already appeared, particularly in the areas of English Renaissance and Victorian studies, often written by scholars who term themselves materialist feminists or feminist new historicists, influenced, as I myself have been, by recent non-feminist work in British cultural materialism and American new historicism.[4] Those new methods, a synthesis of neomarxist and poststructuralist approaches, draw on British cultural studies, the anthropology of Clifford Geertz and experimental ethnography, and the writings of Michel Foucault to rethink the relationship of literature and history, insisting, as one new historicist has put it, on "the textuality of history and the historicity of texts" (Montrose 20). In the new methods, both within and outside of feminism, many methodological problems remain unresolved that can probably be addressed only through concrete work with specific literary and/or non-literary texts. Here I would like to suggest a variety of areas on which we feminist literary critics might concentrate in order to produce our own contribution to current feminist debates.

1. Feminist literary critics could think in more historically and culturally specific ways about gender as a category of literary analysis and work more closely with feminist historians, anthropologists, and sociologists. We could be more wary of generalizations about women or about femininity, which until now have often been too universalist, too presentist, or too ethnocentric.

2. In both literary and non-literary texts we could show how gender is constructed as a discursive category modulated by other social categories (a task our training in techniques of literary analysis should ideally equip us to carry out) and how gender relations are represented in different ways at different times. We could remain attentive to the difference between representation and reality, while remembering that "real women" too are socially constructed beings, products of the discourses and representations of their culture.

3. We could analyze the relationship of the literary representation of gender to the tradition of its literary representation, to the representation of gender in extraliterary texts, and to other discourses and nondiscursive forces of the author's society, and we could explore the role gender plays in the self-definitions of particular societies.

4. We could show how individual authors employ, vary, and/or transform existing discourses on gender and other preexisting discourses to talk about gender and how discourses on gender can also be used, not just to define women and men, but to address issues that have little to do with actual women (like, for instance, the feminization of nature or of the New World in the discourses of discovery).

5. We could show that representations of gender are not unitary, but rather sites where different, potentially conflicting discourses on gender intersect, so that all textual representations (of femininity, gender relations, and other matters) display inconsistencies and contradictions that derive from the text's social origins.

6. We could show how literary texts themselves contribute to, influence, sustain, modulate, subvert, challenge, and/or transform, sometimes in major ways, any society's discourses on gender, sometimes promoting the compliance of readers and sometimes encouraging their resistance (and how the same text can play different roles at different times or in differing readings).

7. We could show what role gender plays in a work's reception and could demonstrate that the history of a text's reception is, among other

things, the history of the struggle to define what gender means in the text and who gets to make that determination.

8. We could examine the utility of categories of structural social analysis for our own work, realizing, on the one hand, that we run the risk of imposing categories from our own lives on the experiences of others while we recognize, on the other hand, that the use of "local knowledge" alone will limit feminist conclusions to what the natives of a culture know about themselves. (Using only local knowledge will mean, for instance, that we will not be able to speak about female [or ethnic or class] subordination in a culture whose members do not perceive themselves to be oppressed or about long-range tendencies that historians can perceive only in retrospect.)

9. Drawing upon our concrete textual analyses, we could problematize and reformulate our understanding of the distinctions between text and context, between literary and nonliterary texts. We could rethink the relationship between subjectivity, textual production, and social structure without retreating to older Marxist conceptions of mediation and determination that seem very problematic after poststructuralism. In response to poststructuralist critiques of history as metanarrative, we could understand history as textually mediated (that is, shaped by the discourses of the society that produced it) without abandoning the conceptual distinction between history as historiography—the written (or oral or filmic) account of the human past—and history as that which actually happened (though in many cases texts provide our only record of it).

10. We could identify our own positionality in our literary analyses, situating ourselves with respect to our background, social and political location, and interests, and specify for whom we speak and to whom we consider ourselves accountable. We could also explain how and why those factors lead us to ask precisely these questions of literary texts and what purposes our questions serve.

11. While recognizing that our own position inevitably shapes our interpretations, we could also attempt to avoid a conception of interpretation as an "unavoidably imperialist gesture,"[5] produced only to satisfy our own needs (pleasure of the text, will to knowledge, tourism of the soul).[6] We could enter into dialogue with the text instead, investigating its otherness, so that our readings become a respectful encounter between the text of a particularly situated woman author and her differently situated woman reader, thus affirming, rather than erasing, differences among women.

12. Finally, we could firmly insist that gender must be taken into account in every literary analysis—not just in analyses by feminists—while we simultaneously acknowledge that in texts by both men and women gender will never be the single category of textual analysis

and very often may not even be its most central or important analytical category—not even for feminists.

Like other social movements that arose in the 60s, feminism in the United States now is losing rather than gaining ground, as the achievements of the past twenty years, perhaps even those of the New Deal, are eroded.   At least in the United States, as a resurgent right increasingly gathers strength and forces oppositional groupings onto the defensive, it seems urgent to me that feminist literary scholars work in concert with other feminist academics and attempt to address problems that are of practical and political, as well as theoretical, concern to feminism. In my view, the task of all feminist scholarship now is to assist in the struggle, perhaps not even to advance women's ends, but merely to hold onto what we have got.   Our feminist efforts to understand differences among women grow out of that necessity: the survival of feminism and the preservation of women's rights in the United States may rest on our ability to understand the needs of other women—other people—who might ally themselves with us and help us to defend our and their concerns. Feminist literary scholarship, like all other feminist scholarship, can—must, I would argue, in our own political interest—be an intervention into that struggle.

Notes

[1] I hope that these proposals for feminist literary criticism, originally written as a position paper for a forum on "Ansichten einer feministischen Literaturwissenschaft" at the Deutscher Germanistentag in Augsburg in October 1991, represent a step in my thinking beyond an earlier essay of mine, "Feminist Scholarship and *Germanistik.*" In that essay I argued strongly that feminist literary scholars needed to integrate the conclusions of feminist historians and feminist anthropologists more fully into their own work and proposed, as I also do here, that a feminist appropriation of cultural materialism and new historicism might help them to do so. Since the *German Quarterly* essay I have been able to pursue the relationship of feminism and new historicism in more depth (see my essay "Feminism and New Historicism," forthcoming in *Monatshefte*), and I now realize that a great many difficult methodological issues (raised by feminist theorists, by historians, by a variety of literary and cultural theorists and critics, and by our present historical situation) need to be resolved before feminist literary critics put the newest methods of literary scholarship to feminist use.   This present paper is an attempt to outline some of those methodological difficulties and to begin to suggest where feminist criticism might go from here.

[2] One of the most influential of those feminist scholars has been Joan Wallach Scott.

[3] Nancy Fraser and Linda Nicholson, "Social Criticism without Philosophy," 34. See also the other essays in *Feminism / Postmodernism* and the review by Teresa L. Ebert, "Postmodernism's infinite variety," as well as Ebert's reply to critics of her review also in *The Women's Review of Books*

⁴ Judith Newton has described the relationship between feminism and new historicism most extensively.
⁵ This is how Elizabeth A. Meese, drawing upon Deleuze and Guattari, describes interpretation, 33.
⁶ Wendy Rose, cited in Harraway, 110.

Works Cited

Adelson, Leslie A. "Racism and Feminist Aesthetics: The Provocation of Anne Duden's *Opening of the Mouth.*" *Signs* 13, 2 (Winter 1988): 234-52.

Ebert, Teresa L. "Postmodernism's infinite variety." *The Women's Review of Books* 8, 1 (January 1991): 24-25.

_____. "Reply to Critics." *The Women's Review of Books* 8, 6 (March 1991): 5.

Fraser, Nancy and Linda Nicholson. "Social Criticism without Philosophy." *Feminism / Postmodernism.* Ed. Linda Nicholson. New York: Routledge, 1990. 19-38.

Harraway, Donna. "Reading Buchi Emecheta: Contests for Women's Experience in Women's Studies." *Inscriptions* 3/4 (1988): 107-24.

hooks, bell. *Feminist Theory from Margin to Center.* Boston: South End, 1984.

Joseph, Gloria. "The Incompatible Menage à Trois: Marxism, Feminism and Racism." *Women and Revolution.* Ed. Lydia Sargent. Boston: South End, 1984.

Lennox, Sara. "Feminism and New Historicism." *Monatshefte* (forthcoming).

_____. "Feminist Scholarship and *Germanistik.*" *German Quarterly* 62, 2 (Spring 1989): 158-69.

Lorde, Audre. "An Open Letter to Mary Daly." *This Bridge Called My Back.* Eds. Cherrie Moraga and Gloria Anzaldua. Watertown, MA: Persephone, 1981.

Meese, Elizabeth A. *(Ex)Tensions: Re-Figuring Feminist Criticism.* Urbana: U of Illinois P, 1990.

Montrose, Louis A. "Professing the Renaissance: The Poetics and Politics of Culture." *The New Historicism.* Ed. H. Aram Veeser. New York: Routledge, 1989. 15-36.

Newton, Judith. "*Family Fortunes*: 'New History' and 'New Historicism'." *Radical History Review* 43 (Winter 1989): 5-22.

_____. "Historicisms New and Old: 'Charles Dickens' Meets Marxism, Feminism, and West Coast Foucault." *Feminist Studies* 16, 1 (Fall 1990): 449-70.

_____. "History as Usual? Feminism and the New Historicism." *The New Historicism.* 152-67.

Riley, Denise. *"Am I That Name?" Feminism and the Category of 'Woman' in History.* Minneapolis: U of Minnesota P, 1988.

Scott, Joan Wallach. *Gender and the Politics of History.* New York: Columbia UP, 1988.

Snitow, Ann. "A Gender Diary." *Conflicts in Feminism.* Ed. Marianne Hirsch and Evelyn Fox Keller. New York: Routledge, 1990.

Spelman, Elizabeth V. *Inessential Woman: Problems of Exclusion in Feminist Thought.* Boston: Beacon, 1988.

Ein Pferd ohne Beine

Helga Königsdorf

In a 1982 publication, Helga Königsdorf wrote: "Schreiben wollte ich bereits als Kind, aber erst dreißig Jahre später war aus dem 'Will' ein 'Muß' geworden." Here she reflects on how the "Muß" has been affected by German unification.

Der Mensch macht sich ein Bild. Von sich selbst. Von anderen. Und er muß mit dem Bild, das sich andere von ihm machen, leben. Manchmal weiß er vor lauter Bildern nicht mehr, wer er ist. Er weiß nur, er ist nicht der, der er zu sein glaubte. Aber der, zu dem man ihn abstempeln will, ist er auch nicht.

Ich weiß nun, was ich nicht war, nicht bin und was ich nicht werden soll und eigentlich auch nie werden wollte, aber aus ganz prosaischen Gründen werden muß: Ein deutscher Dichter.

(Wenn ich das Wort "Dichter" verwende, werde ich von Literaturwissenschaftlern immer gefragt, wie ich das meine, weil es so etwas Ironisches hätte. Also: Ich meine es so.)

Die Deutschen gehen mit ihren Dichtern nicht gut um. Diese arbeiten schwer für ein Hungerentgelt. Sie werden hochgelobt, fallengelassen, zensiert oder einfach nicht gedruckt. Wie es gerade in den Kram paßt. Manchmal kommen ihre Bücher auch erst nachträglich ins Feuer, ins heiße und ins kalte, oder die Dichter werden leibhaftig einvernommen, ausgeschlossen, ausgebürgert, wenn sie nicht von selbst gehen. Es ist sehr schwer, ein deutscher Dichter zu sein und nicht verrückt zu werden. Das alles hat in diesem Land eine Tradition. Wenn die Deutschen Goethe nicht zum Vorweisen hätten, sähe es für sie böse aus.

Ein verstorbener deutscher Dichter zu sein, dagegen ist nichts einzuwenden. Ihren toten Dichtern flechten die Deutschen die schönsten Kränze, und sie zeigen sie der Welt vor: Seht her, solche Dichter haben wir. Manchmal tröste ich mich mit meiner geringen Lebenserwartung, und freue mich auf solchen Nachruhm. Aber einem DDR-Dichter bleibt nicht einmal das. Es wird um ihn nicht das geringste Geheimnis sein. Jede kleine Entäußerung, jeder Liebesseufzer: denunziert und dokumentiert, und wahrscheinlich auch noch kommentiert, von Staatsdienern, die vom komplizierten Innenleben eines Dichters nicht die geringste Ahnung haben. Oder, was noch schlimmer wäre, von Leuten, die verhinderte Dichter sind. Denn das ganze Elend der deutschen Dichter rührt meiner Meinung nach daher, daß es in diesem Land zu viele verhinderte Dichter gibt. Leute also, die zu weise sind, sich auf solch ein Los einzulassen, die es aber auch nur schwer ertragen, daß andere es dennoch tun, und die sich ein Leben lang ihre eigene Abstinenz durch das Schicksal anderer bestätigen müssen. Manche treiben dies soweit, daß sie selbst Schicksal spielen. Also, diejenigen, die uns prophezeiten, daß von uns nichts bleibt, wußten genau, was sie sagten. Sie haben auch in manchem, was sie über uns sagen, Recht. Ob sie aber Recht behalten, ist nun schon wieder unsere Sache.

Es ist wahr, als DDR-Schriftsteller wurde man von allen Seiten gebraucht, und da kann ja logischerweise etwas nicht in Ordnung gewesen sein. Da kann nur Mißbrauch im Spiel gewesen sein. Ich gebe zu, ich habe die Rolle genossen und hätte sie gerne wieder, aber nur, könnte man dabei auf den DDR-Unsinn verzichten und auf manchen heutigen gleich mit. Aber alles Gute ist im Leben leider nie beisammen.

Mißbraucht wurden wir von den Lesern, die uns als Vorhut in die Schlacht schickten, die unsere Geschichten nicht als Geschichten, sondern als Offenbarungen lasen. Die vorgaben, es wären Offenbarungen, um sich selbst nicht offenbaren zu müssen.

Sich gebraucht zu meinen, zu glauben, man habe tatsächlich etwas zu offenbaren, war ein großartiges Gefühl, in dem man von allen Seiten bestärkt wurde.

Warum sonst saßen die Mächtigen des Landes auf unseren Kongressen? Warum überwachte man uns rund um die Uhr? Warum tat man unseren Werken die Ehre einer ganzen Zensurbehörde an? Warum hätschelte man uns und schwang gleichzeitig drohend die Knute? Beinahe unmöglich, daraus nicht auf die eigene Bedeutung zu schließen. Wir lebten gefährlich und doch mit Netz. Man schmückte sich mit uns, solange es anging, und ging es nicht mehr an, überließ man uns den "Brüdern und Schwestern," den Dritten im Bunde der Mißbraucher.

Für die waren wir der Stachel im Fleisch der anderen. Und solange wir als solcher benötigt wurden, waren wir gut. Allerdings, das muß man ihnen lassen, nun geben sie uns, wenn sie uns nicht gleich ganz auffressen, die nötige Hilfe, unsere sieben Häute abzulegen. Und ich sehe allmählich wieder durch. Eigentlich glichen wir Gummibällen, in der Hand von Spielern. Nur daß wir unterschiedlich elastisch waren. Jetzt ist das Spiel zu Ende. Jetzt muß ich, ob ich will oder nicht, ein deutscher Dichter werden. Mich irgendwo ansiedeln zwischen Hänschenklein und Immerartigsein. Oder ich verhungere gleich. Dabei weiß ich gar nicht, ob mein Pferd Flügel hat. Beine hatte es jedenfalls nicht.

Wieder in Leipzig

Angela Krauß

The first year of German unification coincided with Angela Krauß's appointment as writer-in-residence in Graz, Austria. In a note to the editors of this volume, she wrote: "Hier ein erster 'Rückkehrtext' nach meinem Grazer Jahr als Stadtschreiberin. Ab September bin ich wieder ganz in Leipzig—mit gemischten Gefühlen. Der kursiv gesetzte Abschnitt ist ein Zitat aus dem *Vergnügen*. Die Brikettfabriken werden jetzt geschleift."

Der Mond stand über dem Bahnhofsgelände und beschien die Gerätewelt. Die Kesselwaggons dampften, sie reihten sich in zwei langen Bögen, in ihre Öffnungen hingen Schläuche, durch die heiße Flüssigkeit in sie hineinlief, die Säuren und Krusten ablöste und am Boden Schlammlachen anschwemmte. Jemand schlug mit einer Stange gegen den Kessel oder gegen den Unterbau, weiter in der Ferne wiederholte es sich und noch einmal weiter gegen Nordosten, schon sehr weit weg.

Enrico aus der Etage unter mir schlief in einem Kinderheim. Gleich nachdem er sein viertes Geschwisterkind im Stubenwagen angezündet hatte, wurde er in ein Heim geschafft. Schon seit Wochen hatte ihn niemand mehr im Treppenhaus gesehen.

Dann reiste ich ab. Ich ging einfach weg, wie ich es schon oft hatte tun wollen, während der Gedanke, es irgendwann einmal zu tun, einen am sichersten festhält an dem Ort, wo man ihn unablässig denkt, um die Selbstbeherrschung nicht zu verlieren.

Enrico war schon fast ein Vierteljahr weg, das letzte Mal war ich ihm begegnet, als er mich aus einer Gruppe kleiner Schulkinder heraus ansprach, ich ging auf der Straße an ihnen vorbei, er fixierte mich mit einem scharfen, intelligenten Blick, dann lächelte er ruhig, so als teilten wir beide ein Geheimnis. Ganz von selbst erwiderte ich dieses Lächeln, es war frei von Mißverständnissen.

In dieser Stadt gab es immer Gänge und Tunnel und Hoflabyrinthe, die am Tage so verlassen schienen wie nachts, am einsamsten war der hintere Querbahnsteig des Leipziger Hauptbahnhofes, des größten Kopfbahnhofes Europas, der Gleis eins mit Gleis achtundzwanzig verbindet, ein weißgekachelter Tunnel mit einem Urinfleck aus dem Jahre 1912.

Ein Jahr habe ich diese Stadt nicht gesehen.

Der Zug steht auf dem Bahnhof Reichenbach, ich sitze in einem Abteil mit rotem Kunststoffpolster, das kleine viereckige Flicken hat, gegenüber fährt gerade ein Zug aus, ich schaue die Reisenden an und sie schauen mich an. In diesem Moment herrscht immer die Gewißheit, man hätte einander viel zu sagen und man hätte im immer schneller werdenden Vorbeigleiten in entgegengesetzte Richtungen auch den Mut dazu.

Der klirrende Getränkewagen, der durch den Zug gezogen wird, von einem altklugen Jungen, der sich um ein gutes Mitteldeutsch bemüht und dem es Spaß macht, ein zuvorkommendes Kundendienstgesicht auszuprobieren, dieser kleine Wagen, an dem ringsherum an Haken und Taschen allerlei aufgehängt ist und beim Rollen durch den fahrenden Zug herumbaumelt, zieht wie eine festlich geschmückte Lokomotive durch den schäbigen Gang, vor den ansteigenden Feldern und Waldflächen des Vogtlandes und fernen Erzgebirges, den vertrauten Höhenzügen, die sich gelassen hindehnen, fast ausdruckslos, wie von einem zurückgehaltenen innerlichen Lachen gewölbt.

Die Kuhblumen blühen hoch und üppig und triefend von dem milchigen Saft, den man nicht kosten darf und die wuchernden Wiesen stehen in Richtung des Fahrtwindes geneigt und zwischen ihnen versinken die alte Färberei Werdau und die Textil- und Handschuhfabrik Crimitschau und starren aus schwarzen Fensterlöchern ins Weite, ziegelrote Hallenskelette, vor denen ein kleiner Männertagstrupp voranzieht, in Schlafanzüge gekleidet, mit schwarzrotgoldenen Fähnchen in der Hand.

Ein leuchtender Frühling soll es auch 1945 gewesen sein, als die Natur einfach weitermachte, als sei nichts gewesen.

Der Geruch eines Maschinenöls für Eisenbahnen wellt durchs Fenster herein, draußen stehen zwei Eisenbahner auf dem sonnigen Abschnitt des Bahnsteigs, weiter weg schlägt jemand mit einer Stange gegen den Unterbau. Ich erkenne etwas wieder aus einer sehr fernen Zeit, als ich bewußtlos meine Hand an den Zaunslatten entlangklappern ließ beim Nachhausegehen.

Die Fabriken von Reichenbach im Vogtland, die Fabriken von Crimitschau und Werdau, die Fabriken von Gößnitz und von Zwickau im Erzgebirge, die alten Fabriken für Handschuhe und Lederwaren, die alten Fabriken für Strick- und Wirkwaren, die Manufakturen für Seidenstrümpfe und Zierbänder, Kordeln, Tressen und Bordüren, für Quasten, Troddeln und Filetnetze, die Perltaschennähereien und die alten Krinolinenfabriken. Und die Kette der Fabriken von Altenburg bis Leipzig, in denen seit hundert Jahren Rohbraunkohle nach einer unveränderten Technologie zu Briketts verarbeitet wird.

Als sei sie aus lebendigem organischen Material, so wölbt sich die mächtige, völlig unversehrte Ziegelfassade der Brikettfabrik Rosdorf nach hinten über den Sprengschutt des Gebäudes.

Da liegt die Erde in sanftem Schwung, hier und dort in eine Mulde mündend, auf deren Grund ein dürres Gebüsch, das mit seinem letzten Blattwerk klappert; besonnt ist dieses Land bis an den Horizont, wo eine Schornsteingruppe scharf und spielzeugklein aus dem blauen Himmel herausgeschnitten ist, kaum ernstzunehmendes, freundlich aus der Ferne grüßendes Ebenbild dessen, was da in der taligen Mitte des Landes, in einer sicheren Senke steht und dauert: Das ist die Fabrik.

Mein Freund der Maler lacht, er sitzt beim Frühstück in seiner Atelierwohnung in einem Haus der Gründerzeit im Zentrum von Leipzig, seine Familie ist schon unterwegs, er frühstückt im Geruch von Terpentin und Ölfarben, er tut so, als wundere er sich, daß ich nach einer Nachtfahrt nicht nachhause gehe und ich tue so, als müsse ich ihm erklären, daß ich seit Tagesanbruch zuhause bin und daß es nun gleichgültig ist, wohin ich gehe.

Nicht zurück hierher! sagt er beschwörend theatralisch und fällt in die Knie. Wer hierbleibt, den machen sie sofort für alles verantwortlich!

Wir sind 12 Jahre miteinander befreundet, ich kenne ihn nicht anders als so: lebende Bilder stellend.

Jemand hämmert von außen an seine Tür. Draußen liegt ein Mann in einer Lache aus Urin und Boonekamp, es ist einer der Patienten der Alkoholikerberatungsstelle im untren Stockwerk, er hat sich in der Etage geirrt. Wir bugsieren ihn nach unten.

Mein Freund fragt mich, wohin er die Bilder räumen könnte, wenn er demnächst die Miete nicht mehr bezahlen kann. Es klingt wie eine Rede ans Publikum aus einem Goldoniestück.

Wir verstehen uns. Er hat keine Chance. Er kann das alles nur spielen. Das große Galeriensterben sei auch schon im vollen Gange, sagt er, das Einzige, was zu tun in dieser Zeit wirklich noch Sinn habe, sei Malen.

Als ich ihn kennenlernte, damals trug er rückenlanges Haar und immer einen fleckigen bodenlangen Mantel. Er malte nur Maskenspiele.

Vor dem Haus steht schon ein Baugerüst, innen hängen die drallen Putti in den Stuckornamenten, mit einer dicken Schicht überzogen, einer Mischung aus Ruß, Fett und Wohnungsdünsten.

Ich gehe hinüber zur Thomaskirche, die Magnolie am Kirchhof blüht schon ab, in den Ästen hängen die großen rosa Blütenblätter wie Federn von einem gerupften exotischen Vogel. Zwei der Häuser gegenüber sind weiß und sandgelb restauriert. Prachtvoll habe ich mir diese Stadt immer vorstellen können, wenn ich in alten Bildbänden blätterte, schwer und stolz. Niemals so leicht und glänzend, heiter.

Der Klaus-Mann-Forscher sitzt mit seiner Frau, der Rundfunkreporterin für Soziales, im Teehaus, sie sind gerade von einer Busreise nach Rom zurückgekehrt. Heimwärts stürzte der Bus in eine Schlucht. Der Frau gelang es schnell, aus dem Bus zu kommen. Er blieb bis als Letzter

darin, vier Stunden lang, ehe man ihn mit schwerem Gerät heraus-
schweißte. Während der vier Stunden sah er die noch lebenden Busin-
sassen an sich vorbeikriechen. Das lauwarme Wasser aus der eingebauten
Bar, die auf ihn gestürzt war, rann an ihm herab und er war überzeugt,
das sei sein Blut. Er empfand keinen Schrecken dabei, sondern rechnete
sich die ihm verbleibenden Lebensminuten aus.

Und du?, fragte er mich, du warst auch lange weg.

Ja, antworte ich.

Durch die ganze Innenstadt haben sich die Glücksspieler mit ihren
hochkant gedrehten Kisten aufgestellt, die sie mit einem Tuch bedeckt
haben, auf dem sie unter ununterbrochenem Gemurmel in gebrochenem
Deutsch drei Schächtelchen in fliegendem Tempo umgruppieren. Man
muß einhundert Mark einsetzen und kann das Doppelte gewinnen. Unter
den Neugierigen befindet sich ein unerkannter Partner, der das Gewinnen
demonstriert. Danach wird nur noch verloren.

Die Menschen sind neugierig, vorsichtig, ununterbrochen sichern sie
sich, schätzen Wagnisse ab. Sie schauen und gehen zögernd, was sie
durch eine leicht durchschaubare Zielstrebigkeit zu tarnen versuchen.

Doris lehnt am Stand des Griechen am Hauptbahnhof. Wir kennen
uns. Sie lehnt an der Ecke des Standes und trinkt Retsina und beobachtet
die Herantretenden. Der Grieche ist erst seit zwei Wochen hier. Vorher
war er dreißig Jahre lang in Stuttgart. Er erkennt die Bedeutung dieser
Stadt, er lacht immer, er ist sich ganz sicher. Doris sagt, er solle Stühle
aufstellen und einen Oleander, dann werde sie ihm helfen beim Bedienen.
Er lacht und reicht uns einen Teller mit Käse. Er hat längst erkannt, daß
Doris eine Professorin ist. Er macht ihr ein Reiseangebot, hat Kataloge
zur Hand, aber Doris hat kein Geld. Einmal vor Jahren machte sie eine
Studienreise nach Griechenland, für die sie sich jetzt verantworten soll.
Obwohl sie auf dem Fragebogen für Hochschulangestellte immer Nein
schreiben konnte: Partei—nein, Staatssicherheitskontakte—nein, staatliche
Anstellung—nein. Sie wurde erst vor einem Jahr in den Hochschuldienst
zugelassen. Aber sie reiste einmal nach Griechenland, vierzehn Tage
zum Malen, den Paß hatte sie sechs Jahre lang hartnäckig beantragt. Die
Quartiervermieterinnen in den abgelegenen Dörfern, die sie allein durch-
streifte, waren argwöhnisch, gegen ein vorgewiesenes Foto von einem
Ehemann durfte sie wohnen. Am Ende mußte sie immer alle malen.

Der Stand steht gleich neben der Straße vor dem Hauptbahnhof. Die
Leute nähern sich ihm vorsichtig. Der Grieche lacht herzlich und reicht
den Herantretenden Proben seiner sechs Sorten Oliven und ein Stück
Käse. Sie sind schüchtern, schrecken zurück, kurz mit dem Oberkörper
nach hinten, wenn er ihnen das Probierstück auf der kleinen flachen
Silberschaufel entgegenhält.

Doris sagt, daß ihr Freund, der beim Denkmalschutz arbeitet, die
letzte Woche Urlaub genommen hat und an der neu ausgehobenen

Fernverkehrsstraße zwischen Dresden und Leipzig hin und hergegangen ist. In strömendem Regen sei er sieben Tage lang von früh bis spät die achtzig Kilometer der Baustrecke entlanggegangen und habe drei Faustkeile gefunden. Er sei sehr glücklich zur Zeit.

Ich gehe leicht betrunken fort, ich schultere meine Reisetasche von heute nacht, ein lauer Wind fegt Staub und Papier über die Straße, alte Zeitungen, die wie Drachen ein Stück hinsegeln. Die Ziegelbaracken am Verladebahnhof glühen apfelsinenrot wie immer unter der tiefstehenden Sonne, wenn ich in dem Haus höher steige, in dem ich zuhause bin.

Enrico ist groß geworden und dick. Vor mir steigt er die Treppe hinauf, schaukelt mit dem Oberkörper, knickt ihn dort ab, wo das Fett über den Hüften beginnt, bis dorthin spannt der milchblaue Pulli, über der Brust wird er lockerer. Seine Hände sind rot, schwere Kinderhände eines Vierzehnjährigen, kräftig, ein bißchen schweißig, und beim Hinaufsteigen schnauft er, sein Gesicht ist auch rot; sein Haar leuchtet kupfern wie das seiner Brüder.

Sie jagen durch das Haus, spannen Enrico vor einen Handwagen, der mit Pappen und Gerümpel beladen ist und ziehen davon, immer am Rand der Hauptverkehrsstraße entlang, eng am Bordstein, vier kleine rothaarige Jungen, eine Hand am Wagen oder an der Kante der Pappen. Enrico hat sich steil in die Riemen gelegt, der Schweiß rinnt ihm an den Schläfen herunter, die Autos schießen an ihm vorbei, dazwischen poltern die hölzernen Handwagenräder, er fängt ein schreiendes Singen an.

Lange Fluchten

Waldtraut Lewin

This previously unpublished story endured its own "lange Fluchten" before arriving here. As Waldtraut Lewin explained to the editors of this volume: "[Die Geschichte] ist 1986 entstanden und wurde zu einem literarischen Wettbewerb nach Wien geschickt, wo sie nie ankam—sie ist im Original bei Post oder Zoll oder den anderen Kontrollorganen 'verschwunden.' Sie war jetzt vorgesehen in einem Erzählband beim Verlag Neues Leben . . . aber der bringt jetzt keine Literatur der Gegenwart mehr."

Der Schnee wollte nicht schmelzen. Schwarz und verkrustet überzog er die Bürgersteige, von Tag zu Tag mehr verhärtet. Er erstickte alle Gerüche.

Auch, als es zu tauen begann, konnte sie lange Zeit keine Spur aufnehmen. Eis war alles.

Dann, eines Morgens, lagen die Wege frei. Nebel und schlechte Luft hatten alle Vorahnung erstickt, kein Windhauch wärmerer Tage war durchgedrungen.

Nun war alles vorbei. Das schmutzige Pflaster, enthüllt, zeigte sich übersät von unbrauchbaren und verlorenen Dingen—alte Topflappen, einzelne Schuhe, leere Konservenbüchsen und fleckige Papiere.

Es stank faulig aus den Kanälen und angesengt aus den Mülltonnen. Sie nahm sofort die Spur auf; niesend vor Ekel, sog sie all die Gerüche mit vibrierenden Nasenflügeln ein, um den einen unverwechselbaren Duft herauszufiltern, den seinen.

Sie folgte der Spur hechelnd über Hinterhöfe und verlassene Baustellen, treppauf, treppab durch Hausflure, die seit Jahren nicht mehr gereinigt worden waren, irritiert vom beißend kalten Metallduft der Eisenfeilspäne einer Schlosserei, fand sie doch die Fährte wieder zwischen den Staubflocken eines Dachbodens voller alter Möbel.

Kaum, daß sie sich die Zeit gönnte, zu schlafen, ein Bier zu trinken, ein Stück jenes Brots zwischen die Zähne zu schieben, das so weich und geschmacklos war wie Papier.

Aber ihre Ausdauer wurde belohnt.

Noch ehe der dunstige Frühsommer mit seinen Kaskaden von Staub und erstickend perversen Blütendüften alle anderen Gerüche verdarb, verwischte, übertäubte, fand sie andere, sichtbare Zeichen.

Ein goldnes Armband, das auf der Innenseite ihren Namenszug trug, war zwischen die Stäbe eines Treppengeländers geflochten. Glitzernde Lamettafäden längst verdorrter Weihnachtsbäume markierten den Pfad. Einmal lag im Schlamm eines verlassenen Hinterhofs ein kostbar gebundner Foliant mit schweren Schließen, die Pergamentseiten voll stiller Bilder, die keinen Sinn ergaben.

All diese Dinge betrachtete sie und warf sie beiseite, wohl wissend, daß sie vom Wege ablenken und sie aufhalten sollten. Es war ihr genug, zu spüren, daß sie ihrethalben ausgelebt worden waren.

Durch ihre Nächte, in den hellwachen Träumen, die sie träumte, erklang jetzt verwirrend Musik, das verschwimmende Schwirren der Keyboards und E-Gitarren und ständig die dumpfen Bässe. Sie schlief, japsend vor Hitze, in den Dachrinnen; der Gestank des großen faulenden Flusses drang zu ihr herauf. Die Spur konnte sie nur noch taub und blind und ohne ein anderes Gefühl als das der verzehrenden Hoffnung verfolgen.

Einmal glaubte sie, sein Blut an einer abbröckelnden Mauer zu riechen. Das verwirrte sie für Tage.

Als die grauen Wolken in Sturzfluten barsten, fand sie den Brief. Außer der Anschrift, ihrem Namen, war nichts mehr lesbar, der Regen hatte die Tinte verwischt. Sie aß ihn zum Frühstück.

Im Herbst fiel sie bei Vollmond eine Stiege herunter und brach sich den linken Knöchel. Das erleichterte ihr das Kriechen. Pflichtbewußte Zeitgenossen schienten den Bruch und ernährten sie mittels Spritzen, während sie geduldig stillhielt, die blicklosen Augen auf das unsichtbare Ziel gerichtet.

Nach den Schwankungen des Sommers war die Spur nun wieder deutlicher denn je.

Die ersten Schneeflocken zergingen auf ihrer gierig ausgestreckten Zunge, als sie mit versagenden Kräften endlich an der Tür scharrte. Von der hauchzarten Berührung ihrer Fingernägel tat sie sich auf wie ein Fenster des Adventskalenders. Sie hatte vergessen, daß er stets offen ließ.

Er lag auf dem Sofa, noch außer Atem vom Lauf, mit bebenden Flanken, Schweiß der Erschöpfung auf der Stirn, und bemühte sich, so zu erscheinen, als habe er den Raum nie verlassen. Sie merkte, daß er sich nun veränderte, vor allem im Geruch, und war unendlich froh, ihm gefolgt zu sein nach alter Art, ehe er sagen konnte, was zu sagen war:

Ich bin nie fortgegangen.

DDR-Schriftstellerinnen, die Widersprüche und die Utopie

Eva Kaufmann

Drastic changes in the former GDR necessitate reevaluation of the unique appeal of GDR women's writing, especially women born between 1930 and 1950, whose primary experiences were the contradictions created by the massive shift in their existence from housewife/mother to paid worker with equal rights. Their writings fulfilled GDR literature's much-discussed "compensatory function" in a double sense: by articulating taboos affecting the society as a whole, and by critical reflection on women's situation in socialism. The utopian solutions outlined by GDR women writers, grounded in and at the same time critical of socialist theory, had and still have persuasive power, because they are not the fantasies of "cockeyed optimists," but bear a "realistic" relationship to reality. (JC)

Je mehr sich verändert, was vormals DDR hieß, desto dringlicher stellt sich die Frage nach genauer historischer Erkundung. Als Literaturwissenschaftlerin fühle ich mich veranlaßt, neu nachzufragen, was die Eigenart und Anziehungskraft der Literatur von Frauen in der DDR früher ausgemacht hat und—gegebenenfalls—zukünftige Wirkung bedingen könnte. Ich nenne diese Literatur im Folgenden der Kürze halber "Frauenliteratur," ohne die Anführungsstriche zu schreiben, die ich ungewollter Konnotationen wegen mitdenke.

Vieles spricht dafür, DDR-Frauenliteratur, wie sie seit den 70er Jahren innerhalb und außerhalb der DDR, bei Lesepublikum und Literaturwissenschaft Aufmerksamkeit erregte, der Genauigkeit halber auf bestimmte Jahrgänge zu beziehen, in der Hauptsache auf die zwischen 1930 und 1945, allenfalls 1950 Geborenen. Diese Überlegungen resultiert nicht allein aus der Betrachtung von Texteigentümlichkeiten oder Charakteristika von Schriftstellerinnenbiographien, sondern berücksichtigt das Umfeld, in dem Literatur auf bestimmte Weise aufgenommen und verarbeitet worden war, bezieht also die Reaktionsweisen des Publikums und damit auch die entsprechenden Rückwirkungen auf die weitere literarische Produktion mit ein. Diese Überlegungen betreffen naturgemäß die Literatur von Autoren beiderlei Geschlechts, besonders intensiv jedoch die Literatur von Frauen.

Dies wiederum hängt mit der vielberedeten Ersatzfunktion der Literatur zusammen, mit ihrer—wenn auch begrenzten—Möglichkeiten, all das öffentlich zur Sprache zu bringen, was in Medien unterdrückt war. Frauenliteratur leistete in doppelter Weise Ersatz, einmal wenn sie Tabus artikulierte, die die gesamte Gesellschaft betrafen, und zum andern, wenn sie die Lage der Frau im Sozialismus kritisch reflektierten. Letzteres verbindet sich in den Texten oft mit ersterem.

Frauenliteratur war in der DDR weitaus stärker entwickelt als in jedem anderen sozialistischen Land—aus vielen und verschiedenartigen Gründen. Diese entwickeltere Situation—das betrifft übrigens auch die bildende und die Filmkunst—hat zu tun mit dem realen Stand der Emanzipation, das meint mit den *Widersprüchen,* die dieser Emanzipationsprozess hervorgebracht hat.

Es mag simpel klingen—aber die Tatsache, daß so viele Frauen als Schriftstellerinnen hervortraten, hat damit zu tun, daß mehr als 90% der Frauen berufstätig waren. Frauen hatten gelernt, das zu tun, was Männer taten, wenn man vorerst beiseite läßt, daß Frauen bei formeller Beachtung des alten sozialistischen Grundsatzes "gleicher Lohn für gleiche Arbeit" insgesamt weniger qualifizierte und schlechter bezahlte Arbeit zu leisten hatten. In ihrer Berufstätigkeit außerhalb des gewohnten engen häuslichen Rahmens machten Frauen massenhaft die Erfahrung mit ihrem vordem unerprobten Leistungsvermögen. Das ergab ein neues Selbstwertgefühl; ich vermeide absichtlich den Begriff Selbstbewußtsein, weil der voraussetzt, was fehlte: kritische Reflexion. Die faktischen Veränderungen (juristische Gleichstellung, Berufsbildungs- und Studienmöglichkeiten, Einrichtungen für Kinder von den ersten Lebensmonaten an usw.) die entsprechend der marxistischen Theorie und Staatsdoktrin, entsprechend dem Grundsatz der Gleichberechtigung, eingeführt worden waren, hatten Frauen bereitwillig angenommen, aber doch vorwiegend aus einer Objektsituation heraus. Sie selbst hatten diese Maßnahmen nicht erstritten, wußten auch kaum, was die Frauenbewegung früherer Generationen dafür geleistet hatte. Die Rede war allein davon, daß es sich beim Recht der Frau auf Arbeit um alte Forderungen der Arbeiterbewegung handelte, die nun realisiert wurden. Außer der offiziellen gab es keine Reflexion, und diese lief im Prinzip darauf hinaus, daß die Frauen für das ihnen Gewährte Partei und Regierung dankbar sein sollten.

Eine Analyse dessen, was die veränderten Lebensmöglichkeiten für die Frau, für alle ihre Lebensbeziehungen, vor allem zu Kind und Mann, bedeuteten, erfolgte nicht. Wie auch in anderen Lebensbereichen wurden alle Negativerscheinungen kurzerhand zu Überresten der alten Gesellschaft deklariert, die sich im weiteren Fortschreiten der neuen Lebensverhältnisse von selbst erledigen würden. Wie in allen anderen Feldern fehlte auch in diesem das Widerspruchsdenken, das in einer Gesellschaft, die sich programmatisch der marxschen Dialektik verschrieben hatte, zu erwarten und dringend vonnöten gewesen wäre.

Diese kritische Reflexion übernahmen Schriftstellerinnen seit Ende der 60er Jahre, mehr oder weniger entschieden, mehr oder weniger bewußt. Aber das ist es, was ihre Funktion im Literaturbetrieb der DDR und im Gesellschaftsmechanismus ausmachte; sie artikulierten mit den eigenen Erfahrungen die vieler anderer Frauen. In diesem Zusammenhang sind die speziellen Generationserfahrungen eben der zwischen 1930 und 1950 geborenen Frauen besonders in Betracht zu ziehen. Für sie bildete der massenhafte Umbruch von der Existenz der Frau als Hausfrau und Mutter zu der juristisch gleichberechtigten berufstätigen Frau das Grunderlebnis. Symptom dafür sind in erzählenden Texten von Wolf, Morgner, Königsdorf, Reimann, Krauss und anderen die Darstellungen von Frauen in den alten Rollen. Die Figuren von Müttern, Tanten und Großmüttern repräsentieren Existenzen, die wenig beneidenswert erscheinen, nicht selten als innerlich verkrüppelte Wesen, die sich selbst nicht als Zweck zu setzen vermochten, sondern ihre gesamte Lebenskraft für die Familie verausgabten, die die eigenen, nicht realisierten Ehrgeize auf den Mann und die Kinder, vornehmlich die Söhne, projizierten und die eigene Aufopferung mit mehr oder weniger ausgeprägter Leidensmentalität zur Schau trugen. Davon freizukommen erschien im Kontext des Erzählwerks, gleich, ob diese Frauenfiguren mit mitleidiger Sympathie oder ironischer Distanz vorgeführt wurden, als der Gewinn schlechthin. Je begabter und energischer die auf den engen Familienrahmen begrenzte Frau, um so mehr wird sie für sich und die anderen zum Unglück. Diesem Typ Frau, zugleich Opfer und Täterin, setzt Helga Königsdorf in ihrer gleichermaßen differenzierten und lakonischen Geschichte "Das Krokodil im Haussee" ein grotesk-komisches Denkmal.

Angela Krauß (Jg. 1950) hat ihre Erzählung "Der Dienst" (gemeint ist hier die ursprüngliche und kürzere Fassung, abgedruckt in *neue deutsche literatur*), so ausschließlich auf die Tochter-Vater-Beziehung gebaut, daß die in der fiktiven Erzählwelt anwesend zu denkende Mutter fast ganz aus dem Text herausfällt. So verkehren sich die Verhältnisse. In dem Maße, wie die im Routinealltag immer anwesende Mutter zur Abwesenheit im Text verurteilt wird, richtet sich alle Aufmerksamkeit auf den meist abwesenden Vater, der in seinen seltenen Zeiten zu Hause so viel aufregende Welt in das ereignislose Leben des kleinen Mädchens bringt. In dieser spontan reproduzierten Ungleichstellung von Vätern und Müttern spiegeln sich die unterschiedlichen Geschlechterrollen und deren Auswirkung auf die sich erinnernden Erzählerinnen.

Die Widersprüche und Konflikte, die durch die selbständige berufstätige Existenz in das Leben von Frauen gekommen sind, äußern sich vor allem auch im Verhältnis zu den Kindern. Es geht hier nicht um die in der Frauenliteratur, vornehmlich in Erstlingsbüchern, häufig artikulierten Klagen um Doppelbelastung, sondern um die spezifischen Sorgen und

Selbstanklagen berufstätiger Frauen, sei es alleinerziehender oder innerhalb einer Ehe lebender, nicht genug für das Kind, beziehungsweise die Kinder, zu tun oder getan zu haben. Erinnert sei in diesem Zusammenhang an Texte Morgners, Wolfs und Königsdorfs. Vergleichbares ist mir aus Texten von Männern im Hinblick auf das Verhältnis von Vätern und Kindern nicht gegenwärtig, wohl aber von lieblosen "Karrierefrauen" zu Kindern, wobei die analoge Wortbildung "Karrieremann" nicht vorkommt. Ich kann mich erinnern, daß in literarischen Debatten (1981) von offiziöser Seite heftig vor abnehmender Mütterlichkeit gewarnt wurde; auf dieser Linie liegen auch die kritischen Einwände, die gegen Charlotte Worgitzkys Buch "Meine ungeborenen Kinder" von 1982 erhoben wurden. In Worgitzkys Text war einer Figur, im gegebenen Fall einer Schauspielerin, zugestanden worden, auch dann als ehrenwerte Person zu gelten, wenn sie nur ein einziges Kind haben wollte. Worgitzky hatte auf gefährliche Weise an der alten Rolle gerüttelt, die bis dahin konfliktlos mit der neuen berufsstätigen Existenz koexistiert hatte. Wer sprach schon ernsthaft über die notwendige Verbesserung der Väterlichkeit?

Das hatte Jahre zuvor Irmtraud Morgner in *Trobadora*-Roman auf unvergleichlich schöne und utopische Weise in den dritten, zwölften und siebzehnten Kapiteln des zehnten Buches dargestellt. Auf der Suche nach einem neuen Lebensgefährten befragt Laura Salman diesen vor allem nach seinem Verhältnis zu Kindern und erfährt dabei besser als auf jede andere Weise, wie der junge Mann sich zu Frauen verhält. Der neue Mann wird vor allem als neuer Vater entworfen.

Die Entwicklung von DDR-Frauenliteratur hat wenig mit Mode und Konjunktur zu tun. Seit Anfang der 70er Jahre hatte sie sich konstant entwickelt. Zwar war von einigen Autorinnen nach der ersten Publikation, in der die eigenen Lebenserfahrungen und -nöte ausgeschrieben worden waren, später nichts mehr zu hören. Das ist ein normaler Vorgang. Erst nach dem ersten Buch, das heißt auch, nach den ersten unreflektierten Schreiberfahrungen, stellt sich mit gewachsenen Ansprüchen an das künstlerische Vermögen heraus, wer unbedingt literarisch weitermachen mußte. Dazumal—wie gründlich sind diese Zustände nun schon Vergangenheit—lebten die meisten Autorinnen, darin den männlichen Kollegen gleich, allein vom Ertrag der literarischen Arbeit. Nur die wenigsten hatten eine volle oder teilweise Arbeitsstelle, vornehmlich in litaraturnahen Berufen als Lektorin, Dramaturgin, Bibliothekarin. Langjährig eine zeit- und kraftzehrende Tätigkeit als Mathematikerin weiterzuführen, wie es Helga Königsdorf praktizierte, gehörte zu den großen Ausnahmen. Es war möglich, wenn man sich auf einen bescheidenen Lebensstandard einrichtete, mit etwa 500 Mark im Monat allein durchzukommen. Schwieriger war es, wenn Kinder da waren, und die meisten Autorinnen hatten Kinder, zumindest eins, und lebten nicht selten alleinerziehend. Das gehörte zu dem, was sich von den Bedingungen der Marktwirtschaft aus gesehen ausgesprochen luxuriös ausnimmt. So konnten die, die unbedingt schreiben wollten, die darin ihr erstes Lebensbedürfnis sahen, die Existenz als "freie" (der Begriff frei bezieht sich nicht auf die Zensurbedingungen) Schriftstellerinnen durchhalten.

Zu dem unbedingten Schreibtrieb—Christa Wolf spricht in *Störfall* von "Laster"—kommt bei den meisten Autorinnen auch der Impuls, für andere etwas Hilfreiches tun zu wollen und zu können. Für manche ist die Überzeugung unabdingbar, gebraucht zu werden. Der Literaturbetrieb hatte—durchaus nicht nur mit seinen guten Seiten—so funktioniert, daß diese Überzeugung immer neue Nahrung erhielt.

Mit dem Schreiben auch "Lebenshilfe" zu leisten war unter Autorinnen und Autoren der DDR immer eine umstrittene Frage, nach dem Zusammenbruch des Sozialismus und der Einführung marktwirtschaftlicher Verhältnisse auch im Literaturbetrieb in zugespitzter Weise. Manch einer Autorin gilt es als Anmaßung, sich für andere zur Sprecherin zu machen, für sie das Wort zu führen, über anderer Interessen Bescheid zu wissen und darüber Aussagen zu treffen. Es sei ehrlicher, so ist zu hören, wenn jede nur für sich selbst spricht und niemanden anders für unmündig hält.

In dieser Kontroverse lebt ein Streit auf, der durch die Literaturgeschichte nicht nur des 20. Jahrhunderts zu verfolgen ist. Die Frage, soll oder darf die Literatur auch nützlich sein, entscheidet—wie die Erfahrung zeigt—kein abstraktes Urteil, sondern die konkrete geschichtliche, sich immer wieder verändernde Situation und die individuellen Bedürfnisse von Schreibenden und Lesenden. Der umstrittene Begriff "Lebenshilfe" assoziiert—nicht ganz zu Unrecht—die Vorstellung von säkularisierter Seelsorge. Irmtraud Morgner charakterisiert diese Funktion in *Amanda,* im "Brief aus der Not." Angesichts unerbittlicher Wechselfälle des Lebens wie Tod, Krankheit, Zufall, Glück, Unglück stünden viele, vor allem die Atheisten hilflos. Diese Gegenstände würden "außer von Literatur kaum öffentlich verhandelt (*Amanda* 153).

DDR-Frauenliteratur verdankt ihre Wirkung in starkem Maße ihrer utopischen Dimension, der ausgeprägten Neigung, humane Lebensentwürfe zu machen. Texte von Wolf, Morgner und Wander bezeugen diese Tendenz auf jeweils unterschiedliche Weise besonders anschaulich.

Was heute leicht übersehen wird, ist die Tatsache, daß Utopie in der DDR-Literatur zunächst, das heißt in den fünfziger und ersten sechziger Jahren, kaum einen Platz hatte. Unter Utopie verstehe ich Entwürfe lebenswerten Lebens, die sich von konkreten Lebensumständen und auch von den programmatisch vorgegebenen Perspektivvorstellungen merklich abheben. Im Rahmen des offiziellen Gesellschaftsverständnisses, dem die weitere Sozialismusentwicklung als wissenschaftlich vorgezeichnet und zudem in der Sowjetunion vorgelebt galt, wurde Utopie innerhalb und außerhalb der schönen Literatur als reines Hirngespinst angesehen und als Rückfall in bürgerliche Ideologie verworfen. Der "Weg von der Utopie zur Wissenschaft" (Engels) war ein für allemal gegangen und ließ, was übrigens mit Engels keinesweg zu begründen ist, utopische Überlegungen nicht nur überflüssig, sondern auch schädlich erscheinen.

Das Mißtrauen gegen Utopie hatte natürlich damit zu tun, daß sie sich gegenüber dem Bestehenden kritisch verhielt, daß sie Mängel namhaft machte, die nicht heute und morgen behebbar waren. Das beunruhigt, und eben das sollte nicht sein. Utopie entfaltete sich in der DDR-Literatur und speziell der Frauenliteratur in dem Maße, in dem Wirklichkeit und Ideal, sozialistische Praxis und theoretischer Anspruch zunehmend und nicht mehr übersehbar in Widerspruch gerieten. Utopie wurde damals an sozialistische, beziehungsweise kommunistische Zielvorstellungen gebunden und der kritikwürdigen Gegenwartspraxis polemisch entgegengehalten. Mir erscheint bemerkenswert, daß Schriftstellerinnen gerade auch das Ziel, die theoretische Prämisse, hinterfragten. Das war doppelt ketzerisch. Irmtraud Morgner zum Beispiel hatte 1972 für einen Band mit Geschlechtertauschgeschichten (*Blitz aus heiterm Himmel*) eine Erzählung geschrieben, in der die gleichberechtigte Stellung der Frau im Berufsleben kurzerhand als selbstverständlich unterstellt und auf dieser Basis weitergehende Wünsche nach völliger Gleichstellung von Frau und Mann, vor allem auch im Hinblick auf Erotik und Sex, fordernd ausgemalt worden waren. Mit ihrer radikalen Fiktion ging Morgner weit über das hinaus, was in der DDR—und mehr noch in Bezug auf die Sowjetunion—im Zusammenhang mit Geschlechterverhältnissen als artikulierbar galt. So wurde die in vieler Hinsicht blasphemische Geschichte "Gute Botschaft der Valeska . . ." aus dem ohnehin als problematisch geltenden Anthologieprojekt ausgeschieden und kam in einem anderen Verlag—als Teil des dickleibigen Montageromans *Trobadora* vielleicht weniger auffällig—unter die Leute. Die überaus phantastisch, spielerisch und heiter erzählte Utopie einer herrschaftsfreien Liebe stellte einen unerhörten Angriff auf die männliche Ordnung dar. Sie lachte den Respekt vor dem fleischernen "Herrschaftsszepter" des Mannes einfach weg. Die Erzählung unterstellt mit größter Gelassenheit, daß die bislang realisierte Gleichberechtigung als *Voraussetzung* für den nunmehr in Sicht kommenden Emanzipationsprozeß zu verstehen sei, aber keineswegs damit verwechselt werden dürfte.

Dieser Befund liegt auf gleicher Linie wie die Analyse, die sich aus der gleichfalls 1972 für jene Anthologie geschriebenen Erzählung "Selbstversuch" von Christa Wolf ergibt. Hier wird das Konzept von Gleichberechtigung insofern energisch hinterfragt, als die Handlung erweist, daß die emanzipierte Frau keineswegs werden möchte *wie der Mann*. Die Protagonistin will kein Mann sein, weil sich die männliche als eine Existenz herausstellt, in der das Humane, vor allem die Liebe, verkümmert. Es endet mit dem utopischen Vorsatz der Frau, zu lieben und überdies den zu erfinden, den man lieben kann. Implizit wird dadurch die gesellschaftliche Entwicklung daran gemessen, ob sie Frau und Mann vor allem ihre Lebensbeziehungen von allen Verkrüppelungen und Deformierungen zu befreien vermag. In beiden Geschichten werden die notwendigen Veränderungen nicht von außen oder oben, nicht von der Einsicht der Männer oder verbesserten Institutionen, erwartet. Die Fiktion unterstellt spielerisch, die Frauen vermöchten alles selbst. Diese utopische Lösungsvariante hat ihre unbestreitbare Logik. Denn gerade die, die der Veränderung der Verhältnisse am meisten bedürftig sind, müssen sich zu Subjekten der Veränderung machen. Wer sonst? So weit, so gut. Aber beginnen an der Stelle nicht auch Idealisierung der Frau und Illusionsbildung? Büßen diese Texte, mit dem heute sehr ernüchterten Blick gelesen, ihre utopische Impulse ein? Beruhte die Fähigkeit zur Utopiegestaltung womöglich auf einer spezifischen Blindheit der Autorinnen und auf einer Überschätzung der eigenen Möglichkeiten? Mit Sicherheit spielte in den siebziger Jahren bei den meisten der hier genannten Autorinnen das Gefühl eine Rolle, daß der Schwung, mit dem sich die Masse der Frauen hin zur ökonomischen Unabhängigkeit verändert hatte, groß genug war, um noch entschieden weitergetrieben zu werden, und zwar bewußter als zuvor. Das Zutrauen in Frauen und in ihre verschütteten Kräfte war immens. Diese Grundsituation ist in der Literatur der achtziger Jahre kaum mehr zu finden.

Es ist wahrlich ein eigenartiger Widerspruch, daß sich die Autorinnen in ihren utopischen Entwürfen, die den weiblichen Figuren so viel humane Potenz unterstellen, nicht auf Frauenbewegung oder feministisches Bewußtsein berufen. Auch hier wurde ersetzt, was im gesellschaftlichen Leben der DDR fehlte. Das vermochte allein die poetische Erfindung mit ihren in jedem Sinn phantastischen Möglichkeiten. Die beiden großen Romane Morgners sind voller Beispiele von Frauensolidarität, die, wie ich meine, nicht einer leicht widerlegbaren Idealisierung geschuldet sind. Beide Romane gründen sich kompositorisch und ideell wesentlich auf die solidarischen Beziehungen zwischen der Trobadora und ihrer Spielfrau Laura. Diese sind durchaus handfester und realistischer Natur: beide Frauen brauchen einander und helfen sich gegenseitig auf ganz unsentimentale Weise. Überdies kommt dabei eine großartige utopische Umkehrung des in der männlichen Ordnung üblichen Herr-Knecht-Verhältnisses zustande. Am Anfang dieses weiblichen Zweckbündnisses steht Ungleichheit: Trobadora Beatriz mietet die bezahlten Dienste der S-Bahnangestellten Laura. Das Verhältnis von Herrin und Dienerin hindert sie nicht, sich gegenseitig beizustehen. Diese Erzählkonstruktion basiert freilich darauf, daß innerhalb der phantastischen Grundkonstellation der einen Figur alle erdenklichen Zaubermittel zur Verfügung stehen. Damit schafft sich Morgner die künstlerischen Vehikel, um eine geschichtsphilosophisch reizvolle Idee durchzuspielen: zwei Individuen, die einander sowohl gleich als auch ungleich sind, können sich in diesem Spannungsverhältnis dauerhaft und zuverlässig gegenseitig hilfreich sein. Es sei daran erinnert, daß Christine Wolter in der kleinen, "mit Pfiff" erzählten Geschichte "Ich habe wieder geheiratet" ein aus dem DDR-Alltag heraus entwickeltes weibliches Zweckbündnis mit ähnlicher Tendenz vorführt.

Für die kraftvollen und unbekümmerten Utopien der siebziger Jahre ist charakteristisch, daß die weiblichen Figuren die Initiative ergreifen, in die Offensive gehen. Man denke an die abenteuerlichen Erkundungsreisen der Trobadora Beatriz. In *Amanda* wird eine andere Grundsituation unterstellt: Der stummen Sirene Beatriz wird die Zunge, die sie zu mächtigen Antikriegsgesängen trainieren sollte, gestohlen. Sie, die in der vormaligen Existenz frei durch die Welt streifte, ist nun in einen Käfig gebannt und in der Betätigung ihrer Kräfte arg eingeschränkt. Diese einer harten und nüchternen Sicht auf die Weltlage (Atomkriegsgefahr) angemessenen Handlungselemente sind eines. Ein anderes ist, daß Morgner die Dimension des utopischen Entwurfs keineswegs reduziert. Das Ziel, menschliche Spaltungen und Zerstückelungen zu überwinden, ist geschichtsphilosophisch denkbar weiträumig angesetzt. Finales Denken ist dabei zurückgedrängt. Wichtig ist nicht das Ankommen bei einem Endpunkt, sondern die lebendige Bewegung mit all ihren Widersprüchen, Vorstößen und Rückschlägen.

Wie bereits konstatiert, betrifft das Utopische nicht Institutionelles. Die Autorinnen adressieren ihre Angebote an die, die daran interessiert und dafür zugänglich sind: Die Individuen. Ich verwende hier absichtlich den Plural, weil es den Schriftstellerinnen darum geht, das rehabilitierte, in seine Rechte wiedereingesetzte Individuum keinesfalls auf die trübe Lage als vereinzelte Einzelne zurückfallen zu lassen. Gemeinsamkeit, Gemeinschaftlichkeit, sinnerfüllte Kommunikation werden als deren Bedürfnisse und somit auch als höchste Werte sinnfällig gemacht. Symptomatisch dafür, was Christa Wolf 1977 in ihrem Begleitwort "Berührung" zu Maxie Wanders Protokollband "Guten Morgen, du Schöne!" hervorhebt. In den einzelnen individuell äußerst unterschiedlichen Texten sieht sie den "Geist der real existierenden Utopie" am Werk, verspürt sie das "Vorgefühl von einer Gemeinschaft, deren Gesetze Anteilnahme, Selbstachtung, Vertrauen und Freundlichkeit" wären. Gerade diese Charakteristika heben sich von den Bestimmungen der offiziell propagierten Kollektivität deutlich ab. Sie bezeichnen gerade das, was fehlt, was Leben lebbar macht. Auf diese Weise setzten DDR-Autorinnen dem durch die staatliche Praxis entleerten und desavouierten Begriff von Kollektivität einen anderen, lebendigen entgegen. Bei der Absage an den "Chorgesang" (in diesem Zusammenhang kommt Helga Schütz' Roman *Julia oder Erziehung zum Chorgesang* von 1980 besondere Bedeutung zu) geht es nicht um die Negierung von Gemeinschaftlichkeit. Sie soll gerettet werden, indem sie gegen eine bloß verordnete, von den Individuen nicht wirklich gewollte, inhaltsleere ritualisierte Gewohnheit gesetzt wird.

Der langwährende Erfolg von *Guten Morgen, du Schöne!* hat damit zu tun, daß die Lesenden die Atmosphäre zutraulicher Menschenfreundlichkeit als Wohltat empfanden. Im Gegensatz zu einem literarischen Konzept, das die Aufmerksamkeit von Schriftstellern und Lesern auf "Schrittmacher" und "positive Helden" orientieren wollte, bestand Maxie Wander in ihrer kurzen Vorbemerkung darauf, daß jedes Leben hinreichend interessant sei, "um anderen mitgeteilt zu werden" und daß man lernen müsse, "das Einmalige und Unwiederholbare jedes Menschenlebens zu achten" (8). Dieses urdemokratische Konzept traf in den Jahren nach 1977 in der DDR auf Erfahrungen mit sichtbar zunehmender sozialer Ungleichheit, man denke nur daran, wie die Delikat- und Exquisitläden mit ihren Phantasiepreisen und die Intershops, die den DDR-Bürgern die Minderwertigkeit der eigenen Währung vor Augen führten, eskalierten. Wanders Buch gibt jeder und jedem das Gefühl, unabhängig von Leistung und Erfolg (man vergegenwärtige sich die schlimme Losung "Erfolg haben ist Pflicht"!) menschlich gleichrangig zu sein.

Woher nahmen die Autorinnen den Mut oder auch die Naivität, immer wieder Entwürfe eines menschenwürdigen Daseins zu machen? Mangelnder Realitätssinn ist es sicher nicht. Dahinter steht als lebendige Erfahrung, daß man immer wieder die Möglichkeit finden, sich schaffen kann, solidarische Beziehungen aufzubauen. Christa Wolfs *Sommerstück* macht klar, wie gefährdet diese Möglichkeit war und wie begrenzt auf kleine Kreise von Leuten in annähernd gleicher sozialer Lager. Das Ideal einer klassenlosen Gesellschaft, mit der die neue Gesellschaft einmal angetreten war, hatte sich im Laufe der sozialistischen Entwicklung—ohne daß darüber offiziell reflektiert wurde—verflüchtigt.

Insgesamt war die Einbindung der Autorinnen in den DDR-Alltag Quelle immer neuer Anläufe zu utopischen Entwürfen. Gewiß läßt sich das nicht für alle Autorinnen verallgemeinern. Helga Königsdorf und Rosemarie Zeplin (gerade auch in ihrem letzten Erzählband *Der Maulwurf oder Fatales Beispiel weiblicher Gradlinigkeit*) zeigen wenig Neigung zu expliziter Gestaltung wünschenswerter Positivität, sondern orientieren sich vornehmlich auf die abgründig ironisch und grotesk gestaltete Analyse, dessen was ist. Schriftstellerinnen in der DDR neigten dazu, wie nicht wenige Leute in anderen sozialen Grupppen, die Hoffnung auf Veränderungen des Sozialismus aufrechtzuerhalten. Sarah Kirsch reagierte auf solche Haltungen nüchtern abweisend. In *Allerlei-Rauh* spricht sie vom "Kleister der Hoffnung" (88), wenn Einwohner der DDR auf Gorbatschow bauend, grundsätzliche Veränderungen aus der Sowjetunion erwarten. Von heute aus gesehen ist ihr schwerlich zu widersprechen.

Deutlich ist in ihrem Text auch, daß diese schonungslose Hoffnungslosigkeit konsequentes Alleinsein mit und in der Natur bedeutet. Die Härte,
mit der sie "die feige Flucht in sanfte Utopien" und die tröstlichen
Vorstellungen von einem "paradiesischen Zustand" (108) verwirft, ist
respektgebietend, aber schwer zu leben.

Mehrfach habe ich darauf verwiesen, daß die utopischen Entwürfe
von DDR-Schriftstellerinnen polemisch gegen DDR-Wirklichkeit gerichtet
sind. Insofern sie sich kritisch mit Leistungsdenken und Konsumverhalten auseinandersetzen, meinen sie nicht zufällig die bürgerlich-kapitalistische Gesellschaft mit, wenn nicht gar beide Systeme explizit daraufhin
denunziert werden, wie das in Helga Schütz' Roman *In Annas Namen* von
1986 der Fall ist. Es war im Laufe der achtziger Jahre immer schwerer
geworden, die "konkrete Utopie" aus den realen gesellschaftlichen
Gegebenheiten zu nähren.

DDR-Autorinnen hätten kaum so nachhaltige Wirkung erzielt, wenn
sie die zerreißenden Widersprüche, denen Frauen ausgesetzt waren,
verharmlost oder gar schöngeredet hätten. In ihren scharfsinnigen
Analysen haben sie gezeigt, daß die unerwartete und oft unerträgliche
Belastung daraus resultierte, daß sie nicht allein durch ein doppeltes Maß
an Arbeit (im Beruf, für Haushalt und Kinder) gestreßt waren, sondern
sich unvermutet in zwei Rollen wiederfanden. Während sie die neue
Frauenrolle, meist mit Bravour, erlernten, konnten sie die alte noch lange
nicht loswerden. Dieser Zwiespalt brachte, weil er nicht durchschaut
wurde, psychische Komplikationen, vor allem Schuldgefühle mit sich.
Da solche Sachverhalte öffentlich kaum reflektiert wurden, fanden die mit
ihren Problemen alleingelassenen Frauen in Romanen, Erzählungen und
Dokumentar-Texten von Schriftstellerinnen ihre eigene Problemlage
wieder, und zwar ganzheitlich, wie das kein Sachbuch zu vermitteln
vermag.

Die Literatur ist reich an Situationen, in denen sich alte und neue
Widersprüche überlagern und auf verhängnisvolle Weise verstärken. Die
Liste der Figuren, die am Leben verzweifeln und zugrundegehen, ist
lang. Allein bei Morgner gibt es viele Frauenfiguren, die nicht mehr ein
noch aus wissen, die "Gift und Tod" suchen, wie das im vierzigsten
Kapitel des *Amanda*-Romans vorgeführt wird, oder vom "Seil" (elftes
Buch, sechsundzwanzigstes Kapitel des *Trobadora*-Romans) abstürzen
oder sonstwie dem Druck der Verhältnisse und ihrer eigenen Verzweiflung erliegen. Das Phantastische all dieser Begebenheiten, vor allem die
gelegentlichen wunderbaren Rettungen, mindern den tiefen Ernst, den
Eindruck von der "Lebensnähe" dessen, was da erzählt wird, in keiner
Weise.

Hier muß nicht bewiesen werden, mit welcher Eindringlichkeit
Wolf, Morgner, Königsdorf, Schütz, Schubert und andere Autorinnen
Fehlentwicklungen im Sozialismus diagnostizierten und globale Gefahren

"an die Wand malten." Sie haben wahrlich Unheil vorausgesagt, nicht allein Christa Wolf in *Kassandra*. Was in unserem Zusammenhang eigens betont werden soll, ist vieler Autorinnen Neigung zu einer—wie Helga Königsdorf es ausdrückt—"neuen Kassandra-Funktion"; gemeint ist eine Kassandra, "die nichts beschönigt und die trotzdem ermutigt, sich gegen das Unheil zu wehren" (*Ein Moment Schönheit* 8).

Einige Schriftstellerinnen haben nicht nur in ihren Texten vorgeführt, sondern vorgelebt, wie man sich von Konflikten, vor allem von tödlicher Bedrohung durch Krankheit, nicht zermürben läßt, sondern ihr ein Stück lebenswerten Lebens, vor allem künstlerische Produktivität, abgewinnt. Die Beispiele Brigitte Reimann und Maxie Wander belegen solche Chance, gerade durch das Miteinander der während der Krankheit geschriebenen Texte und der postum edierten Tagebuch- und Briefdokumente besonders eindrucksvoll. Bislang kennen wir wenig von den Texten, die Irmtraud Morgner nach ihrer ersten schweren Krebsoperation verfaßt hat. Das Interview jedenfalls, das sie wenige Monate vor ihrem Tod Alice Schwarzer gab und Fotos aus dieser Zeit zeugen von ihrer erstaunlichen Lebendigkeit, von ihrem Interesse am Geschick derer, die sie überleben würden.

Wir kennen die unerbittliche Wahrheit, die in Ingeborg Bachmanns *Todesarten* liegt. Die Darstellung dieses spezifisch weiblichen Zugrundegehens und Zugrundegerichtetwerdens hat etwas Unausweichliches. Fremd ist diese Art, Lebenschance zu beurteilen, DDR-Schriftstellerinnen nicht. Die Gestaltung der Günderrode in *Kein Ort. Nirgends* bezeugt die Nähe. Diese äußerste Konsequenz in der Darstellung von nicht lebbarem Leben findet ihre ebenso notwendige Ergänzung in jenen Werken der DDR-Frauenliteratur, in denen die Möglichkeit zur Sprache kommt, tödlichen Gefährdungen, gerade auch der im eigenen Innern lauernden, zu widerstehen. Die entworfenen Lebensstrategien sind, ohne Anleihen bei biologischen Argumenten, spezifisch weiblich angelegt. Es scheint den Autorinnen bewußt zu sein, daß der Tod eine gewaltige Macht ist, der ebenso Mächtiges entgegengesetzt werden muß. Auf kategorische Imperative im Sinne von "Du sollst" und "Du mußt" wird wohlweislich verzichtet. Evoziert werden soll ein "ich möchte." Die Autorinnen suchen und finden Möglichkeiten, zum Leben zu verlocken, zu verführen, und zwar nicht mit der banalen Behauptung, daß das Leben eigentlich doch schön sei, sondern mit dem Vorschlag, das Leben lebenswert zu machen, zunächst vielleicht nur für sich selbst.

In diesen Lebensstrategien, die etwas qualitativ anderes sind als Überlebensstrategien, werden die "Lebensgeister" angesprochen, die Neugier, der Sinn für Genuß, der Spaß an Aktivität. All das, was in meinen Überlegungen nach Therapie und klapperdürrer Konstruktion klingt, wird in den literarischen Utopien zumeist schön und anschaulich vorgeführt.

Die Überzeugungskraft solcher Utopien beruht wesentlich darauf, daß sie nicht blauäugig herphantasiert sind, sondern in einem "realistischen" Verhältnis zur Wirklichkeit stehen, daß sie beides in sich haben: das Wissen um Vergeblichkeit und das entschlossene Trotz-Alledem. Wir haben Zeiten hinter uns, die solche Schreibweisen mit Notwendigkeit hervorbrachten. Es ist—leider—nicht ausgemacht, daß sie heutzutage unzeitgemäß wären. Es ist immer aufs neue Bedarf an "Stehaufweibchen."

Zitierte Literatur

Anderson, Edith, Hrsg. *Blitz aus heiterm Himmel.* Rostock: Hinstorff, 1975.

Kirsch, Sarah. *Allerlei-Rauh.* Stuttgart: Deutsche Verlags-Anstalt, 1988.

Königsdorf, Helga. "Das Krokodil im Haussee." *Der Lauf der Dinge.* Berlin: Aufbau, 1982.

_____. *1989 oder Ein Moment Schönheit. Eine Collage aus Briefen, Gedichten, Texten.* Berlin: Aufbau, 1990.

Krauß, Angela. "Der Dienst" (Erzählung). *neue deutsche literatur* 11/88.

Morgner, Irmtraud. *Amanda. Ein Hexenroman.* Berlin: Aufbau, 1983.

_____. "Jetzt oder nie! Die Frauen sind die Hälfte des Volkes." Interview mit Alice Schwarzer. *Emma* 2/90: 32-38.

_____. *Leben und Abenteuer der Trobadora Beatriz nach Zeugnissen ihrer Spielfrau Laura.* Berlin: Aufbau, 1974.

Schütz, Helga. *In Annas Namen.* Berlin: Aufbau, 1986.

_____. *Julia oder Erziehung zum Chorgesang.* Berlin: Aufbau, 1980.

Wander, Maxie. *Guten Morgen, du Schöne. Frauen in der DDR. Protokolle.* Mit einem Vorwort von Christa Wolf. Berlin: Aufbau, 1977.

Wolf, Christa. *Kassandra.* Berlin: Aufbau, 1983.

_____. *Kein Ort. Nirgends.* Berlin: Aufbau, 1979.

_____. "Selbstversuch." *Blitz aus heiterm Himmel,* hrsg. von Edith Anderson. Rostock: Hinstorff, 1975.

_____. *Sommerstück.* Berlin: Aufbau, 1989.

_____ *Störfall. Nachrichten eines Tages.* Berlin: Aufbau, 1987.

Wolter, Christine. "Ich habe wieder geheiratet." *Wie ich meine Unschuld verlor.* Berlin: Aufbau, 1976.

Worgitzky, Charlotte. *Meine ungeborenen Kinder.* Berlin: Der Morgen, 1982.

Zeplin, Rosemarie. *Der Maulwurf oder Fatales Beispiel weiblicher Gradlinigkeit.* Berlin: Aufbau, 1990.

Alte und neue Dilemmata:
Frauen in der ehemaligen DDR

Irene Dölling

The euphoria of 1989, when large numbers of GDR women publicly demanded change, was followed first by the rush toward unification and then by the sobering recognition of the problems stemming from life in a unified Germany. When in March 1990 46 % of voting women supported the conservatives, it became clear that they were not interested in a feminist approach to issues affecting women. This article locates the roots of those attitudes in the "patriarchal-paternalistic" structures of GDR state socialism. Although these policies granted women economic independence, they at the same time furthered their dependence on the "father" state, encouraging women to abdicate responsibility for improving their own lives. (SF)

I. Eine vorläufige Bestandsaufnahme

In den rasanten Prozessen, die in Deutschland seit dem Oktober 1989 ablaufen, haben sich die Verhältnisse und Bedingungen für Frauen in Ost und West verändert. Besonders für die Frauen in der ehemaligen DDR trifft dies in extremer Weise zu; für die Frauen in den alten Bundesländern werden die Veränderungen längerfristig erst erfahrbar werden. Ich konzentriere mich daher in diesem Beitrag auf die Situation von Frauen in den fünf neuen Bundesländern. Obwohl Periodisierungen immer ihre Tücken haben, lassen sich aus meiner Sicht bisher drei Phasen unterscheiden, die ich kurz charakterisieren möchte.

Der Aufbruch

Auf den Demonstrationen im Oktober und November 1989 waren Frauen zahlreich vertreten. Bald schon merkten sie, daß ihre Anwesenheit in der politischen Öffentlichkeit kaum zur Kenntnis genommen und nicht als ein Fakt bewertet wurde, der eine veränderte politische Kultur notwendig macht. "Neue Männer braucht das Land!" war eine der populären Losungen in dieser Zeit. Frauen waren trotzdem hoffnungsvoll und gingen mit eigenen Forderungen an die Öffentlichkeit. Unter der Überschrift "Geht die Erneuerung an uns Frauen vorbei?" meldeten Anfang November einige Frauenforscherinnen Kritik an der Ausgrenzung von Frauen an und formulierten selbstbewußt Vorstellungen von einer anzustrebenden Gesellschaft, in der die bisherige Benachteiligung von Frauen Gegenstand öffentlicher Kritik und ihre Aufhebung ein wichtiges Ziel praktischer Politik sein sollte. Andere Frauen griffen diese Forderungen auf und machten sie auf Demonstrationen publik. Hoffnungsvoll stimmten die vielen Aktivitäten von Frauen in basisdemokratischen Initiativen, in Selbsthilfe-, Selbsterfahrungs- und Diskussionsgruppen. Breit waren die Themen, die angesprochen wurden. Sie reichten von der Gesellschaftskritik bis zur Gewalt in der Ehe. Ihre praktische Dimension erstreckte sich von der Formulierung politischer Programme bis zu Konzepten für die Einrichtung von Frauenzentren und Häusern für geschlagene oder vergewaltigte Frauen. Die Hoffnung, daß Frauen künftig eine unüberhörbare und unübersehbare Kraft sein werden, wurde verstärkt, als Anfang Dezember in einem großen Berliner Theater mehr als Tausend Frauen aus der ganzen DDR zusammenkamen, um die Gründung einer unabhängigen Frauenbewegung zu beschließen. Vertreterinnen des Unabhängigen Frauenverbandes nahmen wenige Tage später ihre Arbeit am Zentralen Runden Tisch auf, sie waren in der Regierung Modrow mit einer Ministerin ohne Geschäftsbereich vertreten. Sie hatten einen nicht geringen Anteil an der Ausarbeitung der Sozialcharta (Sicherung sozialer Rechte der DDR-BürgerInnen beim Prozeß der Vereinigung beider deutscher Staaten) und des Konzepts für ein Ministerium für Frauen- bzw. Gleichstellungsfragen. In keinem anderen der Länder des Ostblocks, die sich in der Veränderung befinden, hat sich eine vergleichbare politische Kraft der Frauen entwickelt.

Zusammen mit den Grünen hat sich der Unabhängige Frauenverband an der ersten freien Wahl zur Volkskammer beteiligt und 2,7% der Stimmen bekommen—aber leider, auf Grund der Listenplätze, keinen Sitz im Parlament. Allerdings lagen die erreichten Prozente unter den erwarteten Stimmanteilen von 4 bis 5%. Der Demokratische Frauenbund Deutschlands (das war die über vierzig Jahre existierende Frauenorganisation, die bis zu diesem Zeitpunkt eine Fraktion in der Volkskammer hatte) bekam mit 1,5 Millionen Mitgliederinnen sogar nur 0,03% aller Stimmen. Über 46% aller wahlberechtigten Frauen aber wählten die konservative "Allianz für Deutschland."

Diese Ergebnisse waren für viele der aktiven Frauen, die oftmals bis an die Grenze der Erschöpfung gearbeitet hatten, eine große Enttäuschung. Sie haben auch im positiven Sinne ernüchternd gewirkt: sie öffneten vielen Aktivistinnen und z.B. auch feministischen Wissenschaftlerinnen die Augen für die wirklichen Differenzen unter den Frauen und wirkten stimulierend dafür, die Ziele von Frauenpolitik zu überdenken und wissenschaftlich präziser nach den Strukturen zu fragen, in denen mehrere Generationen von Frauen in der DDR gelebt haben. Wenn vom euphorischen Aufbruch etwas bleiben sollte, dann war jetzt ein

Lernprozeß bezüglich des Akzeptierens von und des praktisch-politischen Umgangs mit Differenzen zwischen den Frauen, waren Realitätssinn und sorgfältige Analyse angesagt.

Mit Volldampf in die Einheit

Nach den Märzwahlen 1990 beschleunigte sich der Prozeß der schnellen Auflösung der DDR, der schon vorher in Gang gekommen war. Das Wahlverhalten (nicht nur der Frauen) hatte es noch einmal sehr deutlich gemacht: die meisten Menschen wollten eine schnelle Vereinigung mit der Bundesrepublik. Ihr Votum für die "Allianz für Deutschland" war eine Abstimmung gegen jede Form von "Sozialismus" und eine Entscheidung für eine Gesellschaft, die sie zwar nicht genau kannten, von der sie aber eine schnelle Verbesserung ihrer Lebensbedingungen erwarteten. Aus dem Wahlverhalten der Frauen, in dieser Deutlichkeit wohl nur von wenigen erwartet, konnten zu diesem Zeitpunkt mehrere Schlüsse über die Situation von DDR-Frauen nach der "Wende" gezogen werden.[1]

Erstens machte es auf seine Weise deutlich, daß die übergroße Mehrheit der Frauen in der DDR mit frauenemanzipatorischen bzw. feministischen Ideen und Praxen wenig anfangen kann, ihnen oftmals ausgesprochen ablehnend gegenübersteht. Obwohl der Unabhängige Frauenverband mit einem Programm in die Wahl ging, das stark auf die Sicherung der sozialen Einrichtungen wie Kindergärten, Schulspeisung oder des Rechts auf Arbeit orientiert war, sprach er insgesamt nur sehr wenige Frauen an. Die Ursachen dafür waren vielfältig: zum einen war das Programm ausgesprochen feministisch und auch antikapitalistisch orientiert, was den Intentionen vieler Frauen gewiß entgegenstand. Zum anderen herrschten aus Unkenntnis sicher auch viele Illusionen darüber, was in einer marktwirtschaftlich orientierten Gesellschaft auch weiterhin "selbstverständliche" soziale Leistungen (für Frauen bzw. berufstätige Mütter) sein würden. Und nicht zuletzt ist zu bedenken, daß die Aktivistinnen des Unabhängigen Frauenverbandes mehrheitlich akademisch gebildete, in intellektuellen Berufen arbeitende Frauen um die dreißig waren, die eine spezifische, teils aufmüpfige Sprache sprechen und selbstbewußt auf Autonomie und Eigenaktivität von Frauen beharren. Sie wirken damit für viele Frauen in anderer sozialer Lage nicht nur fremd und bedrohlich, sie sind in den Augen von Bandarbeiterinnen, Verkäuferinnen usw. auch Menschen weiblichen Geschlechts, die in der sozialen Hierarchie über ihnen stehen und die nicht viel Gemeinsames mit ihnen haben. Wie "Klasse" und Geschlecht, aber auch Alter und Rasse als soziale Differenzierungsfaktoren miteinander verflochten sind, sich wechselseitig verstärken, aber auch Grenzen ziehen, war zu diesem Zeitpunkt zu wenig im Kalkül des Unabhängigen Frauenverbandes.

Weiter hat die abrupte Öffnung der Grenzen am 9. November 1989 mit den anschließenden Besucherströmen von DDR-BürgerInnen bei vielen, die den "Westen" bis dahin nur aus den Medien kannten, einen Schock ausgelöst: ganz so eklatant hatten sich die meisten die Unterschiede im Konsumangebot und im Lebensstandard wohl doch nicht vorgestellt. Nicht wenige, die mit Stolz auf ihren hart erarbeiteten "Trabi," ihre Wohnungseinrichtung oder ihr Wochenendgrundstück geschaut hatten, kamen sich nach einem Vergleich mit dem westlichen "Standard" wie Betrogene vor. Viele Frauen, die die Mühsal der täglichen Existenzsicherung in einer Mangelwirtschaft aufs Beste kannten—noch dazu bei ganztägiger Berufsarbeit—und die die Bedürfnisse ihrer Kinder im Auge hatten, waren nach diesen Erfahrungen an einer schnellen Angleichung des Lebensniveaus an das der Bundesbürger interessiert. Die Parteien der "Allianz für Deutschland" waren nach ihren Wahlversprechungen dafür die besten Garanten.

Schließlich zeichnete sich zwar in den Monaten vor der Währungsunion und im Sommer schon ab, daß der Übergang in die neue Gesellschaft für viele hart werden wird, daß Arbeitslosigkeit und Streichung von sozialpolitischen Maßnahmen nicht zu vermeiden sein werden, aber es überwogen bei den allermeisten die Hoffnungen, daß dies eine kurze—und sie nicht betreffende—Übergangsphase sein wird. Auffällig in dieser Phase des "gedämpften Optimismus" war, daß Frauen kaum nennenswerten Widerstand leisteten, wenn sie arbeitslos wurden, wenn in ihren Betrieben die Kinder- und Sozialeinrichtungen geschlossen wurden oder sie mit offenen Formen der Diskriminierung (nicht nur, aber vor allem am Arbeitsplatz bei der beginnenden Konkurrenz um die Stellen) konfrontiert wurden. Das kleine Häuflein von Frauen, Kindern und (einigen) Männern, das sich im Mai 1990 in Berlin vor dem Schauspielhaus zusammenfand, um gegen die Übernahme des § 218 in der DDR zu protestieren, während zur gleichen Zeit in Bonn -zig Tausende demonstrierten, wirkte für die TeilnehmerInnen schon sehr deprimierend. Das war wieder eine Erfahrung, die verarbeitet werden mußte: daß Frauen in der DDR scheinbar bedenkenlos, freiwillig aufzugeben bereit waren, was ihnen (relative) ökonomische Selbständigkeit gebracht und die Vereinbarkeit von Berufsarbeit und Mutterschaft möglich gemacht hatte. Wenn überhaupt, richteten sie ihre empörten Proteste an Leitungen und Behörden, an Parteien und Regierung, in der Hoffnung, daß diese die für sie richtige Entscheidung träfen. In ihrer zunehmenden Verunsicherung über den Verlust von "Selbstverständlichkeiten" blickten Frauen hoffnungsvoll und hilflos zugleich auf Parteien, die bereit waren, die Verantwortung zu übernehmen. Die in Sachsen während des Wahlkampfes zu den Volkskammerwahlen verbreitete Losung "Helmut, nimm uns bei der Hand, führ' uns ins Wirtschaftswunder- (bzw. Vater-) land," traf diese Stimmung und Haltung ziemlich genau. Sichtbar wurde eine Abhängigkeit von Frauen, die theoretisch als Resultat einer spezifischer Form von Patriarchat[2] im Staatssozialismus zu analysieren ist. Meine These, die ich im dritten Abschnitt erläutern werde, lautet, daß Frauen (und—auf andere Weise—Männer) im patriarchalischen Staatssozialismus subjektive Strukturen ausgebildet haben, die in den gegenwärtigen Umbrüchen der Gesellschaft einen günstigen Nährboden für "konservative" Lösungen der dabei auftretenden Konflikte bilden.

Die Phase der Ernüchterung

Waren die gesamtdeutschen Wahlen im Dezember 1990 einerseits noch einmal deutlicher Hinweis darauf, daß die Mehrheit der Deutschen (bzw. der ehemaligen DDR-BürgerInnen) bei den rechten Parteien die besseren Garantien für einen schnellen Aufschwung sehen, läßt sich zum anderen nicht übersehen, daß die Hoffnungen immer mehr von Sorgen und Resignation überlagert werden. Fakt ist aber auch, daß zunehmend mehr Menschen ihr Empfinden, BürgerInnen "zweiter Klasse" im vereinten Deutschland zu sein,[3] in Protest- und Widerstandsformen umsetzen. Der nach den Wahlen enorm beschleunigte crash-Kurs der Wirtschaft, die Verstöße gegen den Einigungsvertrag (z.B. bei den Mieten, die nun schon 1991 auf bundesdeutsches "Niveau" angehoben werden sollen, obwohl die Löhne und Gehälter nicht in gleicher Weise angeglichen werden und die Zahl der Arbeitslosen galoppierend steigt[4]), aber auch das Verstricktsein Deutschlands in den Golfkrieg und die Kosten, die dabei entstehen—all dies und vieles mehr hat bei nicht wenigen eine Nachdenklichkeit erzeugt, die vor zwei, drei Monaten noch kaum vorstellbar war. Vor allem aber sind es ganz "hautnahe" Erfahrungen, die diese Ernüchterung bewirken: daß trotz aller Versprechungen vor den Wahlen der Lebensstandard nicht steigt, sondern eher absinkt (die finanzielle Not der Kommunen und Länder etwa führt dazu, daß vielerorts die Heizung gedrosselt werden muß und massiv kulturelle und soziale Einrichtungen geschlossen werden), daß die erworbenen Qualifikationen und Berufsabschlüsse abgewertet, oftmals auch erst nach einer zusätzlichen Qualifikationen anerkannt werden oder auch, daß Menschen über fünfunddreißig Jahren bei den Arbeitsämtern erfahren, daß sie "zu alt" seien und alleinstehende Frauen mit Kindern gar keine Chance hätten. Es ist sehr schwer abzuschätzen, was diese Erfahrungen und Ernüchterungen bei Frauen und Männern bewirken werden. Wenn die ganze Kraft für die individuelle Existenzsicherung gebraucht wird, ist das Potential für gemeinsame Aktionen und Bündnisse schwach. Noch gibt es wenig praktisches Wissen darüber, wie Menschen für eine gemeinsame Wahrung ihrer Interessen aktiviert werden können und welche Rolle dabei die Erfahrungen des Herbstes 1989 spielen könnten. Viele Projekte, die Frauen seither in Angriff genommen haben, sind heute gefährdet: in den

Kommunalverwaltungen werden als erstes die Arbeitsplätze der Gleich-
stellungsbeauftragten gestrichen, wenn das Budget knapp wird; Frauen-
häuser, Cafés, Clubs oder Zeitschriften von und für Frauen sind in
finanziellen und personellen Nöten. Generell wird die Abneigung gegen
Frauen, die auf autonomen Ansprüchen bestehen und patriarchalische
Strukturen kritisieren, massiver in diesen Zeiten sich zuspitzender sozialer
Konflikte. Andererseits sind es oftmals diese konkreten Projekte und
Kommunikationsformen, die von Frauen verschiedener sozialer Gruppen
angenommen und genutzt werden. Die Zukunft des Unabhängigen
Frauenverbandes wird sicher auch davon abhängen, wie es gelingt, das
Netzwerk solcher "grass roots"-Organisationen enger zu knüpfen ohne
den Anspruch aufzugeben, in den etablierten Formen der Parteienpolitik
aktiv wirksam zu werden.

II. Wie emanzipatorisch oder "frauenfreundlich" waren eigentlich die
Bedingungen und Sozialleistungen des sozialistischen Staates?

In einer gemeinsamen Untersuchung von Soziologen aus Ost und
West wird festgestellt, daß Deutschland Anfang der 90er Jahre "eine
Nation mit zwei politischen Kulturen" ist. Unter anderem gaben 70% der
befragten Ostdeutschen an, daß sie "auf etwas stolz seien, wenn sie an die
DDR zurückdenken." Fast immer wurde dabei die "sozialpolitischen
Maßnahmen" genannt.[5] Die Forscher werten dies als Ausdruck einer
großen Unsicherheit und Unkenntnis einerseits (was sicher richtig ist) und
der Produktion eines neuen Mythos der "sozialstaatlichen Idylle" in der
ehemaligen DDR andererseits. Dem letzten Argument kann ich nur
bedingt zustimmen. Meines Erachtens wird hier kein neuer Mythos
produziert—dieser Mythos existierte bereits zu Zeiten der DDR und er
war keineswegs nur "von oben" verordnete Ideologie, sondern durchaus
im Alltagsbewußtsein sogenannter "einfacher Leute" verankert. Bevor ich
auf einige Ursachen dafür zu sprechen komme, möchte ich zunächst die
Frage diskutieren, wie emanzipatorisch oder "frauenfreundlich" diese
sozialpolitischen Maßnahmen im Gefüge aller Lebensbedingungen
eigentlich waren.

Um Mißverständnisse von vornherein auszuschließen: Es gab in der
ehemaligen DDR eine ganze Reihe von Bedingungen, die in modernen
Gesellschaften heute wichtige Voraussetzungen dafür sind, daß Frauen
berufstätig sein können, ohne auf Mutterschaft verzichten zu müssen,
dafür, daß sie Bildungs- und Berufschancen für ein selbstbestimmtes
Leben nutzen können.[6] Es kann also nicht darum gehen, diese Maßnahmen deshalb als nichtig abzutun, weil sie als "sozialistische Errungenschaften" für bestimmte ökonomische, politische und ideologische Zwecke
funktionalisiert wurden. Andererseits halte ich es auch für falsch, sie als

"Werte an sich," ohne ihre Einbindungen in konkrete gesellschaftliche Zusammenhänge zu verstehen (das wäre für mich Beteiligung an der Mythenproduktion). Der "Haken" an der eingangs zitierten "stolzen Erinnerung" vieler ehemaliger DDR-BürgerInnen an die sozialpolitischen Maßnahmen ist doch, daß damit wieder nicht der Schritt vollzogen wird, sie im Gefüge patriarchalischer Strukturen zu verstehen, die die Benachteiligung der Frauen im Staatssozialismus festgeschrieben und fortlaufend reproduziert haben. Der "Skandal" verschwindet hinter der Idylle—und damit treten auch die patriarchalischen Strukturen der neuen Gesellschaft nicht ins Blickfeld. Mit dem "verklärenden Rückblick" bleibt individuell der "blinde Fleck" bei der Wahrnehmung einer allgegenwärtigen Geschlechterhierarchie unangetastet und es werden damit zugleich alte und neue Herrschaftsinteressen bedient.

Fakt ist, daß mit den sozialpolitischen Maßnahmen für berufstätige Frauen mit Kindern (mindestens seit Anfang der siebziger Jahre gab es keine Förderung von *Frauen* mehr, sondern die Unterstützung berufstätiger *Mütter*) die traditionelle Zuständigkeit von Frauen für Kinderbetreuung und Hausarbeit nicht in Frage gestellt, sondern eher zementiert wurde. Mit den sozialpolitischen Maßnahmen sollten Bedingungen verbessert, aber nicht ein Zustand aufgehoben werden. Die umfassende Fürsorgepolitik, deren Finanzierung einen immer größer werdenden Teil des Staatshaushalts verschlang, hat die einzelnen von der Verantwortung für einen großen Teil ihrer Lebensbedingungen entlastet. Damit wurde zum Teil der Mangel an Dienstleistungen, Waren, Zeit kompensiert und das hat eine—zumindest partielle—Zustimmung der BürgerInnen zum Staat bewirkt. Für Frauen bedeutete diese Fürsorgepolitik aber auch die Festschreibung ihrer traditionellen Rolle als Mutter, die ungebrochene Reproduktion traditioneller Funktionszuweisungen an die Geschlechter.

Dies ist in Zusammenhang zu setzen zu der widersprüchlichen Situation von Frauen in der Berufsarbeit. Auch hier ist der erste Blick durchaus positiv: über 91% der Frauen im arbeitsfähigen Alter waren bis 1989 berufstätig bzw. befanden sich in der Ausbildung, das Niveau der beruflichen Erstqualifikation hat sich in den Altersgruppen bis vierzig Jahre an das Niveau der Männer angeglichen. 1988 besaßen 87% der Frauen eine abgeschlossene Berufsausbildung. Etwa 50% der Studierenden an den Hochschulen und Universitäten sind Frauen, an den Fachschulen beträgt ihr Anteil über 70%. In einigen Berufen, die früher ausgesprochene Männerdomänen waren, sind Frauen unterdessen mit über 50% vertreten—das betrifft z.B. den Arzt- und den Richterberuf. Auch waren fast ein Drittel aller Bürgermeister bisher Frauen und ihr Anteil in den Gemeinde-, Kreis- und Bezirksvertretungen betrug bis 1990 zwischen 30 and 40%. Dennoch waren Frauen kaum in Spitzenpositionen in Wirtschaft und Politik zu finden, machte ihr Anteil an den Professoren und Dozenten nur ca. 7% aus.

Fast die Hälfte aller Berufstätigen (genau 48,9%) waren 1989 weiblichen Geschlechts; zugleich ist die große Mehrheit der Frauen im nichtproduzierenden Bereich der Wirtschaft tätig. Generell ist eine ausgeprägte geschlechterspezifische Arbeitsteilung, ja eine Segmentierung von ganzen Berufen nach Geschlechtern zu konstatieren. In der Tendenz verrichten Frauen die weniger qualifizierten, entsprechend weniger gut bezahlten Tätigkeiten, sie werden oft auch bei gleicher Qualifikation in weniger gut bezahlten Tätigkeiten eingesetzt. In den beiden niedrigsten Lohngruppen zusammen arbeiten über die Hälfte aller weiblichen Produktionsarbeiter (56,7%), aber nur 21,7% der männlichen Produktionsarbeiter. Dagegen sind in den mittleren Lohngruppen 43,0% der männlichen, aber nur 13,8% der weiblichen Produktionsarbeiter vertreten (*Sozialreport* 122 ff.). Hinzu kommt, daß die "frauentypischen" Berufe im Gesundheits- und Sozialwesen, sowie im Dienstleistungssektor sehr niedrig bezahlt sind, so daß sich in der Tendenz ein beträchtliches Einkommensgefälle zwischen Frauen und Männern ergibt. Mit dem Verweis auf ihre reproduktiven Aufgaben findet außerdem eine Kanalisierung weiblicher Arbeitskräfte in bestimmte Bereiche und Berufe statt. So verteilten sich z.b. rund 60% der Absolventinnen der zehnten Klasse des Jahrgangs 1987 auf sechzehn Facharbeiterberufe von den insgesamt 289 Facharbeiterberufen, die Absolventen der zehnten Klasse offen stehen (*Orientierung*). Mit anderen Worten: das formal gleiche Recht auf Arbeit und Bildung, auf gleichen Lohn für gleiche Arbeit stellt sich real als höchst ungleich für Frauen und Männer dar. Frauen sind mehrheitlich weit weniger ökonomisch unabhängig als Männer, was durch die sozialpolitischen Maßnahmen bisher in gewissem Umfang ausgeglichen und auch verdeckt wurde, jetzt, mit beginnendem Sozialabbau aber deutlich zutage tritt.

Festzuhalten ist also, daß das permanente Fehlen von Arbeitskräften und die traditionelle Vorstellung der Arbeiterbewegung von der emanzipatorischen Kraft der Berufsarbeit, verbunden mit der Ideologie von der realisierten Gleichberechtigung "im Sozialismus" dazu geführt haben, daß Frauen massenhaft in die Berufsarbeit einbezogen und untersetzende sozialpolitische Maßnahmen realisiert wurden. Frauenfreundlich bzw. emanzipatorisch war dies nicht unbedingt; Frauen wurden bei diesen Maßnahmen in erster Linie funktional—als Arbeitskräfte und als Mütter—gesehen, nicht aber als Subjekte mit einem Anspruch auf ein selbstbestimmtes, eigenverantwortliches Leben. Ich möchte diese Feststellung in einem letzten Abschnitt in größere Zusammenhänge stellen und nach der spezifischen Form von Patriarchat im Staatssozialismus fragen. Dies kann hier nur thesenhaft—und entsprechend verkürzt—geschehen.

III. Der besondere Patriarchalismus staatssozialistischer Gesellschaften

1. Staatssozialismus ist ein Typ moderner Gesellschaft, der durch die Dominanz des politischen, bürokratisch-zentralistischen Systems gegenüber allen anderen Teilsystemen charakterisiert ist. Ein-Parteien-Herrschaft und Konzentration aller Macht in einer staatlichen Zentralgewalt sind die Formen, in denen der Widerspruch zwischen der ökonomischen und kulturellen Zurückgebliebenheit gegenüber kapitalistisch-bürgerlichen Gesellschaften einerseits und den sozial-ökonomischen Zielen des "Experiments Sozialismus" andererseits bewegt, die inhärente Misere des Gesamtsystems fortlaufend verstärkt und schließlich mit dem Zusammenbruch "gelöst" wird. Dominanz des politischen Systems bedeutet in diesem Kontext: es leistet die *Repräsentation* aller anderen Teilsysteme. Dies geschieht unter Rückgriff auf kulturelle Formen, wie wir sie aus traditionalen Gesellschaften kennen. Wie der pater familias der vorbürgerlichen Produktionsfamilie übernimmt "die Partei" mit ihrer zentralistisch-hierarchischen Struktur und ihrem Generalsekretär als dem "Vater des Staatsvolks" an der Spitze die Funktion, im Interesse aller zu sprechen, zu wissen, was gut für alle ist, die Verantwortung für das Wohlergehen aller auf sich zu übertragen. In diesem patriarchalisch-paternalistischen Prinzip findet die politische Idee einer Gesellschaft sozialer Gleichheit und Gerechtigkeit ihren geformten Ausdruck: Partei und Staat sorgen "väterlich" für Gerechtigkeit und Gleichheit. Der traditionelle "Antifeminismus" der Arbeiterbewegung, der im Staatssozialismus in Gestalt der Unterordnung der "Frauenfrage" unter die "soziale Frage" seine Fortsetzung erfährt und in der Proklamierung realisierter Gleichberechtigung als "Lösung der Frauenfrage" gipfelt, stabilisiert und reproduziert dieses Amalgam von Gleichheitsidee und Patriarchat.[7]

2. Die Mischung von politischer Macht und Patriarchat im politischen Repräsentationssystem findet seine Entsprechung, Ergänzung und Stabilisierung in den praktizierten und symbolischen Geschlechterordnungen, die die Alltagswelt der Individuen bestimmen. Traditionale geschlechterspezifische Funktionsteilungen zwischen Berufs- und Hausarbeit blieben in den vierzig Jahren Staatssozialismus in der DDR unangetastet—und dies nicht allein und vielleicht nicht einmal primär aus ökonomischen Gründen. Soziale Ungleichheiten, die Konzentration von Entscheidungsbefugnissen in zentralen Apparaten und bei wenigen Personen wurden ideologisch verbrämt und praktisch wie symbolisch unter anderem in Geschlechterverhältnissen und Geschlechterstereotypen gelebt sowie psychisch "verarbeitet," in die die Zweitrangigkeit des weiblichen Geschlechts quasi "selbstverständlich," "naturlich" eingeschrieben ist. All dies zusammen bedeutet für unsere Problemstellung, daß patriarchalische Strukturen im Staatssozialismus *nirgendwo*

Gegenstand kritischer Reflexion und verändernder Praxen werden können: Kritik an patriarchalischen Geschlechterverhältnissen ist unter diesen Umständen Kritik am politischen System und im weiteren Sinne an der Verfaßtheit der Gesellschaft generell. Die vehemente Abwehr von "Feminismus" in Praxis und ideologischer Kritik im Staatssozialismus ist nur aus solchen potentiell "systemsprengenden" Gefahren zu erklären.

3. Repräsentation bedeutet Entmündigung derjenigen, die repräsentiert werden, bedeutet Unterdrückung von Formen einer politischen Öffentlichkeit, in der sich eigenständige, differenzierte Interessen der Repräsentierten herausstellen, artikulieren und formieren können. Das Fehlen einer solchen Öffentlichkeit und im weiteren einer "civil society" im Staatssozialismus hat geschlechterspezifische Auswirkungen. Waren Frauen in der Neuzeit generell benachteiligt, weil sich die Konstituierung einer politischen und auch kulturellen Öffentlichkeit seit dem 19. Jahrhundert vorwiegend als Prozeß "unter Männern und als Männersache" (Karin Hausen) vollzogen hat, so ist für den Staatssozialismus eine Verstärkung dieser Tendenz festzustellen. Politik ist hier nicht nur "Männersache" in der auch für bürgerliche Gesellschaften bekannten Weise:[8] fehlende Öffentlichkeit im Kontext der Mixtur aus politischer Repräsentation und Patriarchalismus macht es Frauen so gut wie unmöglich, Formen zu entwickeln, in denen sie selbst ihre Situation zum Gegenstand von Reflexion, Kommunikation und Praxen machen[9] bzw. die "Frauenfrage" als unverzichtbaren, legitimen Bestandteil aller politischen und kulturellen Diskurse um die Verteilung des gesellschaftlichen Reichtums einbringen können.[10] Je mehr der "ursprüngliche Kampf um eine bessere Welt . . . zum Überlebenskampf, d.h. zum Machterhaltungskampf der herrschenden Elite [denaturiert]" (Fitze 567), desto deutlicher treten die frauenfeindlichen Züge des politischen Systems zutage. In zynischer Offenheit wird "Frauenpolitik" auf das reduziert, worauf sie—entgegen aller ideologischen Hüllen—immer schon zielte: auf die Frauen als billige Arbeitskräfte und als Gebärerinnen, die als Zugabe zu ihrer Mutterschaft die unbezahlte Reproduktionsarbeit "freiwillig" leisten. Ergänzt durch eine in den letzten Jahren immer ungehemmter geäußerte Abwertung der Effizienz von Frauen als Arbeitskräfte ebenso, wie der Erfüllung ihrer "Mutterrolle" auf Grund ihrer Berufstätigkeit, ist das Klima vorbereitet worden, in dem nun, bei der Neuverteilung ökonomischer und politischer Macht, die männliche Dominanz—von den politischen "Schaltstellen der Macht" bis zur Kasse im Supermarkt—durchgesetzt werden kann.

4. Zur politisch-patriarchalischen Repräsentation gehört die Konstruktion einer harmonischen, von Interessenkonflikten freien Gesellschaft und einer "sozialistischen Persönlichkeit," deren "vernünftige" Bedürfnisse "die Partei" oder "Vater Staat" kennt bzw. festlegt. Diese ideologische Konstruktion einer Gesellschaft bzw. eines idealen Menschen "als Wille und Vorstellung," wie Bourdieu es in bezug auf Klassen formuliert

hat (37), durch die Funktionäre des Systems in Politik und Wissenschaft hatte durchaus reale Konsequenzen für Alltag und Verhaltensweisen von Frauen und Männern. Die Ignorierung unterschiedlicher Lebenslagen, Bedürfnisse und Interessen, verbunden mit nivellierender Sozialpolitik und Gleichmacherei als dem verzerrten Ausdruck der Gleichheitsidee, hat geschlechterspezifische Aspekte mit patriarchalischer Dimension: aus den abstrakten "allgemein-menschlichen" Interessen werden bestimmte von vornherein ausgespart, die "menschlichen" Interessen stellen sich bei genauerem Hinsehen als männliche heraus. Die "Erbauer des Sozialismus" sind selbstverständlich männlich; Frauen haben am Aufbauprozeß teil, indem sie "arbeiten wie ein Mann." Honoriert noch als Mutter (möglichst von 3 Kindern) spielen Frauen als diejenigen, die den übergroßen Anteil der unbezahlten Hausarbeit leisten im öffentlichen und veröffentlichten Bewußtsein keine Rolle. Als Hausfrauen existieren sie in der allgemeinen Idee vom "sozialistischen Menschen" nicht. Über mehrere Generationen haben Frauen in der DDR in und mit dem Widerspruch gelebt, daß von ihnen alle Leistungen und Verhaltensweisen gefordert wurden, die zur traditionalen Frauenrolle gehören und daß zugleich von "der Gesellschaft" wesentliche Aspekte der zu dieser Rolle gehörenden Fähigkeiten und Kompetenzen ignoriert bzw. als gesellschaftlich wenig bedeutsam abqualifiziert wurden. Frauen sollten sich in traditionaler Weise "weiblich" verhalten und zugleich wurde weder "Weiblichkeit" im herkömmlichen Sinne noch wurde das Beharren auf der Geschlechterdifferenz im öffentlichen Bewußtsein anerkannt und honoriert; wie "die Männer" sollten Frauen arbeiten, denken, sich entwickeln usw. Diese mehrfache Abwertung dürfte bei nicht wenigen Frauen eine heimliche Sehnsucht nach dem Ausleben dieser diskriminierten Dimensionen des "weiblichen Lebenszusammenhangs" genährt haben. Nun können sich diese Sehnsüchte offen artikulieren, sie verschmelzen gegenwärtig überdies mit einer emotionalen Ablehnung all dessen, was "Sozialismus" war.[11] Die Anziehungskraft, die "Weiblichkeit" und "Mütterlichkeit" oder auch Vorstellungen von einem Dasein ohne Berufsarbeit bei nicht wenigen Frauen plötzlich haben und die sich nicht zuletzt in einer Zustimmung von Frauen zu Miß-Wahlen, sexistischen Darstellungen von Frauen u.a. äußern, müssen meines Erachtens ursächlich zu den genannten Erscheinungs- und Wirkungsweisen von Patriarchat im Staatssozialismus in Beziehung gesetzt werden.

5. Repräsentation bedeutet auch—und nicht zuletzt—Entlastung der einzelnen von Verantwortung. Im patriarchalisch-paternalistischen Prinzip der politischen Repräsentation wird ein kulturelles Muster aus der Alltagswelt verallgemeinert: der Vater bzw. Mann übernimmt die Verantwortung für Kinder bzw. Frau, was ihm auch Entscheidungsbefugnis und Macht einbringt. Frauen in der DDR waren bislang eingebunden in ganztägige Berufsarbeit und die Verantwortung für Kinder und

Hausarbeit. Diese Doppel- und Dreifachbelastungen haben ihnen kaum
Raum dafür gelassen, den Fallstricken einer vormundschaftlichen Ideologie zu entgehen, die ihnen mit den sozialpolitischen Maßnahmen zur
Erleichterung von Beruf und Mutterschaft frei Haus mitgeliefert wurde.
In diese Ideologie ist das dankbare Akzeptieren von Abhängigkeit "eingeschrieben." Möglicherweise haben Frauen in der DDR durch ihre—reale
oder auch nur angenommene—ökonomische Unabhängigkeit die traditionale Abhängigkeit vom Ehemann partiell aufgebrochen bzw. überwunden.
Aber sie sind zugleich in einer Abhängigkeit von "Vater Staat"[12] befan-
gen, die ihnen in der Regel—wie andere Abhängigkeiten auch—nicht
bewußt ist und der sie sogar zustimmen.[13] Ich vermute daher, daß hinter
den Forderungen vieler Frauen nach Sicherung der sozialpolitischen
"Errungenschaften" *auch* eine massive Angst steht vor dem Verlust eines
sozialen Netzes, durch das—entsprechend einem traditionellen kulturellen
Muster—für sie und ihre Kinder bzw. Familien gesorgt wird. Und das ist
auch eine massive emotionale Angst vor einem Zustand, in dem individuelle Verantwortungslosigkeit nicht mehr wie bisher honoriert, sondern
mehr eigene Verantwortung gefordert wird. Diese, durch das Patriarchat
im Staatssozialismus verbreitet erzeugten Verhaltensstrukturen machen
Frauen in den aktuellen Umbrüchen zugleich anfällig für Parteien, die
ihnen wieder Verantwortung abzunehmen bereit sind. Und die Erwar-
tungshaltung, daß für Frauen, für ihre Kinder bzw. Familien gesorgt
wird, ist auch durchaus funktionalisierbar für Strategien zur Regulierung
von hoher Arbeitslosigkeit, Entwertung von Qualifikationen und Ab-
schlüssen, Kürzungen von Sozialleistungen usw. Für Männer hat die
bisherige "Vater-Staat-Politik" neben den besseren Möglichkeiten, die sie
qua Geschlecht hatten, an der hierarchisch gestaffelten Verantwortung
bzw. verwalteten Verantwortungslosigkeit zu partizipieren, auch eine
teilweise Entlastung von ihrer Verantwortung für ihre Kinder und deren
Mütter bedeutet. Sozialpolitische Maßnahmen, aber auch Rechtssprech-
ung (z.B. Subjektstatus der unverheirateten Mutter, Unterhaltspflicht für
geschiedene Frauen nur in Ausnahmefällen, niedrige Alimenten usw.)
haben in diesem Sinne gewirkt. Welche Vorteile Männern das bringt
beim Einstieg in die Marktwirtschaft, welche Konflikte sie möglicherweise aber auch auszutragen haben durch den größeren Druck, dem sie
bei geringerem Familieneinkommen und gestiegenen Bedürfnissen, bei
Absinken des Lebensstandards bzw. allgemeiner Existenzunsicherheit
ausgesetzt sind, ist heute kaum abzusehen. Gegenwärtig zeichnet sich ab,
daß der Faktor "Sicherheit" stärker als Kitt für Ehen und Familien wirkt.
Der psychische Druck, der in solchen "Notgemeinschaften" entsteht,
steigert nicht nur das Aggressionspotential in der Familie, sondern wirkt
generell verstärkend auf traditionale Geschlechteranordnungen.

   6. Der durchgängige "Vater-Staat-Prinzip" hat seine Entsprechung
in einer auffallenden Stabilität traditionaler alltagsweltlicher Gruppen.

Der Mangel an Waren und Dienstleistungen, die fehlende politische Öffentlichkeit, die Entfremdung in der Berufswelt, aber auch die fehlende "Ellenbogenmentalität" auf Grund bisher nicht vorhandener Konkurrenz und entsprechender "Individualisierungszwänge" sind Ursachen dafür, daß Familie, Freundeskreise, Solidargemeinschaften usw. in einer Gestalt und mit einer Bindungskraft wirkten, die zum Beispiel in der BRD schon in den fünfziger Jahren brüchig wurden. Eine Folge ist die Konservierung traditionaler Strukturen, insbesondere von Geschlechterrollen und -stereotypen. Verstärkt wurde dies außerdem dadurch, daß sich die "Vater-Staat-Politik" unmittelbar in Verbesserungen von Lebensbedingungen (niedrige Preise für Grundnahrungsmittel, niedrige Mieten, Wohnungsbaupolitik, kostenlose Ausbildung usw.) sowie in egalitären sozialen Absicherungen niederschlug und dies individuell durchaus positiv erfahren und bewertet werden konnte. Die Abhängigkeit von Frauen wurde unter diesen Bedingungen auf eine spezifische Weise verstärkt: entsprechend ihrer traditionalen "Bestimmung," verantwortlich für die Versorgung und das Wohlergehen ihrer Familie zu sein, konnten sie die Resultate einer "Vater-Staat-Politik" als auf ihre *eigenen* Bedürfnisse gerichtet verstehen. Die vormundschaftliche Politik die *alle* betraf und mit dem Anspruch auf die Realisierung sozialer Gleichheit verbunden war, hat einerseits die geschlechterspezifischen Differenzen verdeckt und zugleich die kulturellen Alltagsvorstellungen geschlechterspezifischer Arbeitsteilungen, Befähigungen usw., die das Leben in Familie, Solidargemeinschaft usw. normieren, befestigt. Je mehr "die" Gesellschaft als Zwang und Unterdrückung empfunden und dementsprechend die "private Sphäre" als Nische, Fluchtraum oder "Gegenwelt" bewertet und praktisch gestaltet wurde, desto weniger Raum blieb hier auch für das Artikulieren und Austragen von Konflikten in den Geschlechterverhältnissen. Die enorme Bedeutung der (erweiterten) Familie für die Sicherung des alltäglichen Lebens der Individuen schließlich hat Frauen ihre traditionale Rolle als wichtig und als Machtbereich erfahren lassen, der außerdem noch als Gegenpol zur Berufsarbeit wirken konnte, die für die meisten Frauen weniger gut bezahlt, weniger qualifiziert war, als die ihrer/der Männer. Hinzu kommt, daß in der Berufsarbeit eine geschlechterspezifische Arbeitsteilung ihre Fortsetzung fand und besondere Fähigkeiten und Begabungen selten gefragt und gefördert wurden. Sie wurde deshalb weniger als "Emanzipation" denn als "Doppelbelastung" empfunden. Das zeigen auch soziologische Untersuchungen, wonach DDR-Frauen im Durchschnitt die Hälfte bis drei Viertel aller Hausarbeiten leisten und zugleich, trotz der Belastungen durch ganztägige Berufsarbeit, zu fast 60% mit der praktizierten Arbeitsteilung im Haushalt zufrieden bis sehr zufrieden sind.[14]

Ich möchte an dieser Stelle abbrechen: die hier aufgeführten abstrakt-allgemeinen Bemerkungen müßten ohnehin ihre Tragfähigkeit in empirischen Untersuchungen erweisen, die der konkreten Verflechtung von sozialer Lage ("Klasse") und Geschlecht in der ehemaligen DDR und beim Übergang in eine neue Gesellschaft nachgehen. Ich halte dies für eine notwendige wissenschaftliche Aufgabe. Gerade weil wir uns gegenwärtig in einer Situation befinden, in der die "Geschlechterfrage" mehrheitlich als zweitrangig angesehen wird und für die macht- und herrschaftspolitischen Implikationen eines solchen Desinteresses kaum ein Bewußtsein vorhanden it, das diskursfähig wäre, ist die Aufarbeitung der Ursachen für diese Situation notwendig, um Perspektiven einer erfolgreichen feministischen Politik abstecken zu können.

Anmerkungen

[1] Die Kommunalwahlen im Mai, die Oktoberwahlen zu den Länderregierungen und die gesamtdeutschen Wahlen im Dezember 1990 haben im wesentlichen diesen Trend bestätigt.

[2] Ich bin mir der Unbestimmtheit und Vieldeutigkeit des Terminus "Patriarchat" bewußt und denke, daß er in der Wissenschaft nur sinnvoll ist, wenn historisch konkrete Formen und Erscheinungsweisen patriarchalischer Strukturen auf den verschiedenen Ebenen des gesellschaftlichen Lebens analysiert werden. Als allgemeinen Begriff verwende ich ihn hier im Sinne von: System von sozialen Strukturen, Formen und Praxen, in denen Männer Frauen dominieren, sie unterdrücken und ausbeuten (siehe dazu auch Sylvia Walby, "Theorizing Patriarchy").

[3] Nach einer neueren repräsentativen Umfrage, die nach den Dezemberwahlen erstellt und im *Spiegel* veröffentlicht wurde, fühlen sich 86 % der ehemaligen DDR-Bürgerinnen als "zweitklassig." 69 % der Ostdeutschen meinen zudem, daß die Westdeutschen in der Ex-DDR "alles an sich reißen" und alle nach ihrer Pfeife tanzen sollen." (Angaben entnommen aus *Neues Deutschland* vom 4.2.1991.)

[4] Anfang 1991 beträgt der Anteil von Frauen an den Arbeitslosen in den neuen Bundesländern ca. 55 %. Generell steigt die Arbeitslosenquote vom Juli 1990 bis Januar 1991 von 3,1 auf 8,6 %. Hinzu kommen die Kurzarbeiter, von denen nicht wenige Nullstunden arbeiten. Ihre Zahl stieg im gleichen Zeitraum von 656 277 auf 1 855 524. (Angaben entnommen aus *Freitag. Die Ost-West-Wochenzeitung.*)

[5] Entnommen aus *Neues Deutschland* vom 13.2.1991.

[6] Ich denke hier z.B. an das—qualitativ unbedingt verbesserungswürdige—billige Netz der Einrichtungen zur Kinderbetreuung, an die verkürzten wöchentlichen Arbeitszeiten für Mütter mit mehr als einem Kind, an die Zahlung von Krankengeld bis zu vier Wochen jährlich für Alleinerziehende, wenn sie zur Pflege eines erkrankten Kindes zu Hause bleiben müssen, an die Verlängerungen des Babyjahres und entsprechender Zahlungen, wenn kein Kinderkrippen- bzw. -gartenplatz zur Verfügung gestellt werden kann, sowie an die bisherigen Regelungen, die auf die ökonomische Unabhängigkeit von Frauen und auf Sicherung der Existenz Alleinerziehender gerichtet waren.

[7] Eine solche Stabilisierungsfunktion hat auch das "kulturelle Kapital," über das die politische Macht- und Funktionärselite verfügt. Entscheidend sozialisiert in der hierarchisch straff gegliederten, auf Disziplin und Unterordnung unter die "Linie" gegründeten Partei "neuen Typus" während der Weimarer Republik oder im Faschismus bzw. als Aufsteiger aus proletarischen oder dem Proletariat nahen kleinbürgerlichen Schichten, ist für diese Eliten ein Festhalten an traditionalen Geschlechterverhältnissen

charakteristisch. Ihren Geschmack, ihre Werturteile bzw. Vorurteile konnten diese Eliten zudem als "legitim" durchsetzen. Die "Präsenz der Vergangenheit in den sozialen Institutionen wie in den Akteuren" (Raphael 86) ist bezüglich dieser Eliten von DDR-Forschern bislang kaum untersucht. Das zur Zeit umfangreichste Material dürfte Lutz Niethammer zusammengetragen und analysiert haben, der vor einigen Jahren mit seinem Forschungskollektiv die Lebensläufe von DDR-BürgerInnen erforscht hat, ohne allerdings die genannten Eliten dabei ins Zentrum der Aufmerksamkeit zu rücken.

[8] Die Tatsache, daß in der DDR der Anteil von Frauen in unteren und mittleren politischen, kommunalen und anderen Funktionen relativ hoch war, ist in erster Linie Ausweis für die reale Bedeutungs- und praktische Folgenlosigkeit solcher Funktionen im gegebenen politischen System. Der Rückgang des Frauenanteils bei den Volkskammerabgeordneten und in den kommunalen Verwaltungen nach den Wahlen 1990 zeigt an, daß mit dem "Umbruch" politische Machtpositionen (mit anderer Reichweite der Entscheidungen) neu verteilt werden und daß dieser Prozeß—auch innerhalb der Parteien—unter anderem als Ausgrenzung von Frauen verläuft. Die Vergabe von Ministerposten in der neuen Bundesregierung nach der Wahl vom 2. Dezember 1990 wiederum macht anschaulich, wie Machtkämpfe auch auf der symbolischen Ebene der Geschlechterhierarchie ausgefochten werden und auch Männer die Opfer sein können: die politischen Newcomer aus dem Osten wurden sehr schnell als Vertreter des schwächeren, unterlegenen Teils der neuen Bundesrepublik beiseite geschoben, verächtlich gemacht, für inkompetent erklärt—sie wurden wie Frauen bzw. wie die Personifizierung des "Weiblichen" behandelt.

[9] Mit anderen Worten: alltägliches Erfahrungswissen von Frauen bleibt kollektiv "unbearbeitet," wird so—für die Frauen selbst—in seiner Mächtigkeit reproduziert und bleibt außerhalb des "öffentlichen Bewußtseins." Die Enteignungs- und Entfremdungsprozesse, die Bourdieu generell mit dem Prozeß der politischen Delegation verbindet, haben eine geschlechterspezifische Dimension, die im Staatssozialismus quasi ins Extrem gesteigert ist: in der Sprache, in den symbolischen Formen fehlt die eigenständige "Stimme" von Frauen; Herr-schaft und männliche Dominanz werden so—ohne jede Form von Korrektiv oder Widerständigkeit—legitimiert.

[10] Die "Bildungsexplosion," die in den siebziger Jahren auch in der DDR stattfand und den Anstieg der beruflichen Qualifikation von Frauen in den Altersgruppen bis Vierzig auf das Qualifikationsniveau der Männer brachte, hat in dem dargestellten Kontext nicht zu einer Frauenbewegung, zu selbstbewußter Artikulation der eigenständigen Interessen von Frauen geführt. Und das Fehlen genau dieser Dimensionen kultureller Veränderungen erleichtert unter veränderten Konstellationen die Abwertung erworbener Qualifikation von Frauen und deren Ersetzung durch Männer bei knapp werdenden Arbeitsplätzen.

[11] Dies dürfte im Konkreten ein sehr ambivalenter Prozeß sein, der bislang noch nicht erforscht ist. Es gibt weder für die Geschichte der DDR noch für die aktuellen Umbruchssituationen Forschungen, die Auskunft darüber geben, wie Frauen tatsächlich, alltäglich die hier diskutierten Strukturen "verarbeitet" haben bzw. "verarbeiten." So machen z.B. die selbstbewußten Äußerungen von Frauen Anfang der 70er Jahre über ihre—oftmals unter großen Mühen erworbenen—zusätzlichen Qualifikationen (Facharbeiterabschluß, Meisterprüfung, Hochschulfernstudium usw.) diese Ambivalenzen deutlich: sie haben staatlich vorgegebene, mit ideologischen Zielen verbundene Möglichkeiten für das eigene Fortkommen genutzt, haben dabei traditionale Grenzen überschritten und die Erfahrung eines Zuwachses an Fähigkeiten, Erfahrungen, Erfolgen gemacht. Zugleich zeigen solche in Interviews festgehaltenen Veränderungen aber auch eine beinahe ungebrochene Identifikation mit diesen staatlichen Zielen und ideologischen Wertungen (z.B. von erreichter Gleichberechtigung bzw. Emanzipation). Es wäre sicher

aufschlußreich herauszubekommen, wie "erfolgreiche" Frauen dieser Generation (im Unterschied zu den weniger Erfolgreichen bzw. von Frauen der nachfolgenden Generation) das Verschwinden der DDR und damit auch eine Abwertung ihrer beruflichen Leistungen und Qualifikationen "verarbeiten"—und welche Rolle der "Rückgriff" auf traditionale Geschlechterrollen und -stereotype dabei spielt.

[12] Das schließt ein—"von außen" oft beobachtetes—Selbstbewußtsein von DDR-Frauen hinsichtlich ihrer beruflichen Fähigkeiten keineswegs aus; eindimensionale Betrachtungsweisen und Wertungen verbieten sich—wie generell in der Wissenschaft—auch in diesem Falle.

[13] Selbstverständlich werden Abhängigkeiten von "Vater Staat" auch durch Wohlfahrtspolitik und Sozialstaat in kapitalistisch-bürgerlichen Gesellschaften erzeugt. Ich denke aber, daß das—zumindest ansatzweise—Vorhandensein einer "civil society," so entwicklungsbedürftig sie im Konkreten sein mag, Möglichkeiten für kollektive und individuelle "Gegenstrategien" eröffnet, die im Staatssozialismus aus den bisher skizzierten Ursachen nicht vorhanden sind.

[14] Entsprechend äußerten sich in einer Untersuchung von 1988 auch 75% der Männer, während 31% der Frauen und 23% der Männer "teils/teils" als Zufriedenheitsgrad angaben (*Sozialreport* 271).

Zitierte Werke

Bourdieu, Pierre. *Sozialer Raum und 'Klasse'. Zwei Vorlesungen.* Frankfurt a. M.: Suhrkamp, 1985.

Fitze, Lothar. "Misere und Dilemma des realen Sozialismus." *Sinn und Form* 3 (1990): 555-78.

Freitag. Die Ost-West-Wochenzeitung. Nr. 8, 15.2.1991: 14.

Neues Deutschland. 4.2.1991: 1.

―――. 13.2.1991: 1.

Niethammer, Lutz. "Das Volk der massenhaften Aufsteiger und ihrer Kinder." *Frankfurter Rundschau* 6.1.1990: 12; 8.1.1990: 13.

Raphael, Lutz. "Klassenkämpfe und politisches Feld: Plädoyer für eine Weiterführung Bourdieuscher Fragestellungen in der politischen Soziologie." *Klassenlage, Lebensstil und kulturelle Praxis. Beiträge zur Auseinandersetzung mit Pierre Bourdieus Klassentheorie.* Hrsg. Klaus Eder. Frankfurt a. M.: Suhrkamp, 1989. 71-110.

Sozialreport 1990. Hrsg. Gunnar Winkler. Berlin: Verlag Die Wirtschaft, 1990.

Studie zur beruflichen Orientierung der Mädchen und Frauen. Berlin: Zentralinstitut für Berufsbildung, 1989 (unveröff.).

Walby, Sylvia. "Theorizing Patriarchy." *Sociology: The Journal of the British Sociological Association* 2 (1989): 213-34.

"Die Mauer stand bei mir im Garten": Interview mit Helga Schütz

Dinah Dodds

In an interview with Dinah Dodds on March 8, 1991, GDR writer Helga Schütz speaks about the fall of the Berlin Wall and the unification of the two German states, the role of literature in a socialist society, and the position of women in the former GDR. Schütz was born in 1937 in Schlesien and grew up in Dresden. After her *Abitur* she studied drama theory at the *Hochschule für Filmkunst* in Potsdam-Babelsberg. She has written screenplays for documentary and feature films for the Potsdam-Babelsberg film studio Defa as well as numerous other literary works. Her short story "Festbeleuchtung" and the novels *In Annas Namen* and *Julia oder Erziehung zum Chorgesang* have appeared in the West. In 1984 she was a guest along with Irmtraud Morgner at the Women in German Conference in Boston. (DD)

Einführung

Als ich Helga Schütz am 8. März 1991—am internationalen Frauentag—in ihrer Wohnung in Potsdam-Babelsberg aufsuchte, war die deutsche Einheit schon vollzogen. Im September 1990 war ich nach West-Berlin gekommen, um mein Sabbatical dort zu verbringen, und war in der Nacht zum 3. Oktober am Reichstag gewesen, wo ich das große Feuerwerk, die Freiheitsglocke und die feierliche Musik miterlebt hatte. Die Stimmung um Mitternacht, eher gedämpft als jubelnd, reflektierte die Ambivalenz, die dieses Ereignis sowohl im Osten wie auch im Westen hervorrief. Nach dem 3. Oktober schlug diese Ambivalenz immer stärker ins Negative um, als ostdeutsche Männer und Frauen ihre Arbeit und ihre Identität verloren.

Vom Januar bis April 1991 wohnte ich in einer Altbauwohnung in Ost-Berlin "Mitte," einem idealen Ort für meine Arbeit am Thema Frauen und die Wende. Ich führte Gespräche mit 27 Frauen—die jüngste war 20, die älteste 88—über ihre Erfahrungen mit der Wende und ihre Rolle als Frauen in der DDR. Jede hatte eine Geschichte zu erzählen, jede hatte am eigenen Leib die Wende erlebt. Helga Schütz hatte ich schon 1984 bei der Women in German Konferenz in Boston kennengelernt und wollte unbedingt mit ihr sprechen, da sie als Schriftstellerin eine besondere Stellung in der DDR-Gesellschaft eingenommen hatte.

Ihr Haus—dem Defa Filmstudio gegenüber—war im Gegensatz zu den meisten Wohnungen, die ich bis dahin gesehen hatte, schön und geräumig. Man merkte sofort, daß Helga Schütz als bekannte Schriftstellerin Privilegien genossen hatte. Sie empfing mich sehr freundlich und ungezwungen in einer weißen Bluse und Jeans und machte uns einen Tee. Als ich sagte, ich wolle mit ihr über die Wende sprechen, lachte sie und sagte, sie habe schon sehr viel über die Wende reden müssen. Trotzdem nahm sie meine Fragen ernst und antwortete nachdenklich und ausführlich: Man konnte von ihrem Gesicht die Wichtigkeit der Ereignisse ablesen. Kurz nach unserem Gespräch erschien ein Interview mit Helga Schütz in *Die Zeit* ("Was 'n kleinkariertes Volk," *Die Zeit,* 3. Mai 1991), und ein Beitrag von ihr wurde in dem neuen Band von und über DDR Schriftstellerinnen gedruckt, *Gute Nacht, Du Schöne. Autorinnen blicken zurück*, hrsg. von Anna Mudry (Luchterhand, 1991).

In Schütz' Antworten auf meine Fragen glaubte ich, die Ambivalenz vom 3. Oktober wieder zu hören. Die Erleichterung darüber, daß jetzt die Mauer weg war, vermischte sich mit der Traurigkeit darüber, daß der neue deutsche Staat nicht so geworden war, wie sie sich ihn gewünscht hätte.

*   *   *

Dinah Dodds: Wie haben Sie die Wende erlebt?

Helga Schütz: Kurz vor der Wende war ich in Amerika und da habe ich die Nachrichten vom 7. und 8. Oktober gehört, von den Dingen, die sich mit den Demonstrationen ereignet haben, und hatte furchtbare Angst und natürlich auch Hoffnung. Ich bin dann sofort zurückgefahren und war Mitte Oktober wieder hier. Im September bevor ich weggefahren bin, hatten wir etliches zu bewegen versucht. Wir hatten als Schriftsteller einen offenen Brief an das Zentralkomitee der Partei geschrieben. Die Massenflucht der jungen Leute im Herbst 1989 durch die ungarische Grenze wurde in der Presse so wahnsinnig reflektiert, mit Abwerbung und so, daß wir dagegen protestiert haben: daß es unter diesen Lügen der Medien nicht mehr auszuhalten wäre. Es gab richtige Konfrontationen im September, so daß ich das Gefühl hatte, es geht in den Oktobertagen sehr sehr hart her.

Als ich dann Mitte Oktober wieder hier war, war die Sache schon auf dem Höhepunkt. In Leipzig gab es die großen Montagsdemonstrationen. Hier in Potsdam waren auch montags vor dem Stasiknast und auch vor der Stasizentrale Bezirk Potsdam Demonstrationen, und da waren wir eben dabei. Hier in Babelsberg in der Friedrichskirche—das ist hier in unmittelbarer Nähe—waren Versammlungen vom Neuen Forum, und da war ich auch dabei. Eine Gruppe von Schriftstellerinnen, die sich in Berlin ständig, schon jahrelang zusammengetroffen hatte, hatte am 3. November einen Treff, und dann sind wir zusammen zu der Demonstration am 4. November gegangen. Dann ging's eigentlich Schlag auf Schlag.

Mir war schon klar, es muß die Mauer weg. Das habe ich ganz stark gedacht, eigentlich schon vor den Ungarn-Ereignissen. Wenn in der DDR über *glasnost* und *peristroika* geredet wurde, und wenn man Reisefreiheit forderte, war mir klar, es geht nicht, daß nur ein paar Leute durch können, und wieder wird kontrolliert, wer nun die Erlaubnis zum Reisen kriegt. Immer würde eine Institution dazwischen geschaltet. Das hielt ich nicht für möglich. Dieser 9. November[1] hat mich trotzdem sehr überrascht. Ich hatte geglaubt, daß sich die Änderung in dem Reisegesetz nur um eine Art von Reiseerleichterung handelte, und daß man wieder Anträge stellen müßte. Ich dachte, daß nur ein paar mehr fahren dürften, und mir war klar, die Leute werden nicht zufrieden sein, die Mauer muß fallen.

Aber ich habe es mir ziemlich anders vorgestellt. Ich habe mir gedacht, wenn es möglich wäre, würde die Mauer übernacht gar nicht mehr da sein, sie würden alle sofort mit Schubkarren und Hammern losgehen. So war es nicht, aber es war nicht so, wie man es erträumt hatte. Es war eine Situation, die sehr sehr viel Irrationales hatte. Man konnte es überhaupt nicht begreifen.

Ich habe achtzehn Jahre an der Mauer gewohnt—die stand bei mir im Garten. Das war in Großglienicke zu West-Berlin an der Grenze, und jeden Tag haben wir darüber geredet, Tag für Tag, was für ein Wahnsinn es war. Man hat die Leute drüben reden hören und konnte nicht hin; man wäre erschossen worden, wenn man dieses Tabu berührt hätte. Als es dann so weit war, sind wir jeden Tag mit Fahrrädern hingefahren—die Mauer ist auch hier bei meiner jetzigen Wohnung in Babelsberg ungefähr hundert Meter weiter—und wir haben mit einem Hammer selber drumgehämmert, daß die Mauer wegkommt. Wir haben geguckt, wo wieder ein Loch groß genug war, wo man durchkriechen konnte. Das war schon irgendwas Wahnsinniges. Die Wachtürme waren sehr schnell weg und da konnte man plötzlich gehen, wo man früher erschossen worden wäre.

Dann gingen die Leute zuhauf rüber, und man sah, dieses Geld muß her, es geht nicht mit zwei Währungen. Die Währungsunion muß sein. Ich habe mir die Währungsunion aber auch anders vorgestellt. Ich dachte, daß man es nach und nach macht, daß man jedem einen bestimmten Anteil vom Lohn gibt, 10% erstmal, dann 20%, dann 30% und so weiter, und daß man trotzdem das andere Geld noch behält, und daß man nach und nach die Wirtschaft saniert, natürlich mit Hilfe des Westens, denn das stand ja im Grundgesetz.

Dinah Dodds: Wo waren sie am 9. November?

Helga Schütz: Am 9. November kam ich nach Hause aus West-Berlin, nachts um zwölf—ich hatte eine Lesung und war im Besitz eines Visums. Ich hörte im Bus die Rentner erzählen, sie hätten im Radio gehört, daß alle jetzt einen Reisepaß kriegen dürften. Ich kam an der Bushaltestelle an, und da standen junge Leute, die sagten, wir wollen mitfahren—der Bus fuhr zurück nach West-Berlin. Der Busfahrer sagte, das geht nicht. Doch, haben sie gesagt, sie hätten es gerade im Fernsehen gesehen, man dürfe jetzt nach West-Berlin. Der Busfahrer sagte, wenn Sie das denken, und die stiegen ein. Dann sah man die ersten Trabis Richtung Grenze fahren kommen.

Ich bin dann nach Hause gegangen, kurz nach zwölf war ich hier. Ich habe mit meinem Sohn die ganze Nacht am Fernsehapparat gesessen, und wir waren freudetrunken. Er mußte am nächsten Morgen zur Arbeit—er arbeitet im Potsdamer Krankenhaus—und kam nachmittags nach Hause. Da wußten wir schon, die Glienicke Brücke wird um sechs aufgemacht. Wir sind alle über die Glienicke Brücke gegangen, ganz Potsdam. Wir sind darüber geschwebt, muß ich sagen. Es war reiner Spaß. Wir hatten noch keinen Sekt so schnell kriegen können, aber drüben im Westen hatten sie dann Sekt. Wir waren vielleicht zwei Stunden da und drängelten uns den Ku' Damm lang.

Es war wunderbar für mich zu erleben, daß es kein Privileg mehr war, rüberzufahren. Ich hatte das deutliche Gefühl, die anderen werden betrogen: die wissen bestimmte Dinge nicht, weil sie sie nicht sehen können. Es gab viele Mißverständnisse. Wenn ich im Westen war, konnte ich auf alles verzichten, was der Westen an Konsumartikeln anbot. Ich brauchte das im Moment nicht, nicht das Paar Schuhe oder das Buch. Ich fuhr dann nach Hause, ohne daß ich alles an mich gerafft hatte, und merkte zu Hause sofort, das hättest du eigentlich gebrauchen können. Und ich wußte, alle, die hier sind, träumen davon; mein Sohn träumt von dieser Schallplatte und von dem und von jenem. Das sind so kleine Dinge, die man sich gern hätte erfüllen wollen, und wenn man's nicht kriegte, war es das Paradies. Und nun konnten sie alle das Paradies selber sehen und berühren, und konnten sagen, na ja, es ist so und so und man kann auch ohne leben. Aber das muß man erst erfahren, und dann kann man seine Werte aufmachen. Vieles ist ja auch angenehm, aber man muß es selber wissen und sich selber in das Ganze einordnen. Das kann einem keiner erklären.

Dinah Dodds: Ich habe mit etlichen Frauen gesprochen, die gesagt haben, sie wollten die Vereinigung mit der BRD nicht, sondern sie wollten eine reformierte demokratische DDR. Wie stehen Sie dazu?

Helga Schütz: Ich wollte die Einigung, aber ich wollte sie anders haben. Da die eine Hoffnung erfüllt war—die Mauer stand nicht mehr—, da habe ich gedacht, nun können alle anderen Hoffnungen auch noch erfüllt werden, zum Beispiel, daß man die Armee abschafft. Es wurde immer gefragt, was bringen nun die neuen Länder mit, und ich habe mir gedacht, es könnte mit der Entmilitarisierung zusammenhängen: es muß eine entmilitarisierte Zone werden. Ich dachte nicht, daß wir automatisch zu Nato müßten. Aber welchen Illusionen ich da angehangen habe, hat die jüngste Vergangenheit mit dem Golfkrieg bewiesen. Das war ein großes Entsetzen für mich, daß der Krieg so unmittelbar folgte an dieser Hoffnung, die wir hatten. Es war furchtbar, daß nachdem der Ost-West Konflikt ausgeräumt war, sofort der andere Konflikt grob ausbrach. Da war eine Erkenntnis, o Gott, die Welt ist ganz schön hinten an, es gibt noch ganz schön viel zu klären. Man fühlte sich ziemlich ohnmächtig.

Dinah Dodds: Sie scheinen, der Vereinigung positiv gegenüberzustehen.

Helga Schütz: Ich stehe der Vereinigung positiv gegenüber, weil ich weiß, es hätte gar keine andere Chance gegeben. Die Welt ist so, und man muß sich dazu bekennen. Allerdings sehe ich nicht ein, daß es solche katastrophalen Folgen haben sollte. Arbeitslose noch und noch, das geht einfach nicht, wo so viel Arbeit auf der Straße liegt.

Ich wollte den sogenannten "dritten Weg" nicht, einen getrennten deutschen Staat. Ich denke, daß sich dieses Europa nur zusammen vernünftig bewegen kann. Ein bissel etwas Gemeinsames muß jetzt passieren. Ich sehe nicht ein, warum man sich abschotten muß. Ich fühlte mich nicht als DDR-Bürger, sondern ich fühlte mich zu irgendwas Größerem gehörig, zu Europa vielleicht, weil wir eine gemeinsame Geschichte hatten. Ich hatte das Gefühl, daß die kulturelle Zusammengehörigkeit nie abgerissen worden war, daß wir einen ständigen Austausch zwischen West und Ost gehabt hatten, und daß das einigermaßen funktioniert hatte, der Blick nach drüben und auch von drüben nach hüben. Daß die Westwirtschaft viel besser funktionierte, das leuchtete mir ein, nicht so sehr weil es eine Konsumgesellschaft war, eine Wegwerfgesellschaft, sondern weil die viel mehr einen Blick auf Umwelt hatten als wir. Was mich an unserem Wirtschaftssystem am meisten umgehauen und gestört hat, war, nicht daß Sachen knapp waren, sondern daß sie so unheimlich mit der Umwelt umgegangen sind, so zerstörerisch.

Dinah Dodds: Sie haben gesagt, Sie hätten am 9. November ein Visum für West Berlin gehabt. War das etwas Ständiges?

Helga Schütz: Nein, es war nichts Ständiges. Wenn ich eine Einladung bekam, eine Lesung im Westen zu halten, bin ich zum Schriftsteller-verband gegangen und habe einen Antrag gestellt, daß ich diese Einladung gerne annehmen möchte. Das hat meist sechs Wochen gedauert, man mußte es also viel früher wissen. Und dann gab es ein Mehrfachvisum, wenn man zwei Veranstaltungen kurz nach einander hatte. Wenn ich in West-Berlin eine Lesung hatte und dann vielleicht nach Köln in drei Wochen hätte gehen müssen, dann bekam ich manchmal eins über zwei Monate. Das war eine sehr schöne Sache, denn man wußte, in dem Schrank liegt jetzt ein Visum, und wenn ich jetzt denke, ich möchte mal, könnte ich. Das Gefühl, daß die Mauer durchlässig ist, war etwas besonderes.

Dinah Dodds: Haben Sie jemals darüber nachgedacht, wegzugehen?

Helga Schütz: Ich habe schon daran gedacht, wegzugehen, aber ich bin nie dazu gekommen, weil ich viel zu viele andere Dinge zu tun hatte und eigentlich ein seßhafter Mensch bin. Mir ging es auch um die Kinder: sollen sie immer und ewig in dem Mauerring bleiben oder sollen die auch mal nach Amerika gehen und dort arbeiten können. Das hätte ich ihnen sehr gewünscht, aber das hing sehr mit mir zusammen. Ich fragte mich, gehöre ich dazu, muß ich auch weg, damit die das können, oder was ist mit mir, kann ich da bleiben? In dem Sinne habe ich darüber nachge-dacht, aber in den letzten drei oder vier Jahren immer weniger. Man hat immer mehr aneinander gehangen, die paar, die noch da waren.

Dinah Dodds: Wurde Ihr Antrag für ein Reisevisum jemals abgeschla-gen?

Helga Schütz: Mein Antrag nach Oberlin [um für ein Semester dort an dem College zu unterrichten] ist zweimal abgelehnt worden. Beim dritten Mal konnte ich. Ich habe jetzt die Papiere vom Schriftstellerverband bekommen—wir bekamen alle unseren sogenannten Kaderakten nach der Wende zugeschickt—und da ist ein langes Papier über die Ablehnung nach Amerika, und was ich für ein renitentes Mädchen bin, und daß ich überhaupt nicht einsehen wollte, daß ich mich dort in Amerika kaufen las-se. Ich sollte für diese drei Monate ein Stipendium kriegen, sonst hätte ich es gar nicht annehmen können: ich kann nicht von der Luft leben, und mit der Ost-Mark hätte ich in Amerika nichts anfangen können. Also habe ich eine Einladung unterschrieben, wo darauf stand, daß ich jeden Monat so und so viele Dollars kriegen werde. Daß ich das unterschrie-ben habe, war etwas Verbotenes. Das war ein Verkaufen und Devisen-schiebung. Ich habe beschworen, daß ich das brauchte: ich müßte das unterschreiben, um bei der amerikanischen Botschaft ein Einreisevisum zu bekommen, denn die geben den Stempel nur, wenn sie wissen, wovon ich in diesen drei Monaten lebe. Aber das kapierte der Schriftstellerverband nicht, oder die Behörde, die das Ausreisevisum geben mußte. Ich habe mich zweimal ganz grob beschwert, und beim dritten Mal ging es dann. Undurchsichtig, das alles. Es spielten auch persönliche Dinge eine Rolle. Ich konnte zum Beispiel den Sekretär vom Schriftstellerverband nicht so richtig gerne haben, und der mich auch nicht. Dann hieß es einmal, daß der Rat von Großberlin etwas gegen mich hätte. Ungefähr zwölf Institutionen wurden immer befragt, ehe man das Visum bekam. Sehr aufwendig und kostspielig war das.

Dinah Dodds: Mußte man in der Partei sein, um im Schriftstellerverband Mitglied zu sein?

Helga Schütz: Nein. Man mußte nur Bücher veröffentlicht haben und dann brauchte man zwei Bürgen. Als ich Mitglied wurde, gab es noch so eine Arbeitsgemeinschaft junger Autoren in Potsdam—das gab es in jedem Bezirk, es wurde aber dann abgeschafft—da hat man seine Kandidatenzeit abgeleistet. Da traf man sich einmal im Monat und hat etwas vorgelesen und hatte einen Schriftsteller, der einen betreute. Das war an sich eine ganz gute Sache. Ich mochte das.

Ich fand den Schriftstellerverband auch ganz in Ordnung, nur fand ich es nicht gut, daß es sich ausschließlich mit Reisegeschichten beschäftigen mußte, und daß es solche Dinge machte wie Ausschlüsse, daß es ein verlängerter Arm der Partei war. Es gab immer weniger Probleme, die mit Literatur zu tun hatten, es wurde immer mehr kultur-politisch.

Mit dem Schreiben selber hatte der Schriftstellerverband gar nichts mehr zu tun. Der hat eigentlich nur die Organisation rings herum gemacht. Zum Beispiel, wenn ich nach Weimar wollte, da bin ich nach Großkochberg gegangen—das ist ein Schloß, wo die Frau von Stein gewohnt hat—und da konnten Schriftsteller wohnen und mußten nicht viel bezahlen, auch Komponisten und andere Künstler. Da mußte ich den Schriftstellerverband anrufen, und der hat den Kulturfond angerufen und der hat den Kochberg angerufen, und dann konnte ich dort wohnen. Oder zum Beispiel das Haus, wo die Bettina von Arnim gewohnt hat, ist ein Schriftstellerheim gewesen, und dort konnte man auch wohnen und arbeiten. Das habe ich zweimal gemacht. Der Schriftstellerverband kümmerte sich um die Rente oder um Krankengeld. Es war eigentlich eine Art Gewerkschaft.

Dinah Dodds: Neulich im *Spiegel* war ein Artikel über die Abstimmung im Schriftstellerverband vom Jahr 1979, als Stefan Heym und acht andere Schriftsteller ausgeschlossen wurden ("'So, los, abstimmen!,'" 17.12.90).

Hatten Sie jemals daran gedacht, aus dem Schriftstellerverband auszutreten?

Helga Schütz: Ich hatte schon daran gedacht, nur hätte ich nicht gewußt, wo ich dann hingehen soll. Ich merkte, daß diejenigen, die nicht im Verband waren, immer zum Kulturministerium mußten, um ihr Visum zu bekommen. Es war eigentlich egal. Zu irgendeiner Institution mußte man, entweder zum Verband oder zum Kulturministerium. Wenn man in dieser Gesellschaft irgendetwas bewegen wollte, dann brauchte man eine Institution, die einem half, ob man eine Wohnung wollte, oder nach dem Ausland hinfahren wollte, oder eine Studiumreise machen wollte. Als Privatmensch konnte man überhaupt nichts bewegen, gar nichts.

Dinah Dodds: Wie haben Sie sich als Schriftsteller in der sozialistischen Gesellschaft verstanden?

Helga Schütz: Man hat sich als Schriftsteller in dieser Gesellschaft so verstanden, wie sich der Schriftsteller überall auf der Welt versteht. Nur habe ich mehr und mehr empfunden, daß man nicht so sehr für außerhalb schreibt, sondern für die Leute, die in diesem Mauerring wohnten, also für die Nachbarn. Das hat schon bestimmte Probleme mitgebracht. Man hatte all das aufzuarbeiten, was nicht in den Medien stand. Man mußte mehr journalistisch arbeiten. Was man an Themen anpackte, wurde immer mehr provinziell. Man konnte sich nie der Form hingeben, einer geschlossenen Sache, einem epischen Entwurf. Man wurde ständig vom Alltag gestört. Der Alltag griff immerzu in die Sachen ein, die man schrieb.

Dinah Dodds: Haben Sie sich bemüht, Kritik an der Gesellschaft zu üben, oder war das kein Thema bei Ihnen?

Helga Schütz: Ich habe mir immer eingebildet, Kritik an der Gesellschaft sei kein Thema, dennoch war es eins. Man verstand sich im Kontext der Literatur, die es gab, der DDR-Literatur. Es war eine Literaturlandschaft, und man hat sich verpflichtet gefühlt, da ein Stückchen weiterzugreifen. Wenn der eine das Tabu berührt hat, dann hat man das andere berührt. Aber das passierte nicht etwa in Abrede oder auch nicht als genaue Reflex darauf: man hat die Literatur zur Kenntnis genommen, man hat es gelesen, und daraus entstand das eigene Schreiben. Sicher ist das ein Problem der Literatur überhaupt: man schreibt im Bezug auf alles andere, was existiert, was in der Literaturgeschichte da ist, aber auch was die Gegenwart gerade produziert, die grad lebenden Autoren.

In der DDR war ganz speziell ein Problem der spezifischen Zensur. Wir wußten hier, welche allergischen Stellen es gibt, welche allergischen

Punkte. Das hatte man einfach im Gefühl. Diese allergischen Punkte zu berühren, war schon immer eine Aufgabe, oder ein Anreiz, nicht in dem Sinne, daß man unbedingt Honecker ärgern wollte oder so, nicht in dieser primitiven oder geraden Art und Weise. Es war etwas vermittelter.

Dinah Dodds: Mit der Absicht, etwas zu ändern?

Helga Schütz: Ich weiß nicht, ob Literatur etwas ändern kann. Vielleicht kann sie die Leute solidarisieren, indem sie dem Leser, der zerstückelt irgendwo anders ist, das Gefühl von Ganzheit gibt. Sie kann ein Stück Solidaritätsgefühl vermitteln, damit der Leser sich wiederfinden kann, in dem Stückchen Literatur, das er da liest. Ich habe aber auch nicht mit dem anderen im Sinn geschrieben. Eigentlich habe ich doch für mich geschrieben, für mich und für den, der mich einerseits kennt oder auch für den, der mich überhaupt nicht kennt. Es ist so zwischen diesen Polen: für Nachbarn und für den, der mit mir überhaupt nichts anfangen kann. Und immer mit dem Wunsche, mir selber zu genügen. Schrecklich, wenn ich merkte, daß ich irgendwem gehorchen wollte, vielleicht einer Literaturkritik oder einer öffentlichen Meinung. Denen kann man sich sicher nicht entziehen, aber es wäre ein furchtbares Glatteis, wenn man sich darauf begäbe.

Dinah Dodds: Sie haben sich vergnügt beim Schreiben?

Helga Schütz: Ich habe mich schon vergnügt, auch wenn es hart war. Es gibt Phasen: es ist nicht immer so, daß ich mich mit unheimlicher Lust an den Tisch setzte. Aber es war doch, was ich wollte, sonst hätte ich es nicht machen müssen. Ich wollte etwas formen. Es hatte immer mit Sprache zu tun: Sprache ist ja mehrdeutig, und gerade diese Vieldeutigkeit macht den Reiz des Schreibens aus. Es ist nicht so, daß man bestimmte Dinge klären will, es bleibt für mich selber auch immer noch Geheimnis. Meine ersten Texte lese ich jetzt anders, als wie ich sie damals geschrieben habe. Wenn das nicht so wäre, dann glaube ich, wäre es tot, und man brauchte es erst gar nicht anzufangen.

Aber zurück zu dem, was die DDR betraf: Ich glaube, daß die Texte, die in den letzten vier Jahren entstanden sind, immer mehr auf den Alltag ausgerichtet und deswegen auch unbeweglich sind. Sie sind sehr fest geschrieben und von dem unsrigen Alltag geprägt. Die haben vielleicht deshalb nicht den Schmelz der früheren Texte, so daß ich sie vielleicht nicht nochmal später gerne lesen würde. Ich kann's eigentlich nur mit einem Wort sagen, wobei ich das nicht im ganzen Negativen meine: provinziell.

In dem Sinne hat die Literatur auch etwas bewirkt, weil der Kauf von diesen Büchern—die sind in sehr hohen Auflagen erschienen—schon beinah ein politischer Akt war. Man wollte die Bücher besitzen, zu einer Lesung gehen. Man wollte mehr zu den Literaten gehören als zu den Politikern. Selbst die breite Masse, die eigentlich mit Literatur sonst gar nichts am Hut hatte, sammelte sich unter dem Widerständlerischen, was die Literatur in sich hat. Unsere Obrigkeit hat immer gesagt, "unsere Leseland DDR," aber es war natürlich auch ein bißchen eine konspirative Gruppe, diese Leser.

Jetzt kritisieren die Westler die DDR-Schriftsteller, weil wir ihnen zu feige vorkommen. Aber das war das Stückchen, was wir leisten konnten. Man konnte nicht sehr viel in die Waagschale der Weltfrieden schmeißen, sofort hätte man das Gleichgewicht gestört. Alle Welt war auf Koexistenz aus. An die allergrößten und schwerwiegendsten Probleme hat sich wirklich keiner gewagt, aber nicht nur die Literaten, keiner. Ich finde nicht, daß wir feige waren. Ich finde nur, wir wußten, was möglich war. Das war schon ausgelotet. Wenn man als Autor bei einer Lesung einen kessen Text gelesen hat, einen, wo man sich unheimlich mutig vorgekommen ist, und wo man bestimmte Dinge, Wehrdienstverweigerung zum Beispiel, zum Besten gegeben hat, und man hatte ein Forum von jungen Leuten, dem man das vorgelesen hat, und die hingen an einem und dachten, ach das ist aber jetzt ein Kerl und ein Vorbild, die sind dann in ihre Nester zurückgefahren und haben gesagt, jetzt protestieren wir hier an unserer Oberschule auch mal. Die flogen dann ins Gefängnis und ich saß hier in meinem Häuschen mit meiner Öffentlichkeit und konnte gut tönen. In diesem Zwiespalt saß man. Ich habe mich gehütet, so etwas vorzutragen. Alle Schriftsteller, die eine Öffentlichkeit hatten, waren durch ihre Öffentlichkeit geschützt.

Dinah Dodds: Hatten Sie ein schlechtes Gewissen wegen der Privilegien, die Sie hatten?

Helga Schütz: Ich war mir der Privilegien, die ich hatte, bewußt, und ich habe es in meinen letzten Büchern immer wieder thematisieren müssen. Ich konnte nicht drum herum. Ich konnte nicht schreiben, was sich irgendwo außerhalb des Mauerrings zutrug, ohne daß ich dieses Problem mitbenannte, und ohne daß das als das Schwerwiegendste zur Sprache kam. Das wurde immer einer der tragenden Konflikte. So habe ich mir das vielleicht von der Seele gehalten, indem ich es thematisierte.

Ich fragte mich immer, warum die Leute, die irgendwie eine Persönlichkeit waren, sich nicht wehrten, und das nicht herausschlugen, was ich auch hatte. Warum zum Beispiel Wissenschaftler, die nicht reisen konnten, nicht alles niederlegten und sagten, wenn ich nicht jetzt den Kongreß besuchen kann, dann tue ich hier keinen Handschlag mehr. Aber das waren alles nicht zu Ende gedachte Vorwürfe, die man sich gegenseitig machte. Dieses Privileg der Freiberuflichkeit, daß man keinen Herrn unmittelbar hatte, nicht angestellt war, das machte es auch möglich, daß man bestimmte Dinge in bestimmten Foren sagte. Die Leute, die fest angestellt waren, hatten Rechenschaft abzugeben. Ich hatte keine Rechenschaft abzugeben. Ich will das Wort Feigheit streichen, weil ich das für mich nicht habe gelten lassen.

Die Leute im Westen, die diese Schimpfe jetzt austeilen, waren eigentlich diejenigen, die das hier am meisten intakt halten wollten. Ich habe einen Film für einen West Fernsehsender, für Saarbrücken, über die Stadt Rostock gemacht. Ich habe unter riesigem Einsatz versucht, den Zerfall heimlich zu drehen. Ich hatte immer einen Aufpasser zur Seite, und wenn der weg war, habe ich den Kameramann beschworen, er soll das Haus und den Zerfall zeigen, wie Rostock wirklich aussah, und nicht nur das prächtig Schöne vorne an. Ich wußte, ich werde unheimlichen Ärger kriegen, wenn ich zu Hause bin und die den Film im Fernsehen sehen.

Aber die Zensur erfolgte im Westen! Die Redakteure fanden den Film lieblos: die wollten einen touristisch munteren Film über Rostock sehen, wo nur die schöne DDR gezeigt wird, daß man sieht, wie schön es überall hier ist, so wie die Westler immer unsere Städte angesehen haben. Die sind nur durch die touristischen Zentren gegangen und wollten einfach, daß es auch hier schön ist. Das ist vielleicht ganz lieb gedacht, aber die Wahrheit war es nicht. Wenn man ein Stückchen Wahrheit sagen wollte, haben die nicht mitgespielt. Die wollten das wahre Bild nicht sehen. Deswegen haben sie auch den Honecker empfangen. Das waren die Kompromisse, die in dieser Welt gemacht wurden. Und jetzt auf einmal sind die Schriftsteller allein die Feiglinge. Sie wollten, daß alles in Ordnung war, der status quo war so, und man wollte sich arrangieren. Aber nun sind sie überrascht, wie es in Wirklichkeit aussieht. Vielleicht hätten sie genauer lesen müssen, genauer hingucken müssen. Der Westen war hier präsent, die hätten auch gucken können. Aufmerksam haben sie die Bücher nicht gelesen und die Filme nicht gesehen.

Dinah Dodds: Welche anderen Filme haben Sie gemacht?

Helga Schütz: Ich habe drei Städteporträts fürs Fernsehen gemacht: Dresden, Erfurt und Rostock. Ich hätte bei den Filmen viel mutiger sein können, aber ich hätte nachts in der Gegend herumziehen müssen. Es war ein unheimlicher Kampf, etwas ins Bild zu bringen. Ich hätte so mutig sein können, daß ich nicht wieder hätte zurückfahren können. Ich wollte schon zurückkehren. Es war ein Kompromiß.

Dinah Dodds: Wie viele Kinder haben Sie?

Helga Schütz: Ich habe zwei Kinder: meinen Sohn und meine Tochter, die mit 12 Jahren gestorben ist. Meine Tochter war schwer behindert und ich habe sie immer zu Hause gehabt. Ich glaube, ich habe deswegen angefangen zu schreiben, weil ich eine Arbeit machen wollte, die ich zu Hause tun konnte: meine Tochter hat mich zum Schreiben gebracht. Ich kann nicht in Klagen ausbrechen, obwohl es schwer war, weil ich mich durch die Claudia so bereichert gefühlt habe.

Dinah Dodds: Sehr viele Frauen hier hatten Kinder, ohne verheiratet zu sein. Waren Sie verheiratet?

Helga Schütz: Ich war nie verheiratet. Egon Günther und ich haben sehr lange miteinander gelebt, wir sind dann auseinander gegangen. Uneheliche Kinder zu haben, war kein Problem. Bei uns in der DDR war es uninteressant, wer was erbte, weil das Geld nichts taugte. Das hatte etwas für sich, daß man in einer Gesellschaft lebte, wo das Geld keine solche Rolle spielte. Egon ist nach dem Westen gegangen—er hat ein ständiges Visum gekriegt—und hat in München Filme gemacht. Er wohnt immer mal wieder in Großglienicke.

Dinah Dodds: Obwohl die Frauen hier viele Rechte hatten, die wir uns in den U.S.A. noch erkämpfen müssen, habe ich mit mehreren Frauen gesprochen, die sagten, DDR-Frauen seien nicht emanzipiert gewesen. Glauben Sie, daß die Frauen in der DDR emanzipiert waren?

Helga Schütz: Ich würde sagen, daß die Frauen hier emanzipiert waren, aber sie hatten es unheimlich schwer, weil sie so sehr um den Alltag kämpfen mußten. Sie haben aber ihr Stückchen weggerissen. Ringsherum kenne ich nur Frauen, die alle irgendwo gearbeitet haben und das auch nicht missen wollten. Im Vergleich zu den Westfrauen und zu den Amerikanerinnen, die ich erlebte, sehen unsere Frauen unheimlich grau aus. Unsere Frauen sehen mitgenommen aus und entsprechen nicht dem Bilde der Frauen, die vom Westen her gezeichnet wurde. Man merkt ihnen äußerlich die Emanzipation sehr wenig an. Innerlich, würde ich sagen, waren sie emanzipiert, dadurch daß sie selbstständig waren, daß sie viel gearbeitet haben, daß sie wirklich das Leben kennen. Sie haben auch eine Art von Solidarität erfahren, die diese so schwierige Alltag mit sich brachte.

Ich weiß nicht, ob man die im Westen kennt, ich kenne den Westen nicht so gut. Aber als ich damals zu der Women in German Konferenz nach Boston gefahren bin, hat mich die Zusammengehörigkeit der amerikanischen Frauen sehr bewegt. Ich bin mit ziemlich gemischten Gefühlen nach Boston gefahren. Ich hatte mir vorgestellt, daß die Frauen das Gefühl haben würden, in einer Männerwelt zu kurz gekommen zu sein; und jetzt würden sie versuchen, auf irgendeine Art und Weise, sich durchzusetzen. Ich war dann sehr angenehm überrascht, daß das überhaupt nicht der Fall war und habe das ein bißchen beneidet. Hier wäre solches bewußte Entgegensetzen nicht möglich gewesen. Bei uns war es mehr unter der Oberfläche, ein Gegenstück zu dem öffentlichen Stück Emanzipationsbestrebung, die mit dem ganzen offiziellen Getue zu tun hatte, zum Beispiel, mit dem heutigen Tag der Frau. Heute ist doch der 8. März. Hier wurde das immer zelebriert. Merkwürdigerweise haben die Frauen diesen Tag angenommen, das ganze Theater, das sich im Betrieb ablief. Das gehörte ihnen. Aber das Übrige war nicht das ihre. Das war mehr innerlich, von Frau zu Frau und was in den Kollektiven stattfand. Es war wenig organisiert. Das Organisierte taugte nicht.

Dinah Dodds: Ich danke Ihnen für dieses Gespräch.

Note

[1] Am Abend des zweiten Tages des 10. ZK-Plenums versuchte Günter Schabowski, Sekretär des Zentralkomitees der SED für Informationswesen und Medienpolitik, die wachsende Unzufriedenheit der DDR-Bürger zu stillen, indem er bekanntgab, daß Anträge für Reisen schnell genehmigt und Visa für eine ständige Ausreise unverzüglich erteilt werden würden.

Dabeigewesen:
Tagebuchnotizen vom Winter 1989/90

Gisela E. Bahr

19. Dezember 1989 Ankunft in Berlin, mit Taxi zu Kusine Erika am Tempelhofer Damm. Früher habe ich oft bei ihr gewohnt, bin täglich zum Brecht-Archiv gefahren und habe abends auf ihrer Schreibmaschine meine handschriftlichen Notizen übertragen. Inzwischen ist sie alt und kränklich geworden, hat mich oft nicht aufnehmen können, aber dieses Jahr hatte sie mich speziell eingeladen. Die Wohnung ist zu groß und zu unbequem für sie, aber sie bewohnt sie seit sechzig Jahren, hat darin das Ende der Weimarer Republik erlebt, die Hitlerzeit, Krieg, Nachkriegszeit, die Mauer—und nun die Öffnung der Mauer. Kann sie es denn fassen, dieses unglaubliche Ereignis, das niemand in unserer Generation für möglich gehalten hat? Ist es nicht großartig, in einer historisch so bedeutenden Zeit zu leben? Ach, weißt du, sagte Erika, für mich ist das nichts mehr. Versteh mich nicht falsch, natürlich bin ich froh, daß die Mauer weg ist. Aber für uns hier in Berlin ist es unerträglich geworden, du wirst es selber sehen. Das Problem ist, daß die "Ossis" den Westteil der Stadt überschwemmen, täglich, stündlich. Arbeiten tun die anscheinend überhaupt nicht. Deshalb sind die Verkehrsmittel überfüllt und die Geschäfte auch. Sie kauft meistens im Billiggeschäft Aldi ein, aber die Ossis auch. Nun muß sie Schlange stehen, um überhaupt in das Geschäft hineinzukommen, und an der Kasse noch einmal, muß auf manche Ware verzichten, weil sie gerade ausgegangen ist. Im Osten sind sie das ja gewöhnt, meinte sie, denen macht das nichts aus. Also Umkehrung der Verhältnisse? Darauf war ich nicht vorbereitet. Aber das kann doch nicht alles sein, was die Maueröffnung gebracht hat.

20. Dezember 1989 Ein Regentag, gar nicht weihnachtlich. Trotzdem fuhr ich in die Stadt, ließ nur meine Filmkamera zuhause. Ich wollte Geld umtauschen und Einkäufe machen. Vor allem aber wollte ich sehen, was sich verändert hat. Berlin ist ja meine zweite Heimat. Während des Krieges habe ich hier studiert, Bombenangriffe erlebt, Trümmer beseitigt. Damals wurden die Hilfsbereitschaft der Berliner und ihr sprichwörtlicher Humor zur Lebenshilfe für mich und machten mich quasi zur Berlinerin. Die Eroberung der Stadt durch die Russen fand ohne mich statt, ich war nach Holstein geflüchtet. Ein Jahr später kam ich zurück in die geteilte Stadt, die zertrümmerte Stadt und schlug mich

mühsam als Orchestergeigerin durch. Es war eine harte Zeit, denn es
mangelte an allem—an Geld, Essen, Kleidung, Heizmaterial—und
zugleich eine aufregende Zeit hier im Zentrum, wo die vier Besatzungs-
mächte so dicht beieinander waren und die Hoffnung auf eine bessere
Welt in der Luft lag. Die erste freie Wahl meines Lebens fiel in diese
Zeit. Nie wieder habe ich dieses Grundrecht in solcher Hochstimmung
ausgeübt wie damals. Als die Blockade kam, wohnte ich schon in
Wiesbaden, und es vergingen fast zwei Jahrzehnte, bis ich Berlin wieder-
sah. Seit 1966 kam ich jedes Jahr und fühlte mich bald in beiden Teilen
der Stadt wieder heimisch. Nach praktisch fünfzig Jahren Berlin-
geschichte dachte ich nicht, daß mich noch viel überraschen könnte. Was
für ein Irrtum!

So wie heute habe ich Berlin noch nie erlebt. Die Stadt platzte aus
allen Nähten, als hätten sich Menschen und Fahrzeuge verdoppelt.
Mitten in Lärm und Durcheinander das vertraute Tuckern der ostdeutschen Zweitaktautos. Alle Leute schienen von Einkaufsfieber
gepackt, aber statt fröhlicher Vorweihnachtsstimmung spürte ich Hektik,
Gereiztheit, sogar Feindseligkeit unter den Menschen, sah nur hin und
wieder ein glückliches, ertwartungsvolles Kind. Ich wollte eigentlich
noch Geschenke kaufen, ließ es dann. Ich hatte keine Lust mehr.

Am Abend telefonierte ich lange mit Wally in Ostberlin. Bei ihr,
meiner Wahlfamilie, will ich die Weihnachtstage verbringen. Schauspielerin an der Volksbühne, ist Wally seit mehr als zwanzig Jahren
meine engste Freundin, Schwester, Auskunftsperson für DDR-Angelegen-
heiten. Sie behauptet, daß ich immer da war, wenn ihr Leben eine
Wendung nahm, an den Höhepunkten, an den Tiefpunkten. Als ihr Sohn
Matti zur Welt kam, bat sie mich, die Patenschaft zu übernehmen, damit
der Junge mit mehr als einer Weltanschauung aufwachsen könnte. Zur
Zeit ist sie sehr engagiert, denn neben ihrer Theater- und Filmarbeit ist
sie seit einigen Wochen Vorsitzende der Gewerkschaft Kunst. Außerdem
ist sie in der Führungsgruppe des neuen Unabhängigen Frauenverbandes.
Beide Tätigkeiten erfordern zahllose Sitzungen, für die Diskussionsunter-
lagen, Positionspapiere und Strategien vorzubereiten sind. Wie sie das
alles schafft, ist mir ein Rätsel. Aber in dieser außerordentlichen Zeit
wachsen eben auch die Kräfte.

Wie immer hat Wally für mich ein Besuchsvisum besorgt. Diesmal
brauche ich es mir aber nicht zu holen, sondern—Zeichen der neuen
Zeit—es soll mir gebracht werden. Ihr Neffe, der von einem ausgewan-
derten Freund einen "Trabi" übernommen hat und seither in jeder freien
Minute in Westberlin herumflitzt, möchte mich unbedingt abholen. So
bequem habe ich es noch nie gehabt. Am 23. Dezember soll der Orts-
wechsel vorgenommen werden.

23. Dezember 1989 In der Großen Seestraße, Bezirk Weißensee,
waren alle da: Wally, der kleine Sohn Paul, neun, und der zwanzigjährige

Sohn Matti mit Freundin Rieke. Es wurde ein starker Kaffee gemacht, und schon hockten wir beieinander wie eh und je. Natürlich redeten wir über Politik, über die Demonstrationen vom 19. Dezember, auf der Matti und Rieke mit etwa fünfzigtausend Gleichgesinnten "für eine souveräne DDR, gegen Wiedervereinigung und den Ausverkauf des Landes" demonstriert hatten, über Politiker wie Hans Modrow, Gregor Gysi, Helmut Kohl. In den letzten Tagen ist das ganze Ausmaß der Korruption der SED-Führung bekannt geworden. Millionen Devisen, die für Wirtschaftsinvestitionen bestimmt waren, wurden auf westliche Privatkonten verschoben. Das hat natürlich in der Bevölkerung große Erbitterung hervorgerufen.

Als die Kinder im Bett waren, konnten wir anfangen, die Ereignisse der vergangenen Wochen aufzuarbeiten. Obwohl sie im September aus der SED ausgetreten war, wurde Wally kürzlich zur Vorsitzenden der Gewerkschaft Kunst gewählt und versucht seither, diese verkrustete Organisation in Richtung auf Demokratie umzustrukturieren. Von ihrem großen Frauenfestival am 3. Dezember in der Volksbühne wußte ich schon etwas, nun erfuhr ich die Einzelheiten. Den Plan zu einem Fest für Frauen hatte sie seit langem im Kopf, aber den letzten Anstoß gab Christa Wolf, die ihr riet, ihren Plan beim nächsten Frauentreffen in der Gethsemane-Kirche anzubringen. Wally hatte von diesen Zusammenkünften gar nichts gewußt. Ihr Vorschlag wurde von den versammelten Frauen begeistert aufgenommen. Gemeinsam organisierten sie in nur zehn Tagen ein Festival, zu dem über tausend Frauen aus allen Teilen der Republik angereist kamen, zusammen sangen, lachten, über Politik sprachen und am Ende beschlossen, den "Unabhängigen Frauenverband" zu gründen. Du kannst dir nicht vorstellen, sagte Wally, was da los war. Die Frauen paßten gar nicht alle in den Zuschauerraum, manche mußten im Foyer sitzen. Die Stimmung war heiß, wie elektrisch geladen, unsere Feuerwehrleute waren sichtlich nervös, als könnte jeden Moment ein Feuer ausbrechen. Das Kernstück der Veranstaltung war Ina Merkels Manifest "Ohne Frauen ist kein Staat zu machen," das Wally mit geschulter Stimme vorlas. Ich werde sie bitten, mir ein Gespräch mit Ina zu vermitteln.

27. Dezember 1989 Seit zwei Tagen lese ich. Wally bringt immer neue Stöße Material. Erschütternd die Protokolle von DemonstrantInnen, die in den heißen Wochen vor der Maueröffnung verhaftet und von der DDR-Polizei unglaublich brutal behandelt worden waren. Das war Bürgerkrieg, und er war nicht auf die Hauptstadt beschränkt. Wohltuender die Materialien, Aufrufe, Positionspapiere der neu entstandenen Bürgervereinigungen wie "Neues Forum" oder "Demokratie jetzt" und die Porträts der neuen Persönlichkeiten wie Jens Reich, Bärbel Bohley, Konrad Weiß, Wolfgang Ullmann. Da ist viel politisches Engagement zu spüren, viel echtes Demokratieverständnis, viel kreatives Nachdenken,

viel Selbstlosigkeit. Welch ein Kontrast zu den eingefleischten Routine-
politikern in Ost und West! Wenn es gelingt, diese "sanften Revoluti-
onäre" mit ihrer Mischung aus klarsichtiger Analyse der Realität und
idealistisch-utopischer Langzeitperspektive für die Landespolitik nutzbar
zu machen, dann besteht Anlaß zur Hoffnung. Denn das würde auch in
der BRD frische politische Impulse wecken. Alle Möglichkeiten offen—das erinnert mich an die unmittelbare Nachkriegszeit, die ich in
Berlin erlebte. Damals wurden meine Hoffnungen allerdings enttäuscht.

Das erste Tätigkeitsfeld dieser Neupolitiker ist der "Runde Tisch,"
der auf Einladung der Evangelischen Kirche seit dem 7. Dezember in
Ostberlin tagt und VertreterInnen der alten und neuen Parteien und
Bürgerbewegungen zusammengebracht hat. Sie sollen die öffentliche
Kontrolle über die Regierung ausüben, die nicht demokratisch gewählt
worden war. Die Vertreterinnen des Unabhängigen Frauenverbandes, Ina
und Wally, brauchten eine gute Portion List und Stehvermögen, um in
diese Runde aufgenommen zu werden. Aber nach wenigen Sitzungen war
Wally drauf und dran aufzugeben. Sie fühlte sich von den versierten
Vertretern der alten Parteien immer wieder ausgetrickst. Mit Mühe
konnte ich sie dazu bewegen, ihre Position zu halten und Strategien gegen
die Altpolitiker zu entwickeln.

29. Dezember 1989 Morgens acht Uhr dreißig war ich zu Ina
Merkel bestellt. Sie wohnt im Bezirk Prenzlauer Berg in einer reno-
vierungsbedürftigen Altbauwohnung mit großen, hohen Zimmern. Es war
kalt, weil die Heizung nicht funktionierte. Ina ist eine zarte blonde Frau,
Anfang dreißig, wissenschaftliche Mitarbeiterin in der kulturwissenschaft-
lichen Abteilung der Humboldt-Universität und Mutter zweier Kinder,
etwa 10 und 12. An ihrem Manifest hatte mich ihre feministische
Gesellschaftskritik fasziniert. Schließlich galt die Frauenfrage in der
DDR offiziell als längst gelöst. Ich fand viel Gemeinsames zwischen
ihren Argumenten und unserem Denken hierzulande sowie unseren
Erfahrungen als Frauen und Feministinnen. Unser Gespräch begann also
auf einer Basis von Vertrautheit und Übereinstimmung, als wären wir
schon lange befreundet. Von Anfang an habe ich die Entschlossenheit der
Frauen des UFV bewundert, politisch zu arbeiten und die Gelegenheiten,
die sich durch den Umbruch der DDR-Gesellschaft und -Regierung
bieten, für die Frauen und ihre Vision einer besseren Gesellschaft zu
nutzen. Wir besprachen auch das Für und Wider von Quoten, unsere
Erfahrungen in Amerika sowie die zaghaften Versuche mancher Bundes-
tagsparteien in der BRD, Frauenquoten einzuführen. Ina und die UFV-
Frauen sind überzeugt, daß sie Quoten brauchen, um Parität in den
Führungsgremien von Regierung, Wirtschaft und Gesellschaft zu er-
reichen.

Das Demokratieverständnis der UFV-Frauen zielt eindeutig auf
Basisdemokratie. Wir müssen in unserer Nachbarschaft beginnen, sagte

Ina, und die Leute auf ihre unmittelbaren Interessen aufmerksam machen. Als Beispiel nannte sie eine Fabrik in ihrem Wohnbezirk, die zu viel Lärm verursacht. Von einigen Frauen ermutigt, verhandeln die Anwohner jetzt mit der Fabrikleitung. In anderen Fällen werden Frauen darauf vorbereitet, für die Erhaltung ihrer bedrohten Arbeitsplätze zu kämpfen. Denn darüber sind sich die UFV-Frauen klar: Den kommenden wirtschaftlichen Veränderungen werden in erster Linie Frauen zum Opfer fallen. Eine wohlbekannte, typische Situation. Am Ende unseres Gesprächs lud Ina mich zum Gründungskongreß des Unabhängigen Frauenverbandes ein.

30. Dezember 1989 Ich wohne wieder bei Erika in Westberlin, weil Wally zu ihrem Vetter nach Bonn gefahren ist, um sich mit ihm als ehemaligem Gewerkschafter zu beraten. Ich lese, lese, lese alles, was ich an Aktuellem erwische, wenn ich nicht am Fernseher "klebe." Interessant ist ein Vergleich zwischen den ostdeutschen und westdeutschen Nachrichtensendungen. Nach Wegfall der Zensur in der DDR bringen sie viel Gemeinsames, aber Schwerpunkte wie auch Nuancen sind unterschiedlich.

In den Medien häufen sich die Berichte über Organisation und Ausmaß der DDR-Geheimpolizei, der "Stasi," die die DDR-Bevölkerung anscheinend unter einem dichten Überwachungsnetz gehalten hatte. Wer immer auch nur das kleinste Vergehen begangen hatte, wurde von der Stasi in den Spitzeldienst gepreßt, und viele hatten nicht die Kraft, diesem Druck zu widerstehen. Die Stasiakten füllen riesige Archive, und wer sie letztenendes bekommt und zu welchem Zweck, ist nur eine von vielen offenen Fragen. Eine andere ist, was mit dem Stasipersonal geschehen soll, was mit den Spitzeln, und wer diese Fragen entscheiden soll.

2. January 1990 Besuch bei Jens Reich in Ostberlin. Als ich vorige Woche anrief, um einen Termin auszumachen, war seine Frau am Apparat. Auf meine Frage, ob sie sich noch an mich erinnere, antwortete sie prompt: Natürlich, die Frauenfrage. Im Sommer 1981 hatte ich mit Reich als Sektionsleiter für Molekularbiologie an der Akademie der Wissenschaften ein Interview gemacht, weil ich für den Women's Caucus der Modern Language Association den Status der Akademikerinnen in der DDR recherchieren sollte. Ich befragte ihn über die Wissenschaftlerinnen in seiner Sektion und erfuhr, daß die wenigen, die er hatte, nicht recht vorankamen, teilweise schon freiwillig ausgeschieden waren. Als Hauptgrund nannte er die Tatsache, daß sie an den jeden Nachmittag stattfindenden Seminaren, auf denen Forschungsergebnisse ausgetauscht wurden, nicht teilnehmen konnten, weil sie zu der Zeit ihre Kinder aus Kindergarten oder Krippe abholen mußten. Hat er daran gedacht, die Seminare zu anderer Zeit abzuhalten? Nein, sagte er, und dann, spontan: Aber wissen Sie, vielleicht werden wir das jetzt tun müssen, denn in letzter Zeit konnten auch einige der jüngeren Männer nicht mitmachen,

weil sie Kinder abzuholen haben.   Offensichtlich hatte er keine Ahnung,
was er da wirklich gesagt hatte, und so begann unser langes Gespräch
über, ja, die "Frauenfrage" auf elementarster Grundlage.   Die Großmutter
saß strickend dabei, der Sohn lag auf der Couch mit einer Beinverletzung,
und die Eltern grillten mich über Emanzipation, Gleichberechtigung,
Diskriminierung.   Sie wußten so gut wie nichts darüber, fragten aber
immer weiter, wollten es wirklich wissen.   Es war nach Mitternacht, als
ich mich endlich verabschieden konnte.

Heute wollte ich mit Jens Reich über das "Neue Forum" sprechen,
die erste und bisher größte Bürgerbewegung der DDR.   Er wurde gerade
von einer Westberliner Reporterin interviewt, und ich konnte einfach
zuhören.   Bald nach unserem damaligen Interview verlor er seinen
Leitungsposten und sein Privileg als "Reisekader," weil er empfohlen
hatte, allen MitarbeiterInnen der Abteilung ein Mitbestimmungsrecht zu
gewähren.   Was ihn zur Opposition trieb, war jedoch nicht seine Degra-
dierung.   Wir waren in Gefahr, unsere Kinder zu verlieren, erklärte der
Fünfzigjährige.   Die ganze junge Generation hatte aufgehört, mit den
Älteren zu sprechen.   Das durfte nicht sein.   Als er erfuhr, wie die
Jungen dachten und was sie wollten, schloß er sich ihnen an.   Am 10.
September 1989 gründete er mit anderen Oppositionellen das "Neue
Forum."   Zur Zeit diskutieren die Mitglieder über ihr Selbstverständnis:
Sollen sie Partei werden oder Bürgerbewegung bleiben?   Jede Partei, so
Reich, wird früher oder später dogmatisch, also undemokratisch.   Nur im
Kontakt mit der Basis ist echte Demokratie möglich.   Deshalb hatte das
"Neue Forum" dafür plädiert, Kommunalwahlen vor der Volkskammer-
wahl abzuhalten.   Denn, so Reich, die Leute müssen erst lernen, ihre
Wünsche politisch zu artikulieren und für ihre Belange zu kämpfen, und
das lernen sie am leichtesten in ihrer unmittelbaren Umgebung.   Das
klang wie Ina Merkel, und ich sagte es auch.   Reich nickte, wir sollten
eine Zusammenarbeit mit den Frauen in Betracht ziehen.   Bestellen Sie
doch der Ina Merkel, sie soll sich mit uns in Verbindung setzen.   Vielleicht könnten auch Forumsleute mit den Frauen Verbindung aufnehmen?
Er, etwas überrascht, ja, das ist auch möglich.   Und dabei blieb es.

28. Januar 1990   Seit gestern bei meiner Schwester Gertrud im
Städtchen Wittingen, dicht an der ehemaligen DDR-Grenze.   Ihr Sohn
Gert, mit seiner Familie zum Wochenende gekommen, machte heute
einen Ausflug ins benachbarte Salzwedel.   Wie die meisten, die zum
ersten Mal ein Stück DDR sehen, war er erschüttert von dem armseligen
Zustand der Häuser und Straßen und den dürftigen Auslagen in den
Geschäften, aber freudig überrascht von der Herzlichkeit der Menschen.
Er brachte die erste Ausgabe einer neu zugelassenen, unabhängigen Zeitung mit, Beweis der neuen Pressefreiheit in der DDR.   Die Anzeigen in
diesem Blatt sind ausschließlich von westdeutschen Geschäften aus den
anliegenden Orten einschließlich Wittingen.   Ich verstehe nicht, wo die

Ostdeutschen das Westgeld hernehmen, um die Angebote der Westgeschäfte wahrnehmen zu können, aber die Anzeigen scheinen sich zu lohnen.

4. Februar 1990 Trotz Kälte und Wind wanderten Getrud und ich heute an die 4 km entfernte Grenze. Als ich 1977 dort war, bestand die Grenze nur aus einem Drahtzaun. Auf der anderen Seite war ein Bauernhof, in dem Kinder spielten und sangen. Das war damals eine ganz idyllische Szene. Fünf Jahre später war auch dort eine Zementmauer errichtet worden mit der typischen Plattform davor. Heute fanden wir an derselben Stelle die Mauer in Straßenbreite entfernt. Eine neue Straße war im Bau, in zwei Wochen soll der Übergang fertig sein, sagten die Grenzer. Ich bat sie, mal freundlich in meine Kamera zu schauen. Wir sind doch immer freundlich, grinsten sie.

Zurück ging es im Auto mit Tochter Ike, die uns zu einem bereits geöffneten Grenzübergang fuhr, wo wir regen Sonntagsverkehr beobachten konnten. Ich ging zu dem Wachhäuschen und fragte, ob ich mit amerikanischem Paß hinüber dürfte. Ich durfte nicht, brauchte ein Visum. Und wo kann ich es bekommen? Da müssen Sie nach Berlin schreiben, wurde ich belehrt; es könnte aber vier bis sechs Wochen dauern, bis Sie es bekommen.

8. Februar 1990 Für heute schlug Gertrud eine Busfahrt vor, kreuz und quer über die Dörfer, das mögen wir beide. Bei einem längeren Aufenthalt kamen wir mit dem Fahrer ins Gespräch. Er macht oft Fuhren in die DDR, erzählte er, und das ist sehr lukrativ. Er tauscht dann nämlich vorher DDR-Geld zu Schwarzmarktpreisen, und mit ein paar Tausendern in der Tasche kauft er alles, was in den Geschäften zu haben ist. Bei dem hohen Währungsgefälle kann er die Waren im Westen mit gutem Profit weiterverkaufen. Aus der Zeitung wußte ich schon von solchen "Leerkäufen." Zur selben Zeit wurde berichtet, daß die DDR-Wirtschaft vor dem Kollaps stand, was mit den Westkäufen zu tun haben könnte. Nun saß ich einem gegenüber. Findet er das denn in Ordnung, was er da macht? Wieso, sagte er, macht doch jeder. Schließlich mußten wir all die Jahre den Zwangsumtausch machen, nun gehts eben anders rum. Aber der Umtausch wurde doch von der Regierung angeordnet, nicht von den Leuten. Is' mir doch egal, sagte er, rammte den Knüppel in die Schaltung und fuhr weiter. Tja, sagte mein Neffe Udo, als ich in der Familie meiner Empörung Luft machte, schön ist es nicht, aber so ist der Kapitalismus. Da kauft jeder so billig, wie er kann.

13. Februar 1990 Seit gestern bin ich wieder in Berlin, wo die Berlinale zuende geht. Von den DDR-Filmen, die verboten waren und nun zum ersten Mal gezeigt wurden, sah ich Frank Beyers "Spur der Steine" nach Strittmatters Roman. Ein sauber gemachter Film, sehr männlich. Aber was daran mißliebig war, ist heute nicht mehr zu verstehen. Tief bewegend waren zwei Dokumentarfilme, von Studenten der DDR-Filmhochschule Babelsberg kurz vor Öffnung der Mauer gedreht. Erstaunlich, daß sie überhaupt Genehmigung, Ausrüstung und Filmmaterial bekamen, um die harten Auseinandersetzungen zwischen Polizei und Oppositionellen zu dokumentieren. Eine Gruppe filmte in Berlin, die andere in Leipzig. Den Berlinfilm fand ich besser gelungen. Im Mittelpunkt stand eine junge Frau, die sich in der Gethsemane-Kirche einquartiert hatte und mit einem Hungerstreik gegen die Unterdrückung der Opposition protestierte. Sie wurde zur Inspiration für die Oppositionellen, die sich bei ihr Mut und Kraft holten. Die Brutalität der Polizei wurde in beiden Filmen schonungslos dokumentiert; die Gesichter der Menschen, die diese Grausamkeiten erlitten, sowie ihre Berichte sind so leicht nicht zu vergessen. Der Berlinfilm brachte außerdem ein Interview mit einem der höchsten Polizeibeamten, der die Brutalität der Polizei (die die Zuschauer gesehen hatten) rundweg ableugnete, dann aber die Notwendigkeit des harten Vorgehens gegen die "Staatsfeinde" verteidigte. Auch zwei jüngere Polizisten kamen zu Wort, der eine zu verklemmt für eine offene Aussage, der andere mit Verständnis für die revolutionären Ereignisse. Kein westliches Filmteam hätte zu jener Zeit solche Interviews machen können. Selbst die DDR-Filmer brauchten viel Mut und List, um ihre selbstgestellte Aufgabe so wahrheitsgetreu lösen zu können.

17. Februar 1990 Gründungskongreß des Unabhängigen Frauenverbandes, vorverlegt, weil auch die Volkskammerwahl vorverlegt worden ist (auf den 18. März). Ohne diesen termingerechten Kongreß wäre der UFV nicht berechtigt, Delegierte für die Wahl zu stellen. Das Programm: Verabschiedung des Verbandsprogramms, des Statuts und der Wahlplattform sowie Wahl der Sprecherinnen. Eingeleitet wurde der Kongreß von Vertreterinnen der einzelnen Frauengruppen, die mit viel Engagement, Elan und Humor über ihre bisherige politische Tätigkeit berichteten, über Strategien, Erfolge, Mißerfolge. Sie vermittelten einen faszinierenden Einblick in die Differenziertheit der örtlichen Gegebenheiten und ebenso in die Vielfalt der UFV-Mitglieder. Sie kommen offensichtlich aus allen Teilen der Bevölkerung, nicht nur aus der intellektuellen Elite. So eine unsteife Versammlung habe ich bei uns noch nie erlebt, sagte Wally beim Mittagessen.

Als der formale Teil begann, dachte ich flüchtig an *Robert's Rules*. Unnötigerweise, denn diese Frauen einigten sich in kürzester Zeit über die Regeln, nach denen Diskussionen und Abstimmungen ablaufen sollten. In den Debatten ging es manchmal heiß her, mit aller Schärfe der Überzeugung. Es war ganz deutlich: Hier waren Frauen unter sich, verfolgten ihre eigenen Belange, waren konzentriert und locker zugleich. Am Ende wurden zu allen Punkten Kompromisse gefunden. Zur Diskussion der Wahlplattform war eine Delegation der Grünen Partei gekommen, mit denen ein Wahlbündnis geschlossen worden war, denn programmatisch bestehen viele Gemeinsamkeiten zwischen Grünen und Frauen. Die letzten Punkte des Kongreßprogramms mußten vertagt werden. Nach zwölf Stunden waren die Kräfte verbraucht. Auch ich war erschöpft, aber auch angeregt. In diesen Frauen, dachte ich mir, steckt ein ganz starkes schöpferisches Potential. Wenn sie wirklich zum Zuge kommen, könnten sie gesellschaftlich viel verändern.

19. Februar 1990 Heute in Leipzig bei der wöchentlichen "Montagsdemonstration." Ich war zwar gewarnt worden, daß die einstigen revolutionären Impulse inzwischen von rechtspolitischen Kraftmeiern usurpiert worden seien, doch das wollte ich mir selber ansehen. Als ich ankam, herrschte auf dem Opernplatz eine Art Jahrmarktstimmung—Musik, Würstchenbuden, Getränkestände. Von allen Seiten wurde mir Wahlkampfmaterial in die Hand gedrückt. Um sechs war der Platz dicht gefüllt. Ich sah viele Fahnen, besonders schwarz-rot-goldene ohne DDR-Emblem und sächsische. Ein Gegenplakat sah ich auch: die BRD als Haifisch, dem das Fischlein DDR ins weitgeöffnete Maul schwamm. Als die Reden begannen, war die Aufmerksamkeit groß. Die Vertreter der CDU und des "Demokratischen Aufbruchs" wurden mit starkem Beifall bedacht. Ein SPD-Sprecher wurde niedergebrüllt, bis der Leiter der Veranstaltung um mehr demokratisches Verhalten bat. Als die Vertreterin einer internationalen Arbeiterinnenorganisation mit Akzent zu sprechen begann, wurde "Deutschland, Deutschland" gerufen. Nach Beendigung der Reden schlossen sich die meisten Anwesenden zu einer Marschkolonne zusammen und stampften mit ihren Fahnen und dem Sprechchor "Deutsch-land, ei-nig Va-ter-land" davon. Ich blieb fröstelnd auf dem leeren Platz zurück. Auf dem Weg zum Bahnhof hörte ich, wie zwei junge Männer einem Reporter ins Mikrofon sprachen, daß die (rechtsradikalen) Republikaner für Frieden und gegen Gewalt seien. In Leipzig wird ihnen das vielleicht sogar geglaubt.

22. February 1990 Mein letzter Tag—morgen gehts zurück nach Oxford—brachte eine Enttäuschung. Ich ging von einem Schallplattenladen zum anderen, von einer Frauenbuchhandlung zur anderen auf der Suche nach Frauenliedern, wie wir sie auf unseren ersten Women in German-Treffen gesungen haben. Die sind nicht mehr aktuell, erfuhr ich, die gibt es nicht mehr. Für die DDR wären sie hochaktuell. Ich wollte sie den UFV-Frauen für ihren Wahlkampf bringen, hatte es versprochen, und nun konnte ich mein Wort nicht halten. Den Abschied von Wally machte ich kurz. Wir hatten uns alles gesagt, und wie es weitergehen würde, wußten wir ohnehin nicht. Halt die Ohren steif, sagte ich, und sie: Na klar, uns kriegen die nich' unter, uns nich'!

Sommer 1991 Vor einem Jahr begann der Vereinigungsprozeß mit der Einführung der D-Mark im Gebiet der DDR, gefolgt vom Vereinigungsvertrag und der Wahl des gesamtdeutschen Bundestages. Inzwischen ist in ganz Deutschland Ernüchterung eingetreten. Die

Hoffnung auf ein zweites "Wirtschaftswunder" im DDR-Teil hat sich nicht erfüllt. Im Westen wird produziert, im Osten konsumiert—so ein bissiger Kommentar. In allen Berufsbereichen steigt die Arbeitslosigkeit und, wie erwartet, sind die weiblichen Arbeitskräfte am verletzlichsten. Der Kapitalismus ist tatsächlich so, wie er bei uns im Buche stand, stellte Wally fest. Aber daß fortan alle Überlegungen, auch Berufsentscheidungen, den Bedingungen des Marktes unterliegen sollen, fassen ostdeutsche Köpfe nicht so schnell. Die Enttäuschung über Kohl ist in den "neuen Bundesländern" weit verbreitet. Das bedeutet aber zugleich Enttäuschung über das politische System. Bevor die Leute Demokratie wirklich erleben konnten, haben viele schon genug davon. Auch Wally ist zynisch geworden. Im Grunde, sagte sie, ist der Umgang mit dem neuen Regime viel leichter als mit dem alten. Ich weiß ja jetzt, daß ich nicht alles tun muß, was die sagen. Die Frauen vom UFV werden es bald erleben. Sie rüsten sich zum Kampf um die Erhaltung ihres Rechtes auf Abtreibung, das ihnen im Zuge der Angleichung an westdeutsches Recht genommen zu werden droht. Dafür werden die deutschen Frauen wieder auf die Straße gehen.

Learning to Say "I" Instead of "We":
Recent Works on Women in the Former GDR

Dorothy J. Rosenberg

Review Essay

Sabine Berghahn and Andrea Fritzsche. *Frauenrecht in Ost und West Deutschland. Bilanz/Ausblick.* Berlin: Frauenbuch bei Basisdruck, 1991.

Erica Fischer and Petra Lux. *Ohne uns ist kein Staat zu machen. DDR-Frauen nach der Wende.* Köln: Kiepenheuer & Witsch, 1990.

Cordula Kahlau, ed. *Aufbruch! Frauenbewegung in der DDR.* München: Frauenoffensive, 1990.

Freya Klier. *Lüg Vaterland. Erziehung in der DDR.* München: Kindler, 1990.

Irene Kukutz and Katja Havemann. *Geschützte Quelle. Gespräche mit Monika H. alias Karin Lenz.* Berlin: Basisdruck, 1990.

Karen Margolis. *Der springende Spiegel. Begegnungen mit Frauen zwischen Oder und Elbe.* Frankfurt a. M.: Luchterhand, June 1991.

Marlies Menge. *"Ohne uns läuft nichts mehr." Die Revolution in der DDR.* Stuttgart: Deutsche Verlags-Anstalt, 1990.

Anna Mudry, ed. *Gute Nacht, du Schöne.* Frankfurt a. M.: Luchterhand, April 1991.

Ohne Frauen ist kein Staat zu machen. Ed. Unabhängige Frauenverband. Hamburg: Argument, 1990.

Katrin Rohnstock, ed. *Handbuch. Wegweiser für Frauen in den fünf neuen Bundesländern.* Berlin: Frauenbuch bei Basisdruck, 1991.

Katrin Rohnstock, ed. *Frauen in die Offensive. Texte und Arbeitspapiere.* Berlin: Dietz, 1990.

Gislinde Schwarz and Christine Zenner, eds. *Wir wollen mehr als ein "Vaterland."* Reinbek bei Hamburg: Rowohlt, 1990.

Christa Wolf. *Reden im Herbst*. Berlin: Aufbau, 1990.

Ypsilon. Zeitschrift aus Frauensicht. Berlin, appears monthly. Subscription address: Y-LeserinnenService, PF 103215, W-2000 Hamburg 1.

Trying to sort out fact from ideological fantasy in the process of German unification is not an easy task and it is not made easier by the current boom of publications exploiting the new *Marktlücke* in the ever-popular field of German *Selbstbetrachtung*. While there is no shortage of works in every price range celebrating, illustrating, or explaining what "really happened" in and to the GDR, looking for reliable documentation or thoughtful reflection can be quite frustrating.

Works by and about women and the *Wende* are no exception to the rules of German publications marketing. Unfortunately, the pressure to rush into print within the brief space of the postmodern attention span often leads to publications of very mixed quality and limited lasting value. A second caveat is that, even given the relative speed of German publishing, not even the most recent of these works address the catastrophic conditions currently confronting women in the former GDR.[1] What follows is a brief attempt to evaluate a selection of titles that appeared in 1990 and 1991.

Two reference works, both published in the Basisdruck Frauenbuch series, that I would highly recommend, are the *Handbuch. Wegweiser für Frauen in den fünf neuen Bundesländern* and *Frauenrecht in Ost and West Deutschland*. The first volume consists principally of a geographical listing (by state and city) of women's projects, centers, cafés, etc., with contact addresses. It also includes the names and addresses of central women's organizations for the ex-GDR region, and a potentially useful listing of women's studies researchers and their project areas and addresses, along with a listing of women artists and Federal women's organizations and ministries. The *Zentrum interdisziplinäre Frauenforschung* (Zif) at the Humboldt University (Unter den Linden 6, 1086 Berlin) published a special *Netzwerk* bulletin in October 1990 that lists women's studies researchers arranged by subject area, which is easier to use, but is available only from ZiF. The *Frauenrecht* volume is primarily intended as a handbook for women in the GDR, but provides an excellent overview of women's legal status under the GDR system compared to women's less advantageous legal situation in the FRG. The book also includes commentaries, examples, and transitional regulations.

Another publication that I would strongly recommend is *Ypsilon. Zeitschrift aus Frauensicht*. Now in its second year, *Ypsilon* has gone through editorial committee and format changes, but has retained both its literary and graphic freshness (fortunately, the artwork has now been subdued to the point that it no longer makes actually reading the texts impossible). It has also retained its specifically east German perspective and offers some of the best current information on women's issues and situation in the five new states.

Reading through the rest of these works is a little like sorting through a collection of insects preserved in amber. Written in a period in which time seemed to move so terribly fast, all of them suffer to some degree from the problems of trying to write about history as it happened. Instead of dealing with them in alphabetical order, I will discuss them in groups according to my assessment of their lasting value and usefulness in understanding and teaching about women and the *Wende*.

The two titles that I recommend most highly are Erica Fischer and Petra Lux's *Ohne uns ist kein Staat zu machen* and Anna Mudry's *Gute Nacht, du Schöne*. Although both volumes are uneven, they offer different and interesting access to individual women in the former GDR and either (or both) of them would be useful in the classroom. Fischer, an Austrian living in West Germany, and Lux, a citizen of Leipzig, have collected interviews with a fairly representative sampling of GDR women (as is usually the case, the selection is heavier on intellectuals and professional women than on workers). Fischer has a slightly greater tendency than Lux to insert herself into the interviews, but generally both interviewers hold back and allow their subjects to speak for themselves.

The interviews were all done during the winter of 1989/90, the phase of the *Wende* when it seemed that an independent, reformed, but still socialist GDR would stabilize and consolidate. Reading these women's descriptions of their plans for self-actualization within a society that was about to disappear was a highly frustrating experience, somewhat akin to watching someone drive off a cliff in slow motion, and I frequently felt the desire to reach into the book to shake them by the shoulders and scream, "Wake up! Don't you see what's happening?" The fact that these women are bitterly critical of their situation within GDR society, yet utterly unaware of their relative privilege within the comparatively "woman-friendly" GDR legal and social welfare system is an accurate reflection of GDR reality. The vast majority of GDR citizens assumed that they could only gain from a transition to a "social market economy," and GDR women in particular were ignorant of the negative impact of labor markets and capitalist relations of production on women or of the conservative legislation on women's issues in the FRG.

Gute Nacht, du Schöne benefits from having been written six to nine months later than the Fischer/Lux anthology. Within that brief period everything had changed, as the combination of West German pressure and East German impatience prevented the consolidation of an independent GDR. The CDU had won the hurriedly held March elections and unification on West German terms had become inevitable. The essays in this volume were written as the currency reform was taking place and the GDR was in the process of dissolution. The utopian projects of the winter of 1989/90 had already been replaced by the grim realization that a new set of rules even less favorable to women was being imposed from above and women's attempts to organize and act in their own interest had become irrelevant.   These writers, versed in the advantages and limitations of the GDR cultural universe, were now confronted by a loss of identity, delegitimization, and, in some cases, the struggle for sheer economic survival. None of them mourns the loss of the old system, but their sense of powerlessness and frustration at once again having lost control over the conditions of their lives is even more bitter after their brief taste of freedom and the sense of unlimited possibilities.

The tone of the Mudry volume is affected by the fact that it was written under changed political conditions (after the March elections) and that the contributions were written rather than spoken. The form used, letters written between pairs of GDR women writers, involves a certain distance (emotional as well as temporal and spatial) from the addressee and encourages a more thoughtful approach than a recorded conversation, without completely losing the intimacy of a personal communication (affected but not completely destroyed by the knowledge that these letters were being written for publication). Another obvious difference is that all of the letter writers are also published authors, accustomed to expressing themselves in writing. Despite the questionable marketing decision to play the volume's title off Maxi Wander's *Guten Morgen, du Schöne* (the *Gute Nacht* title also suggests the closure of the slightly extended GDR decade of women), this is a very different book indeed than Wander's strikingly fresh conversations with ordinary women. Although the texts are uneven in quality (I found Mudry's repeated self-pitying protestations that she didn't feel sorry for herself tiresome), the best of them, such as the Maja Wiens/Annett Gröschner exchange and Rosemarie Zeplin's or Gerti Tetzner's contributions, are deeply honest and personally immediate as well as insightful.   These are far more complex texts than the interviews in the Fischer/Lux volume and correspondingly offer more complex levels of information.

Christa Wolf's *Reden im Herbst* offers a mixture of interviews, letters, public speeches, and essays. While the volume will be important to any regular reader of Christa Wolf, it also suffers from its publication date, the last entry being March 30, 1990—before the elections, unification fever, currency reform, or the singularly vicious West German press campaign directed against Christa Wolf. Although Wolf's written comments and spoken interchanges with her interviewers are thoughtful and interesting, and the texts are of historical and sometimes literary value, the issues of primary interest today to which many readers would like to have Wolf's responses are temporally beyond the scope of this volume.

Turning to secondary literature, I also recommend the Schwarz/Zenner volume *Wir wollen mehr als ein "Vaterland."* The articles by sociologists Hildegard Maria Nickel, Jutta Gysi, Gisela Ehrhardt, and Uta Röth will be very useful in rounding out background materials on the actual conditions and status of women in the GDR. Irene Dölling's essay on women's studies in the GDR and especially her formulation of the patriarchal role of the socialist state is important to developing an understanding of the different contexts and structures of gender distinction in the East and West.

Three other secondary works, *Frauen in die Offensive, Ohne Frauen ist kein Staat zu machen,* and *Aufbruch! Frauenbewegung in der DDR,* are collections of documents, position papers, platforms, speeches, letters, and short articles. There is some duplication between these volumes, but each of them contains a significant amount of material not published in either of the others. They are useful as historical sources and background information to the more narrative volumes and provide poignant illustrations of what women thought they could and should demand before the unification process forced women's issues back into the political periphery.

Geschützte Quelle by Irene Kukutz and Katja Havemann is difficult to categorize. It is a series of interrogatory conversations between Kukutz and Havemann, both members of the GDR opposition and founders of *Frauen für den Frieden,* and a woman member of the group who reportedly regularly to the *Staatssicherheit (Stasi).* The book also contains a collection of related pictures, documents, and letters and diary entries. What emerges from the questioning sessions is a portrait of a young woman whose disturbed childhood has left her with an intense need for recognition and approval. Monika H. was not recruited, but volunteered to report to the *Stasi,* which seems to have played a purely passive role restricted to gathering the information offered to it. When her interlocutors repeatedly suggest that the *Stasi* used her or others as agents provocateurs, Monika H. consistently disappoints them by denying the existence of any active plots against them.

The book ends without conclusion, with Monika H. more emotionally needy than ever, having lost her *Stasi* contacts as well as her friends in the opposition. Her confession, a desperate attempt to regain their approval, has merely confirmed their suspicions and rejection of her. Kukutz and Havemann, in turn, continue to focus on the now-defunct *Stasi* rather than the endemic problem of voluntary identification with oppressive structures and the gratification and relative power that are derived from denunciation and enforcement of these structures on others. *Geschützte Quelle* is perhaps useful for a comparative study of the relation between authoritarian structures and opposition groups.

Last and least are the volumes by Freya Klier, Karen Margolis, and Marlies Menge, none of which I would recommend. Klier's book is merely an extended diatribe against the GDR educational system, a subject indeed worthy of investigation and analysis, neither of which is provided by the author. Unfortunately, Klier relies exclusively on unsupported assertion and provides no evidence for her argument, apparently feeling no need to document anything. She does produce a number of obviously incorrect pronouncements on well-documented events in GDR history. Klier provides neither specific material on women nor much other useful information.

Karen Margolis's book, rather than offering the "encounters with women between the Oder and the Elbe" promised in the title, instead gives us primarily encounters with Karen Margolis, who is well supplied with opinions (for example, the declaration that prostitution and the commodification of sex in the West have had the positive effect of making women aware that they have something of value between their legs; thus, Western women wouldn't dream of going to bed with a man without first being given a money payment, a free dinner, or at least a bouquet of flowers), but rather short on information about the GDR, analysis, or rational argument. In the rare and tantalizing bits of interviews or recorded conversations with GDR women, Margolis constantly and annoyingly inserts herself between the speaker and the reader. In the first section of the book either Margolis, a British citizen who lives in West Berlin, or Ann, another British woman who lives in East Berlin, invariably introduce, interrupt, or issue summary closing statements telling us what the GDR women really meant, often contradicting what the women themselves have just said. The last part of the book degenerates into what appear to be hastily assembled excerpts from Karen Margolis's diary recording a trip she took to Erfurt in early November 1989.

Marlies Menge is a well-informed and relatively sympathetic observer of the GDR; however, she was severely limited in her ability to perceive and present GDR realities by her own prejudices, multiplied by the known or suspected prejudices of her West German readers. Presumably she also wanted to keep her job. Although Menge is never shrill and is far more subtle than the cold warriors and anti-communist hysterics, her writing clearly reflects the fact that the essays in this volume were written for the conservative West German newspaper *Die Zeit* and simply recycled into this volume. All of Menge's articles on the East support a continuous narrative of Western superiority: although many things are different in the East, nothing is better, and while many of the individuals she interviews are attractive and even admirable, all of them suffer from the misfortune of living in the GDR. Although Menge's essays are quite balanced in tone, the entire constellation of Western prejudices gradually shows through, making it clear that these essays were written to conform to a West German audience's common mythology and set of beliefs. Menge assures her readers' loyalty by regularly confirming their superiority in comparison to the East. Her journalism serves the function of shoring up the unstable West German ego, a circumstance little noticed in the East and invisible to an East preoccupied with its own inferiority. This state of mutual psycho-dependence is only now becoming clearer in the West's continuing rejection of the East—without the GDR, who is left for the FRG to be better than? The old German trauma of having only a negative self-identification lurks just below the surface of Menge's portraits of the GDR.

Menge's West German sense of history—in her Janka article she is capable of attributing a stronger effect on workers' lack of support for socialism to three days in June 1953 than resentment of Soviet occupation and twelve years of fascism—the relatively superficial, personality-oriented style of her journalism, and the lack of any deeper analysis of the GDR life beyond the flat surface she presents seriously limits the usefulness of this volume. The kiss of death is that with its last essay written in December 1989, the book was outdated before it reached the distributor.

The specific moments and events reflected or retold in these works seem to emerge from a distant past. Some of the books radiate an immediacy and authenticity strong enough to leap the chasm that has opened so rapidly between then and now. Others provide useful documentation of a sincere, if utopian, attempt to grasp the chance of realizing a comprehensive feminist program in the brief period between the collapse of GDR patriarchy and the imposition of FRG patriarchy. A few of them are simply stale, having been dated before they appeared in print, or reflect the crass commercial opportunism of getting a title on the current hot topic onto the market, whether or not the author actually has anything of interest to say.

The books that describe, balance, and place in perspective the radical changes that have taken place in the lives of women in the former GDR have yet to appear. I hope that they are now in the process of being written and that when they are completed, they will find their way into print. The old GDR publishing houses are caught in the paralytic grip of the *Treuhand* and disheartening reports circulate among writers in the former GDR of a complete lack of interest in any but the most famous GDR authors on the part of West German publishers.

When and if these works do appear, they will carry a different weight and play a different role than literature did before the *Wende*. The old solidarities, based on common experiences and shared opposition, have shattered and the realities of daily life have fragmented. Writers in the former GDR no longer bear the burden of providing an alternative public sphere into which the critical discussion of women's experience was displaced (although given the popularity and importance of these works in the West, the degree to which this was in fact a displacement is open to doubt). Writers are no longer responsible for expressing the needs of others and are now free to articulate their own agenda. Indeed, there is no longer a common agenda, as women along with the rest of society are reshuffled into classes and strata with different and often competing needs and interests. Women writers in the former GDR are now free to say "I." They are also discovering that without the resonance of a "we," much of their meaning will be lost.

Note

[1] Previously 48% of the work force, women comprised 57% of the unemployed by August 1991, but only slightly over a third of newly reemployed. As official unemployment in the former GDR rises (passing 12% in July 1991 with actual employment over 40%), women, especially mothers of small children and women over 45, are being removed from the labor force and returned to dependency and frequently poverty, while those able to retain or regain employment are being de-skilled and delegitimized.

Rents in the former GDR rose an average of 500% on September 1, 1991; food prices had reached West German levels immediately after the currency reform, and water, electricity, telephone, and public transportation prices have tripled and quadrupled since unification. Nonetheless, real wages and salaries in the former GDR remain at 40-50% of the West German level and a 20-25% male-female wage gap persists. Daycare center closures as a result of *Treuhand* liquidation or privatization of enterprises also threaten the ability of women with children to support themselves, as do the rapidly rising costs of alternative childcare. For a discussion of these and other issues affecting women in the former GDR, see Dorothy J. Rosenberg, "Shock Therapy: GDR Women in the Transition from a Socialist Welfare State to a Social Market Economy" (*SIGNS* 17, 1 [Autumn 1991]).

What's Feminism Got To Do With It?
A Postscript from the Editors

Sara Friedrichsmeyer and Jeanette Clausen

The amount of ink that has been spilled during the past year or so on the topic of "political correctness" in higher education can hardly have escaped our notice. Originally a term of self-criticism among leftists,[1] "P.C." has been appropriated by conservatives as a term of abuse to imply intellectual bigotry and the pushing of a "correct" line on race, sex, class, sexual orientation, and so on by feminist and other progressive groups. The debate has been conducted in well-publicized tomes; in major newspapers and popular magazines across the country; in professional journals and a variety of feminist publications, including our WIG newsletter; and has even caught the ear of a reporter for the *Spiegel*. As we write this, a group of scholars—among them Wayne Booth, Henry Louis Gates, and Stanley Fish—has just announced a new organization, "Teachers for a Democratic Culture," formed to counter allegations by conservatives that adherents of "P.C." have become the new thought police. Despite the ubiquity of the debate, however, the topic is far from being "ausdiskutiert," certainly among feminists. In choosing to address it here, we wish to raise some issues that we see as crucial for Women in German and the WIG Yearbook.

One answer to our question "what's feminism got to do with it?" is, obviously, that feminism *has* challenged and then forced change in the American academy, changes against which the current backlash is directed. We have experienced this backlash in calls for a return to the canon, for a return to "standards," for support in the appointment to NEH of individuals inimical to feminist aims, etc. The virulence of the attack is itself evidence of the real impact that feminism has had in the academy—recall the old saying, if "they" aren't upset with us, it probably means we aren't accomplishing anything! But the tone and the superficial level of much of the debate demonstrate all too clearly how limited the impact of feminism has been, and how much still remains to be done. While we recognize that the controversy over "political correctness" is part media-hype, we also believe that feminists can ill afford to stay out of the debate. Obviously we can't prevent the cooptation of "our" language and strategies by the Right. We must, however, find ways to infuse our own definitions into the discussion, so that feminists retain control of the meaning of feminism. To prevent feminism from becoming the new "f" word, it might be helpful to rethink some of our long-standing notions about our movement and what it means to us.

A key issue is that of diversity. It is common to maintain—we have often said it ourselves—that there are probably as many feminisms as there are feminists. This argument has been important in explaining differences among us, for example that feminists espouse a wide range of political positions, from those fairly content with American political and academic institutions to those dedicated to their overthrow, with the majority insisting on and working for change from various positions along the spectrum. To try to paint us all into the corner of America-haters—as is the agenda of the anti-"P.C." Right—is patently absurd. We too are products of Western democracy and to varying degrees accept Western values. While such abstract ideals as reason and order will certainly elicit a differentiated response among feminists—the terms are clouded by the debate over the merits of a postmodern aesthetic—others such as the value of a secular education, for example, or the worth of each individual, and certainly the commitment to progress in the form of working to improve the system, are values to which we, as teachers, have obviously chosen to dedicate our lives. These are all ideals indisputably associated with the Western heritage. Part of the gulf separating us from the Right is that we take very seriously the call embedded in Western democracy to justice and equality of opportunity for all. Since that condition of life so clearly does not exist, of course we challenge the system. Our sense of equality, our own understanding of democracy demand such a response. Because of the heterogeneity of our movement, that challenge will—must—be issued from many positions. But in contrast to the Right, we believe deeply that the public discussion of these varying, often conflicting positions is essential to the formulating of reasoned judgments, in this case to identifying our own form of challenge.

Our conservative critics, however, are not interested in that kind of complexity. Ultimately a polarizing impulse that hearkens back to the simplistic thinking that identifies challenge with the desire to obliterate—viewing the world through a "you're either for us or against us" lens—"P.C." opponents force the participants in the battle they are initiating and defining into two camps: those of the self-proclaimed upholders of "our Western way of life" versus all those who can't quite believe that we have in fact achieved the best of all possible worlds. One of the problems for feminists—since we clearly belong to the latter group—is that such polarization diminishes the possibility for critically intelligent positions, both in our dealings with other feminists and with those not associated with the movement. And the more intensely the battle rages, the less space there will be for such positions.

The problem is not that in this charged atmosphere we as feminists find ourselves one with all challengers to the established traditions of power and authority, one with all those struggling against oppression based on race, class, gender, or sexual preference. In fact, we generally recognize our commonalities with these movements and view our own struggle as part of a larger one. But what those hostile to "P.C." seem intent on achieving is a forced solidarity that is ultimately counterproductive, a solidarity based less on agreement than on an unwillingness to criticize. It is this intention we must fight: we must not let this polarization become so effective a force that our only response is a less than intelligent consensus with every challenge to the system. That is, in our desire to defend others on the "P.C."-opponents hit list, in or outside the feminist movement, we must not surrender our critical intelligence, our willingness to evaluate and debate. It seems vital to us to remember that we can be committed to change, to diversity, to justice and equal opportunities ("politically correct" attitudes all) and *yet* be willing to disagree with others working for similar goals in vastly different ways. We can and must learn from thoughtfully argued positions even when we do not accept them. We can and should expose sloppy thinking for what it is, even in the arguments of those with whom we agree.

A high level of debate with feminists and with others sympathetic to an open airing of issues is crucial to our ability to infuse our own definitions into the wider discussion. However, we should also consider how we present ourselves as feminists to colleagues all along the "non-feminist" continuum, ranging from pre-feminists to dyed-in-the-wool anti-feminists. What do we assume in our dealings with those who do not share our cultural expectations or our politics, yet have many of the same goals? Recall the intense Saturday evening discussion at the 1990 WIG Conference, where several of our guests from the former GDR resisted identifying themselves as feminists and spoke eloquently of their belief that to accept feminism or any other ideological position as a basis for their writing would limit their artistic freedom. Yet to many of us, it was and is clear from reading their works as well as from personal interactions with these writers that they share much of our vision. As was pointed out during the discussion, an "I'm-not-a-feminist-but . . ." statement when uttered by someone from the former GDR has a very different connotation than when that same assertion is made in the context of American feminism. Nevertheless, there is a parallel that seems worth pointing out: the GDR guests, not unlike our opponents in the "P.C." debate, saw feminism as the imposing of a "correct" line, and therefore insisted on maintaining their distance from it. It is worth asking ourselves whether we have inadvertently contributed to that misconception, perhaps by assuming agreement on the part of our allies rather than ascertaining whether it existed, or by giving our non-feminist colleagues superficial answers to their questions about our feminist positions, assuming that they were not interested in hearing precise arguments.

This brings us back to the claim, mentioned earlier in the context of embracing a wide range of feminist positions, that there are as many feminisms as feminists. There is surely a sense in which this is true, and we are committed to maintaining that diversity. And yet, we believe such claims can also become facile assertions leading us to gloss over differences instead of taking them seriously enough to discuss their merits. If we resist evaluating or criticizing someone else's feminism for fear of seeming intolerant or "unsisterly," regardless of the reason—uncertainty or inexperience in articulating our criteria for evaluation, for example, or concern about confronting what may be painful contradictions within ourselves, or even our own feelings of superiority masked as tolerance—our silence enhances neither our individual nor our collective growth. We believe it is vital for feminists, if we are to maintain our credibility among ourselves as well as among non-feminist colleagues, to engage in serious debate and thoughtful criticism of each others' work and, yes, feminist position. That includes, indeed is premised on, a willingness—as Sara Lennox advocates in her essay in this volume—to recognize and identify the positions from which we speak. In calling for rigorous criticism, we do not mean to imply that our feminist principles of solidarity and mutual support should be abandoned. Quite the contrary. Instead, we must expand those concepts so that solidarity and support can include the kind of criticism Ricarda Schmidt calls for in her review essay published here, so that criticism can reflect solidarity, not rejection.

If we look closer to home, that is, to our own language and literature departments, we can see the changes that feminism has wrought: an increased (though still insufficient) number of women faculty, graduate students, and administrators in German departments throughout the country; the increased space devoted to feminist concerns at national and regional conferences; the increased number of publications dealing with German women writers and feminist criticism in professional journals across the field; and the presence of previously ignored women writers and women's issues in the curriculum—their "encroachment" even into the canon. We do not believe it immodest—or inaccurate—to say that Women in German has led the struggle for all these changes. The difference WIG has made in our field is a shining example of how an engaged feminism has changed the academy. The issue now is how we ensure its continuing impact.

Part of WIG's role has always consisted of raising issues, presenting arguments, bringing to public attention—in classrooms, department and institutional meetings, and in our daily lives—issues of importance to us all. At a time when we find feminism under such strong attack, our challenge to ourselves is to continue working toward the creation of a space in which our differences can be articulated, where diversity can flourish; however, it is just as imperative that we not abandon our critical intelligence in the process. We *can* express opinions, raise issues, and we *can* express our differences, even criticisms, of others issuing their own challenges to the system, feminist or otherwise. That discussion will inevitably involve issues of power, language, and institutional authority.

And that, to paraphrase our title, is what WIG's got to do with it.

September 1991

Notes

[1] Catherine Stimpson, *Chronicle of Higher Education,* 29 May 1991.
[2] *Chronicle of Higher Education,* 18 September 1991.

ABOUT THE AUTHORS

Gisela E. Bahr, born in Landsberg/Warthe (now Poland) in 1923, is Professor of German Emerita at Miami University. Specializing first in the dramatic works of Bertolt Brecht, she later turned her attention to contemporary German literature; area studies of the two Germanies, primarily the GDR; and women's issues. Co-Founder of the International Brecht Society and of Women in German, her hobby is filmmaking.

Ute Brandes, Associate Professor of German at Amherst College, is the author of *Zitat und Montage in der neueren DDR-Prosa* (1984), *Anna Seghers* (1992), and editor of *Zwischen gestern und morgen. DDR-Autorinnen aus amerikanischer Sicht* (1991). She has written articles on German women writers in seventeenth- and eighteenth-century literature, on salon culture, on Goethe's *Werther,* on Christa Wolf, Ulrich Plenzdorf, and Volker Braun, and is working on a history of utopian impulses in German women's writing since the Baroque age.

Jeanette Clausen is Associate Professor of German and Director of Graduate Liberal Studies at Indiana University-Purdue University at Fort Wayne. She is coeditor of an anthology, *German Feminism* (1984), and has published articles on Helga Königsdorf, Christa Wolf, and other women writers. She has been coeditor of the WIG Yearbook since 1987.

Dinah Dodds is Professor of German at Lewis and Clark College in Portland, Oregon and has chaired the Department of Foreign Languages and Literatures for the past three years. She is putting together a book based on interviews with twenty-seven East Berlin women about their lives behind the Wall and their experiences since the *Wende.*

Irene Dölling is Professor of Cultural Theory at Humboldt University in Berlin. She is the cofounder and former director (until July 1991) of the university's *Zentrum Interdisziplinäre Frauenforschung.* Her research interests include twentieth-century cultural theories and theories of gender relations and stereotypes. Her most recent publications include *Der Mensch und sein Weib. Aktuelle Frauen- und Männerbilder: geschichtliche Ursprünge und Perspektiven,* and an edited volume, *Pierre Bourdieu. Die Intellektuellen und die Macht.*

Sara Friedrichsmeyer is Professor of German at the University of Cincinnati, Raymond Walters College. Her publications include *The Androgyne in Early German Romanticism* (1983) and articles on German Romanticism and nineteenth- and twentieth-century German women writers, as well as a volume coedited with Barbara Becker-Cantarino honoring Helga Slessarev, *The Enlightenment and its Legacy* (1991). She is coeditor of the *Women in German Yearbook*.

Katherine R. Goodman is Associate Professor of German at Brown University. She has pubished on Rahel Varnhagen, Johann Wolfgang Goethe, Ellen Key, Gabriele Reuter, and others. Her book *Dis/Closures: Women's Autobiography in Germany 1790-1914* appeared in 1986. She has edited two anthologies on women in German literature and, together with Elke Frederiksen, is currently editing an anthology of essays on Bettina von Arnim.

Eva Kaufmann studied *Germanistik* at the Humboldt University in Berlin, where she taught until her retirement in 1991. A major focus of her teaching was world literature for teachers and future teachers. Her publications include literary histories and monographs as well as reviews and journal articles (in, for example, *Weimarer Beiträge, Sinn und Form,* and *neue deutsche literatur*). Since 1980, her research efforts have focused on women writers, such as Helga Königsdorf, Irmtraud Morgner, and Christa Wolf.

Helga Königsdorf was born in Gera in 1938. She studied physics and mathematics in Jena and Berlin, and became a professor of mathematics at the Berlin Academy of Sciences. She started writing "nebenbei" in the 1970s, and received the Heinrich-Mann-Prize of the GDR Academy of Arts in 1985. Her GDR publications include several volumes of stories (published under different titles in the West): *Meine ungehörigen Träume* (1978), *Der Lauf der Dinge* (1982), *Hochzeitstag in Pizunda* (1986), and *Lichtverhältnisse* (1988), as well as the longer prose work *Respektloser Umgang* (1986) and an epistolary novel, *Ungelegener Befund* (1989). Since the fall of the Berlin wall she has published *1989 oder Ein Moment Schönheit. Eine Collage aus Briefen, Gedichten, Texten* (Aufbau 1990), which documents her engaged participation in the events of 1989, and *Adieu DDR. Protokoll eines Abschieds* (Rowohlt 1990), a collection of interviews with Germans from all walks of life. Forthcoming in 1992 is *Aus dem Dilemma eine Chance machen. Reden und Aufsätze* (Luchterhand).

Angela Krauß was born in Chemnitz in 1950. She worked in public relations and graphic art before deciding to pursue her interest in writing. After two years at the Johannes R. Becher Institute for Literature in Leipzig, she spent time working in a briquette factory. Her experiences there were incorporated into the novel *Das Vergnügen* (Aufbau 1984), which was awarded the Hans Marchwitza Prize for best debut novel in the GDR. Krauß's work has appeared in magazines and anthologies, and she has published a collection of stories, *Das Glashaus* (Aufbau 1988; Suhrkamp title *Kleine Landschaft*). She received the Ingeborg Bachmann Prize for "Der Dienst," a story about the 1968 Soviet invasion of Czechoslovakia and its effect on her father, a GDR border guard.

Sara Lennox is Associate Professor of German and Director of the Social Thought and Political Economy Program at the University of Massachusetts, Amherst. She is editor of *Auf der Suche nach den Gärten unserer Mütter. Feministische Kulturkritik aus Amerika* (Darmstadt: Luchterhand Verlag, 1982) and coeditor of *Nietzsche heute. Die Rezeption seines Werkes nach 1968* (Bern: Francke Verlag, 1988). She has published articles on various twentieth-century German and Austrian authors, on women's writing in the FRG and GDR, and on feminist pedagogy, literary theory, and the feminist movement. She is currently writing a book on Ingeborg Bachmann.

Waldtraut Lewin was born in 1937 in Wernigerode. She studied Germanistik, Latin, and Theater in Berlin, and worked in the field of opera and musical theater for some fifteen years. Her publications include libretti, radio plays, travel literature, and biographies, as well as novels, stories, and fairy tales. Among her most recent works are: *Addio, Bradamante. Drei Geschichten aus Italien* (1986), *Die Zaubermenagerie. Ein Novellenkranz* (1987), and *Poros und Mahamaya. Eine Geschichte aus dem alten Indien* (1987). At the 1990 WIG conference she read from *Ein Kerl, Lompin genannt* (1989), a *Schelmenroman,* which plays with baroque language and forms. A freelance writer since 1977, Lewin has received the Lion-Feuchtwanger-Prize and the *Nationalpreis der DDR* for her work.

Myra Love is currently Assistant Professor of German at Bryn Mawr College, where the courses she teaches include some on women in German literature. Her publications include several articles on Christa Wolf, and her book *Christa Wolf: Literature and the Conscience of History* is forthcoming. Her memberships in the Institute of Noetic Sciences and the Association for Transpersonal Psychology have facilitated her growing interest in transpersonal and consciousness studies.

Dorothy J. Rosenberg received her Ph.D. from Stanford University. Since 1980 she has made literature by and about women of the GDR the center of her work. With Nancy Lukens, she was awarded an NEH grant for *Daughters of Eve,* an anthology of short prose texts by contemporary women writers of the GDR (forthcoming, University of Nebraska Press). Her articles have appeared in journals such as the *Women in German Yearbook, Studies in GDR Culture and Society, Amsterdamer Beiträge zur neueren Germanistik,* and *Signs.*

Ricarda Schmidt is a lecturer in German at the University of Sheffield, Britain. Her publications include *Westdeutsche Frauenliteratur in den siebziger Jahren* (1982; 2nd ed. 1990), and essays on Christa Wolf, Angela Carter, Mrs Humphry Ward, and Jean Rhys. She has also written on fantasies of nature in women's literature, on myth, and on concepts of identity in contemporary women's writing, and on the alleged existence of an écriture féminine in E.T.A. Hoffmann. She is currently working on Lily Braun and on GDR women writers, as well as coediting a book on contemporary Austrian literature.

Monika Shafi, Associate Professor of German at the University of Delaware, is the author of *Utopische Entwürfe in der Literatur von Frauen* (1990) and has published articles on women writers (Bettina von Arnim, Annette von Droste-Hülshoff, Irmgard Keun, Gertrud Kolmar, Christa Wolf) and on other nineteenth- and twentieth-century German literature.

NOTICE TO CONTRIBUTORS

The *Women in German Yearbook* is a refereed journal. Its publication is supported by the Coalition of Women in German.

Contributions to the *Women in German Yearbook* are welcome at any time. The editors are interested in feminist approaches to all aspects of German literary, cultural, and language studies, including teaching.

Prepare manuscripts for anonymous review. The editors prefer that manuscripts not exceed 25 pages (typed, double-spaced), including notes. Follow the third edition (1988) of the *MLA Handbook* (separate notes from works cited). Send one copy of the manuscript to each coeditor:

Sara Friedrichsmeyer   **and**   Jeanette Clausen
Foreign Languages   Modern Foreign Languages
University of Cincinnati, RWC   Indiana U.-Purdue U.
Cincinnati, OH 45236   Fort Wayne, IN 46805

For membership/subscription information, contact Jeanette Clausen.